고난이라는 가능성

일러두기

1. 단행본은 《》로, 개별 작품, 간행물, 노래 제목 등은 〈〉로 표기했다. 도서명은 출간된 책의 제목을 적는 걸
   원칙으로 삼았다.
2. 본문에 실린 노래와 시 작품들은 저자가 옮긴 것이다.

Possibility

역경을 예술로 승화시킨 거장들의 인생 수업

고난이라는 가능성

홍영철 지음

유노
라이프

넘어져야만
일어서는 법을 배우는
인간이기에

"예술 없이 우리는 살 수 있을까?"

기원전 400년경에 활동했던 고대 아테네의 시인 에우리피데스는 그런 질문을 했다. 가만히 따져보면 예술 없이 살기가 그리 녹록하지 않을 것 같다. 《그리스인 조르바》의 작가 니코스 카잔차키스는 예술에 대해 이렇게 말했다.

적도 지역에는 실처럼 생긴 아주 가느다란 벌레가 사람의 피부를 파고 들어가 살을 파먹는다. 그러면 주술사를 부른다. 그가 마술의 피리를 불면 벌레가 그 소리에 홀려서 조금씩 몸 밖으로 기어 나온다. 예술의 피리도 그러하다.

니코스 카잔차키스의 말처럼 있으면 좋고 없어도 그만인 것이 아니라 반드시 곁에 있어야 하는 것이 예술이다. '고난' 또는 '절망'이라는 이름의 벌레가 우리의 살을 헤집지 못하게 하는 것이 예술이다.

▌창의적이지 않은 삶은 빛나지 않는다

사람들은 자신이 살고 있는 시대가 '과도기'라고 여긴다. 그러나 실은 인류의 역사를 통틀어 과도기가 아닌 때는 없었다. 과도기는 사회적인 질서·제도·사상 따위가 불안정한 시기를 이르는 말인데, 세상은 끊임없이 한 상태에서 다른 상태로 옮아가려는 속성이 있기 때문에 언제나 과도기일 수밖에 없다. 그래서 사회적인 질서나 제도 따위가 수시로 바뀐다.

인간다운 삶에 대한 소망이 역사를 한곳에 가만히 머물러 있게 하지 않는다. 어려운 시대의 고비마다 권력자들은 자신이 꼭 행복하고 평화로운 삶을 실현시키겠노라고 부르짖었다. 과연 그런 삶은 언제 어디에 얼마나 주어졌던가?

예술은 사람이 사는 이야기를 여러 방식으로 표현한다. 문학은 글로, 음악은 소리로, 미술은 색과 형태로 이야기한다. 서경시든 교향곡이든 정물화든 그 속에는 사람이 창조한 사람의 이야기가 들어 있기 마련이다. 예술은 사람이 거기에 공감하고 감동하고 소통하게 만든다.

세상을 변화시킨 것은 고통스런 과정을 겪고 태어난 '창조'였다. 창조는 엄청난 인고의 시간 끝에 전에 없던 것을 처음으로 만들어 낸다. 창조의 맨 앞에는 예술이 있다. 울컥하게 만드는 시 하나, 노래 하나, 그림 하나가 사람을 변화시킨다.

예술과 삶의 위대성은 창조에 있다. 창의적이지 않은 작품이 외면당하는 것처럼 창의적이지 않은 삶은 빛나지 않는다. 타인으로부터, 그리고 마침내는 자신으로부터 버림받게 된다. 예술가들의 뜨겁고 빛나고 격정적인 이야기를 쓴 이유가 그것이다.

이 책 속의 인물들은 모두가 어둠의 시간을 빠져나와 빛 아래에 우뚝 선 사람들이다. 아무도 말릴 수 없는 불같은 열정이 그들을 만들었다. 성실이라는 말을 아날로그적이라며 깎아내리면 안 된다. 지식이나 지혜가 부족해서 실패하는 일은 적으나 성실하지 못해서 실패하는 일은 많다. 손흥민 선수가 월드 클래스의 양발잡이 축구 스타가 된 데는 그의 말대로 '무시무시한' 훈련을 거쳤기 때문이다. 본능적으로 튀어나가는 오른발 대신 왼발의 감각을 키우기 위해 축구장에 들어설 때, 축구화를 신고 끈을 맬 때, 바지를 입을 때도 왼쪽부터 먼저였다고 한다.

▋ 고난과 불행은 걸림돌이 아니라 디딤돌

우리나라는 음악, 춤, 영화, 스포츠 등 세계 여러 분야에서 놀라운 기록을 보이고 있지만, 달갑지 않은 순위도 있어 씁쓸하다. OECD에서 자살률은 최상위권이며 출산율은 최하위권이라고 한다. 성인 3명 중 1명이 우울증을 겪는 현실이라면 개인의 삶에서 세계 10위권의 경제력이 어떤 의미가 있을까?

열심히 돈을 벌고 많은 돈을 들여 교육에 열을 올리지만, 기쁨을 누리기 위한 방법은 가르치지 않는다. 곳곳에 학교가 있고 거리마다 학원이 즐비하나 삶과 사랑을 배울 수 있는 곳은 없다. 그래서 많이들 삶과 사랑에 서툰지도 모르겠다.

우리는 즐거움을 구할 수 있는 일을 찾아야 한다. 밥그릇을 쫓다 보면 밥만으로 살 수 없다는 사실을 뒤늦게 깨닫고 우울해진다. 즐거움이 없다면 아무리 큰 성취라 해도 별 의미가 없다. 아무나 할 수 있는 쉬운 일이라면 아무런 감동도 주지 못할 것이다. '나'는 그 허름한 '아무나'가 아니라고 믿어야 한다.

이 책 속의 거장들은 모두 자신을 믿고 자신이 세운 뜻을 향해 거침없이 나아갔다. 고난도 불행도 걸림돌이 아니라 디딤돌로 여겼다. 스스로 품위를 지키는 당당한 자존감이 '나'를 빛나고 향기롭게 만든다. 오래도록 질리지 않는 삶의 즐거움이 거기에 있다. 그것이 곧 '나'를 위한 창조이며 예술이다.

책 속 인물들의 어린 시절을 소중하게 다루었다. 그때의 체험이 일생에 매우 중요한 역할을 하기 때문이다. 확인되지 않은 신화적인 요소는 가급적 제외하고, 사실적인 이야기에 충실하려고 노력했다. 이해를 돕기 위해 그때그때 나이와 연도를 밝혔다. 역사 속의 사람들은 대개 노년으로 인식되는 수가 있다. 돌연변이처럼 느닷없이 그렇게 된 것이 아니라 우리와 똑같은 시간 속에서 그렇게 되었음을 강조하고 싶었다. 자전이나 전기 자체의 오류도 없지는 않겠지만, 그들의 뜨거운 정신과 강인한 자세를 새기는 것에 더 큰 의미를 두기로 했다.

각자 고통의 시간 속을 건너는 독자, 삶이 고난이라고 생각하는 독자와 함께 시 하나를 읽는 것으로 프롤로그를 마치려 한다.

레바논의 험한 산속에서 태어나 어떠한 정규 교육도 받지 못하고 자라다가 12세 때 어머니를 따라 미국으로 건너가서 시인·소설가·화가·철학자가 된 칼릴 지브란의 〈고통에 대하여〉라는 시다.

너의 고통은 깨달음을 둘러싼 껍데기의 깨어짐이다

돌처럼 단단한 과일의 씨앗이어도 반드시 깨어져야만

그 알맹이가 햇빛 아래에 설 수 있으니

너도 고통을 그렇게 받아들여라

너의 삶에서 날마다 일어나는 놀라운 기적을 가슴속에 간직한다면

너의 고통은 너의 기쁨 못지않은 놀라움을 주게 되리라

네가 언제나 너의 들판 위를 스치는 계절을 받아들였듯이

너는 네 가슴속의 계절을 받아들이도록 하라

너는 너의 슬픈 겨울이 조용히 지나는 것을 바라보게 되리라

너의 고통 가운데 대부분은 스스로가 선택한 것이다

이는 병든 자아를 치유하는 네 안의 의사가 주는 쓴 약이니

그러므로 그 의사를 믿어라

침묵과 고요 속에서 그가 처방한 약을 들이켜라

그의 손이 아무리 무겁고 단단할지라도

보이지 않는 이의 부드러운 손길이 이끄는 것이기에

너의 입술을 타게 할지라도 그 잔은 그분께서 준 것이기에

도공이 성스러운 눈물로 반죽한 진흙으로 빚은 것이기에

홍영철

나를 키우고 세상에 맞서게 하는 무기

가능성을 따르는 더 나은 삶

1장

고난을
가능성으로
바꾸는 것들

미술사를 뒤흔든
고독한 승부사

─────── **열정** ───────

파블로 피카소

(Pablo Picasso, 1881년 10월 25일~1973년 4월 8일)

스페인의 화가. 미술교사인 아버지로부터 그림을 배운 뒤 인상파 미술에 자극을 받아 프랑스 파리로 이주해 활동했다. 가난과 고독으로 힘겨운 청춘을 보내지만, 작품에 대한 남다른 열정으로 일찍이 대가의 입지를 굳혔다. 청색시대와 장밋빛시대를 거쳐 입체주의 미술 양식을 완성했다.

스페인의 마드리드에서 톨레도로 가는 빨간 기차를 탄 적이 있다. 차창 밖을 내다보면서 가장 먼저 떠오른 낱말이 '파블로 피카소'였다. 길게 이어지는 들판과 언덕을 바라보며 어린 시절의 그를 상상했다. 풍경은 참으로 평화로웠다. 너무나 평화로워서 차라리 무료한 풍경이었다. 평화―분쟁 또는 일체의 갈등이 없는 상태.

마음에 그려지는 이미지와는 다르게 끝없는 들판은 역설적이게도 절망감을 안겨 준다. 저만큼 가도 들판이고, 다시 저만큼 가도 똑같은 들판이라면 얼마나 막막할까? 자신의 걸음으로는 그 들판을 넘어설 수 없는 어린 시절, 가슴속에는 조금씩 절망이 싹틀 터이다. 얌전히 앉아서 무엇을 외우고 싶지 않은 아이라면 그럴 것이다. 그 아이는 외로울 것이며, 살기 위해 절망으로부터 탈출하는 길을 찾게 될 것이다.

창조는 거기에서 출발했다. 피카소는 이렇게 말한 적이 있다.

"고독 없이는 그 무엇도 탄생할 수 없다."

▌ 그림을 걸고 신과 협상한 아이

파블로 피카소는 1881년 10월 25일, 스페인 남쪽의 해안 도시 말라가에서 장남으로 태어났다. 아버지의 이름은 돈 호세 루이스 블라스코였고, 어머니의 이름은 마리아 피카소 로페스였다. 아이의 성명은 아버지와 어머니의 성에다 친척과 성인의 이름을 잔뜩 갖다 붙인 '파블로 디아고 호세 프란시스코 데 파울라 후안 네포무세노 마리아 데 로스 레메디오스 크리스피니아노 데 라 산티시마 트리니다드 크리토 루이스 이 피카소'라고 지어졌다. 옛날 우리 코미디에서 아들이 오래 살라고 지은 이름 '김수한무 거북이와 두루미 삼천갑자 동방삭 치치카포 사리사리센타 워리워리 세브리캉 무드셀라 구름이 허리케인에 담벼락 서생원에 고양이 고양이는 바둑이 바둑이는 돌돌이'에 버금갈 정도다. 이름이야 어떻든 미술 교사인 아버지는 아들이 말을 배우기 시

좌 9세 때 그린 〈기마 투우사〉
우 라파엘로처럼 그릴 수는 있었지만 아이처럼 그릴 수는 없었다던 16세 때 그린 〈과학과 자선〉

작할 무렵부터 소묘를 가르쳤다. 아이의 첫말은 "연필, 연필"이었다.

1891년, 피카소가 10세 때 가족은 북서쪽의 해안 도시 라코루냐로 이사했다. 아버지가 일하던 미술관이 문을 닫는 바람에 직장을 옮겨야 했기 때문이었다. 어린 피카소는 남달랐다. 그림 솜씨는 '신동'이라는 말을 들을 만큼 매우 뛰어났다. 그러나 읽기, 쓰기, 셈하기, 어느 하나 잘하는 것이 없던 소년은 학교 가기가 싫었다. 수업을 빼먹고 낯선 풍경 속에서 공상에 잠기다가 집으로 돌아가고는 했다.

"나는 천재가 아니었다. 내가 처음 그린 그림은 아동화 전시회에도 걸리지 못했다. 아이다운 천진스러움이나 소박함이 없었던 것이다. 나는 라파엘로처럼 그릴 수는 있었지만, 아이처럼 그릴 수는 없었다."

아이는 풍선과 같다. 한쪽을 누르면 다른 한쪽이 불거진다. 무엇을 잘하지 못한다고 스스로 인식하면 자신의 다른 강점을 찾기 시작한다. 장점을 찾으면 맹렬하게 파고든다. 자기의 존재를 드러내어 살아남기 위한 본능적인 반응이다. 아무도 칭찬하는 사람이 없을 때, 아이는 남보다 조금이라도 잘하는 것을 찾아 스스로를 칭찬할 수밖에 없다. 피카소는 그림에서 자신의 강점을 찾았고, 아버지도 읽기, 쓰기, 셈하기보다 아들의 창조성을 칭찬해 주었다.

어린 시절의 특별한 기억은 인간의 삶에 큰 영향을 끼친다. 피카소는 14세가 되던 1895년 초에 여동생의 죽음이라는 충격적인 일을 겪는다. 소년은 7세의 막내 여동생이 디프테리아라는 병에 걸려 고통 받는 것이 자기 때문이라고 생각했다. 피카소는 누이를 살려 준다면 죄도 짓지 않겠으며, 좋아하는 그림까지 그만둘 수 있다고 신에게 기도했다. 그러나 이 기도는 이루어지지 않았다. 신과의 협상에서 패배한 소년은 자유를 얻었다. 더 이상 신에게 잘 보일 필요가 없었으므로.

그해 가을, 피카소의 가족은 동쪽의 해안 도시 바르셀로나로 옮겼다. 넓은 땅을 끝에서 끝으로 가로지르는 대이동이었다. 누이의 죽음으로 인한 슬픔과 향수가 소년의 가슴을 가득 메웠다. 아버지는 자신이 소묘를 가르치게 된 바르셀로나 미술학교에 아들을 입학시켰다. 너무 어려서 자격이 주어지지 않았지만, 아버지의 노력으로 자료를 제출한 뒤 일주일 만에 들어갈 수 있었다.

아버지는 아들이 그림을 그릴 수 있도록 따로 작은 방을 마련해 주었다. 아들이 빨리 성공하기를 바라고, 혼자서 세상이라는 맨땅에 머리를 부딪히지 않기를 바라는 그 역시 어쩔 수 없는 '아버지'였다.

▮ '청색시대'를 열게 한 친구의 죽음

1897년 가을, 미술대회를 휩쓸던 피카소는 수도 마드리드로 보내졌다. 아버지와 삼촌 살바도르가 이 그림의 천재를 지방에서 썩힐 수 없다는 결정을 내렸던 것이다. 최고의 명문 산페르난도 왕립미술학교에 들어갔으나 소년에게 학교생활은 따분했다. 자기보다 그림을 더 잘 그린다고 생각되는 선생은 없었기 때문이다. 선생이 못나 보일 때, 아이는 학교가 싫어지기 마련이다.

16세의 소년은 미술관을 돌아다니고, 카페나 사창가 주변을 배회했다. 33세의 화가 로트레크가 파리의 유흥가를 주름잡고, 28세의 화가 마티스가 신혼의 꿈에 젖어 있던 무렵이었다. 피카소는 바르셀로나에 있는 친구에게 보내는 편지에 '사람들은 낡고 오래된 것들만 똑같이 반복하고 있어'라고 썼다.

피카소는 사춘기를 지나면서 가족들과 충돌을 빚고는 했다. 자신은 욕망의 대리인 노릇을 하는 꼭두각시 같다는 느낌이 들었다. 아버지는 남에게 굽실거리는 비굴한 사람으로 보였고, 삼촌 살바도르는 거들먹거리는 졸부로 보였다. 사춘기 시절에는 그럴 수 있다. 마치 무지하게 넓던 초등학교 운동장이 조그맣게 보이는 것처럼 대단해 보이던 사람이 허술해 보인다. 아이는 성장해서, 유년의 환상과 성년의 현실 중간쯤에 와 있기 때문이다.

객지 생활이 외롭고 고달팠던 피카소는 짐을 꾸려 바르셀로나로 돌아갔다. 그 누구보다 친구가 좋은 시절이었다. 마음속에 자신과 똑같은 가시덤불을 끌어안고 있는 이는 친구였다. 젊은 예술가들은 파리의 유명한 카페 '검은 고양이'를 본떠 만든 '네 마리의 고양이'에 자주 모였다.

피카소는 더 이상 학교에는 가지 않겠다고 선언했다. 그리고 행복보다는 불행에, 질서보다는 무질서에 눈길을 주었다. 고통과 속박과 빈곤과 소외에 더 마음이 끌렸다. 피가 끓는 청춘이 할 수 있는 당연한 선택이었다. 만약 인간이 그런 것들을 껴안지 않는다면 세상의 어둠은 영원히 어둠으로 남게 될 것이다. 나 이외의 다른 세계로부터 관심이 멀어지면 마음의 노화는 급격히 찾아들고 마침내 '꼰대'에 이르는 것이 삶의 방정식이다. 그래서 역사를 바꾸는 일은 늘 가슴속에 시퍼런 봄날을 간직하고 있던 이들의 몫이었으리라.

그런 젊은 시절의 색채를 반영하듯, 피카소의 그림들은 어둡고 암울했다. 피카소는 20세기의 문이 활짝 열린 1900년 2월 1일, 그동안의 그림들을 모아 카페 '네 마리의 고양이'에서 전시회를 가졌다.

그해 여름, 19세의 피카소는 시인이자 화가인 친구 카를로스 카사헤마스와 함께 의기투합해 꿈에도 그리던 예술의 도시 파리로 떠났다. 피카소가 피카소로서의 길을 나선 첫걸음이었다. 아버지가 말렸으나 아들은 듣지 않았다. 카사헤마스가 마련한 몽마르트르의 낡은 화실을 베이스캠프로 삼고 두어 달 동안 사람들을 만나며 그림들을 구경했다. 스페인 미술의 우중충한 색채에 비하면 고흐, 고갱, 르누아르, 로트레크 같은 원색들은 청년 피카소에게 신선한 충격을 던져 주었다.

1900년 12월 30일, 피카소는 집으로 돌아갔다. 아버지와 삼촌은 그의 모습을 보고 깜짝 놀랐다. 텁수룩한 머리와 괴상한 옷차림, 거기에

　　　　　　　　　　　　　　　　　　　고난이라는 가능성

다 들고 온 그림까지 망측했던 것이다. 그들은 스페인에서 초상화를 그리면 얼마든지 잘살 수 있다고 타일렀다. 결국 청년은 아버지의 성 '루이스'를 버리고 어머니의 성 '피카소'를 택했다. 어머니만은 언제나 무조건 아들의 편이었다.

마드리드에서 미술 잡지 〈젊은 미술〉의 편집 일을 하던 1901년 2월 17일, 피카소는 충격적인 소식을 들었다. 친구 카사헤마스가 실연의 아픔을 이기지 못하고 권총으로 자신의 머리를 쏘았다는 것이다. 이 일은 피카소를 깊은 고통 속으로 빠뜨렸다. 그는 곧장 파리로 가서 장례를 치른 뒤 친구가 쓰던 화실에 머물렀다. 피카소는 커다란 촛불이 있는 친구의 죽음을 화폭에 담았다.

"카사헤마스가 죽었다는 소식을 들은 뒤로 나는 청색 그림을 그리
  기 시작했다."

푸른빛—희망과 우울, 그 이중의 의미를 지닌 색깔. 맑은 하늘 같은 색이면서 서늘한 그림자 같은 색. 친구의 죽음은 피카소로 하여금 '청색시대'를 열게 했다.
'끔찍한 아름다움', '메마른 슬픔'이라고 일컬어지는 청색시대는 4년 가까이 이어졌다. 그 청색으로 청년은 창녀, 거지, 부랑아 같은 떠도는 삶들을 그려 나갔다. 〈인생〉, 〈비극〉, 〈장님의 아침 식사〉, 〈늙은 기타리스트〉 등의 명작이 이때 탄생했다. 고흐, 고갱, 로트레크 등 많은 화

함께 파리에서 꿈을 키운 친구가 스스로 목숨을 끊자 그의 마지막 모습을 그린 〈카사헤마스의 죽음〉. 이후부터 청색 그림을 그리기 시작했다

가들이 밑바닥 인생들을 모델로 삼은 데는 이유가 있다. 어떤 치장도 가식도 없는, 오로지 삶 그 자체만이 살아 있는 모습이기 때문이다. 이듬해 1월, 고립과 고독과 빈곤과 결핍에 지친 피카소는 꼭 다시 오리라 작정하고는 집으로 돌아갔다.

1904년 봄, 23세의 피카소는 자신과의 약속대로 파리로 가서 몽마르트르에 자리를 잡았다. 바르셀로나의 무료함 대신 파리의 치열함을 선택한 것이다. 필요가 풍성한 인생을 창조한다는 법칙을 그는 잘 알고 있었다. 보상 따위는 주어지지 않아도 좋았다. 그저 예술과 승부해서 이겨야 한다는 의지뿐이었다. 말이 좋아 아틀리에지 고양이의 지린내가 진동하는 낡고 습기 찬 건물이었다. 그 꼴이 마치 가난한 여인들이 남의 빨래를 해 주는 센 강변의 낡은 배와 같다고 해서 '바토 라부아르', 즉 '세탁선'이라고 불렀다. 그는 이렇게 허름한 건물의 어두컴컴한 복도 맨 끝 방에서 지냈다. 빵도 땔감도 물감도, 그리고 많은 것들이 부족했다.

그해 여름, 피카소는 아틀리에 앞에서 비에 젖은 채 떨고 있는 고양이를 끌어안았다. 자신의 초라한 처지가 느껴졌는지도 모른다. 그러고는 곁을 지나가던 같은 나이의 페르낭드 올리비에게 고양이를 내밀었다. 가정폭력을 일삼는 남편으로부터 도망쳐서 모델 생활을 하고 있는 여자였다. 두 사람은 가까워졌고, 곧 아틀리에에서 함께 지내게 되었다. 신고 나갈 구두조차 마땅치 않을 정도로 가진 것은 없었지만, 두 사람은 행복했다. 피카소의 그림에서 청색이 사라지고 대신 붉은색이 떠올랐다. 이른바 '장밋빛시대'가 열린 것이다.

몽마르트르에서 피카소는 조르주 브라크 같은 화가뿐만 아니라 많은 문인들과도 친분을 쌓았다. 좋은 동반자가 되었던 기욤 아폴리네르, 막스 자코브, 장 콕토 같은 시인도 알게 되었다. 그들은 함께 몰려다니며 값싸고 양 많은 식당을 찾아 허기를 채웠다. 그러면서 예술에 대해 이야기했고, 서로 언어와 회화의 묘사력에 감탄했다. 피카소에게 시인들이란 상상력을 북돋우는 자극제 같은 존재였다. 서커스 공연을 즐기면서 자신들을 '떠돌이 광대'라 불렀고, 그는 〈광대〉와 〈곡예사 가족〉 등의 그림을 그렸다. 화상들이 피카소의 그림에 관심을 가지자 형편도 조금씩 풀렸다.

이들처럼 '끼리끼리 뭉치기'는 무엇인가를 이룬 이들이 가지는 공통점 가운데 하나다. 그것은 성공하기 위한 야합의 차원이 아니다. 신선한 발상과 새로운 기법을 필요로 하며, 그런 것들을 가진 사람을 서로가 찾기에 끼리끼리 모이게 되는 것이다. 그렇게 함으로써 스스로 거장의 면모를 키워가는 셈이다. 화가 앤디 워홀이나 무용가 마사 그레이엄이 '나는 남의 생각을 훔쳤다'고 당당히 말한 것도 바로 그런 의미였다. 그렇지 않고 독불장군처럼 혼자 간다면, 가기도 어렵겠지만, 가더라도 아주 먼 길을 돌아가야 한다. 자기 선전으로, 또는 능력자 곁에 묻어가는 전략은 잠시 반짝거리게 할 수는 있을지 몰라도 절대로 큰 빛을 낼 수는 없다.

⁞ 지금 세상이 냉담해도 뒷날 빛날 것

26세가 된 1907년은 피카소에게 있어 하나의 전환기였다. 피카소는 파리의 인류사박물관에서 아프리카의 조각품과 가면들을 보고 자극을 받았다. 그 마술적 분위기, 강력한 상징성, 원시적 공포감은 대상을 모사하기에 바쁜 기존의 회화에서는 도저히 느낄 수 없는 것이었다. 피카소의 안에서 무엇인가 큰 변화가 일었다.

"내가 나 자신을 반복해서 베낄 것이라고 기대하지 마라. 나 자신을 베낄 바에야 차라리 다른 사람을 모방하겠다. 그러면 적어도 새로운 면을 추가할 수 있을 테니까."

피카소는 여자 친구 페르낭드와 함께 스페인으로 가서 피레네 산맥 남쪽 기슭의 작은 마을 고솔로 숨어들었다. 거기에서 그는 그렸다 지우기를 수없이 반복했다. 가을에 파리로 돌아온 피카소는 그리다 말고 밀쳐둔 〈거트루드 스타인〉의 초상화를 단숨에 마무리했다. 마치 아프리카 가면을 연상케 하는 얼굴을 본 친구들은 고개를 저었다. '잃

고난이라는 가능성

밑그림만 스케치북 8권에 이르는 〈아비뇽의 아가씨들〉은 가치를 인정받는 데 30년의 세월이 필요했다

어버린 세대'라는 말을 쓰면서 젊은 화가들을 지원하던 미국 출신의 시인 거트루드 스타인과 닮지 않았다는 것이었다. 피카소는 말했다.

"걱정하지 마. 세월이 흐르면 거트루드 스타인이 이 초상화를 닮게 될 테니까."

피카소는 지금까지의 방법을 버리기로 했다. 만남을 끊고 아틀리에에 처박혀 자신이 한 번도 가진 적이 없는 '아이처럼 그리는 방법'을 찾았다. 그리고 그해 늦여름, 밑그림만도 스케치북 8권에 이르는 〈아비뇽의 아가씨들〉을 완성했다. 바르셀로나의 뒷골목 아비뇽 거리를 어슬렁거릴 때 눈에 담아두었던 여자들의 모습. 바로 전해 세상을 떠난, 자연을 구와 원기둥과 원뿔로 해석해낸 폴 세잔의 기법이 도움을 주었다. 그러나 수많은 조각들이 어지럽게 널려 있는 것 같은 이 그림에 대한 동료들의 반응은 차가웠다. 함께 큐비즘, 즉 입체주의를 만들어가게 되는 친구 브라크까지도 외면했다. 피카소는 〈아비뇽의 아가씨들〉을 둘둘 말아 구석에 처박아두었다. 이 그림의 위대함이 인정받는 데는 30년의 세월이 필요했다.

자신의 작품은 '일기'와 같다고 말한 피카소는 이 무렵 하루에 3점을 그렸다고 한다. 그는 이렇게 말한 적이 있다.

"하지 않고 죽어도 좋을 일만 내일로 미루어라."

피카소는 최고의 선배 화가 앙리 마티스와 견주어질 정도로 유명해졌다. 그림 값도 당당히 올라갔다. 그러나 피카소도 한곳에 머물지 않고 쉼 없이 자기 세계를 해체했다. 위대한 창조자들의 특성은 자신이 확보한 자리에 안주하지 않는다는 점이다. 그들은 끊임없이 더 새로운 것을 찾고자 한다. 신선함에 대한 탐색을 멈출 때 정신은 고인 물처럼 썩고 만다.

"그림은 자유다. 사람들을 일깨워야 한다. 사람들이 인정하지 않으려는 이미지를 창조해야 한다."

1913년, 아들을 화가로 이끌었던 아버지가 세상을 떠났다. 이듬해 제1차 세계대전이 일어나면서 친구들은 뿔뿔이 흩어졌다. 아폴리네르와 콕토와 브라크는 전선으로 떠났고, 스페인 친구들은 중립국인 고국으로 돌아갔다. 그리고 그다음 해에 피카소는 3년 동안 사귄 두 번째 연인 에바 구엘이 결핵으로 죽는 아픔도 겪었다. 그림 속에 '나는 에바를 사랑한다'라는 글을 써넣을 정도로 좋아한 여자였다.

피카소는 전위예술에도 눈길을 돌렸다. 8세 아래의 시인 장 콕토가 러시아 발레극 〈파라드〉의 무대장식과 의상을 피카소에게 맡겼다. 하지만 1917년 5월에 열린 이 공연은 그 괴상한 의상 때문에 "프랑스 문화의 결속을 위태롭게 하려는 시도"라는 혹평만 받았다. 그러나 피카소로서는 소득도 있었다. 10세 아래의 발레리나 올가 코클로바를 만난 것이다. 1918년 7월에 아폴리네르, 자코브, 콕토가 증인으로 나선 가운데 두 사람은 파리의 러시아 정교회 예배당에서 결혼식을 올렸고, 3년 뒤 아들 파울로가 태어났다.

전쟁은 피카소에게도 또 다른 상처를 남겼다. 아폴리네르는 부상당한 뒤 치료를 받다가 죽었고, 브라크는 우울증에 걸렸으며, 자코브는 수도사가 되었고, 콕토는 아편에 빠졌다. 예술계에서는 격렬한 파괴로 무장한 다다이즘을 딛고 서서 파괴와 창조를 함께 아울러 절대적 실재에 이르겠다는 초현실주의가 번지고 있었다. 피카소는 시인 앙드레 브르통과 어울려 시와 희곡을 쓰면서 초현실주의에 화답했다.

내로라하는 화랑들이 앞다투어 그를 초대했다. 파리는 물론 런던, 로마, 베를린, 뉴욕, 시카고, 보스턴에서 잇달아 개인전이 열렸다. 생활도 그림 못지않은 변화를 보였다. 1927년, 부자가 된 46세의 피카소는 18세의 마리 테레즈를 만나 딸 마야를 낳으면서 복잡한 구도 속에 놓이게 된 것이다. 또 다른 여자가 나타나기 전까지 두 사람은 9년을 함께 지냈다.

⦙ 열망이 느껴지는 그림이 진짜 그림이다

1936년, 피카소의 조국 스페인에서 내란이 일어났다. 인민전선 정부와 프랑코 장군을 중심으로 한 국가주의 군부가 벌인 싸움이었다. 프랑코의 뒤에는 이탈리아의 파시스트와 독일의 나치가 있었다. 4월 26일, 프랑코의 사주를 받은 독일이 폭격기를 출격시켰다. 새로 개발한 무기들을 테스트하고 싶던 히틀러로서는 절호의 기회였다. 인구 7,000명의 작고 평화로운 마을 게르니카에 4시간 동안 50톤의 폭탄이 떨어졌다.

5월 1일, 신문에 3장의 사진이 실렸다. 피 흘리는 사람, 공포에 질린 주민, 불타는 마을의 모습이었다. 분노한 피카소는 바로 스케치에 들어갔다. 6월 4일, 검정과 회색과 흰색만으로 그려진 대작 〈게르니카〉가 완성되었다. 이 무렵 피카소에게는 또 다른 여자 도라 마르가 있었다. 화가이자 사진작가인 29세의 그녀는 〈게르니카〉의 제작 과정을 일일이 기록했다. 이 전쟁을 직접 목격한 소설가 헤밍웨이가 《누구를 위하여 종은 울리나》를 썼다. 전체주의의 공포를 폭로한 《1984》의 작가 조지 오웰은 전투에 가담했다가 부상을 당했다.

고난이라는 가능성

"감상자가 아무런 감정적 동요를 일으키지 못하고 대충 훑어보게 되는 그림은 의미가 없다. 감상자가 스스로 창조에 대한 열망을 강렬하게 느낄 수 있는 작품이 되어야 한다."

그는 모든 예술에는 가슴을 찌르는, 면도날처럼 날카로운 점이 있어야 한다고 여겼다. 회화는 거실 벽이나 치장하는 수단이 아니라, 공격과 방어로서 적과 싸우는 전투 무기가 되어야 한다는 것이 그의 생각이었다.

1939년, 스페인 내란이 끝나자 제2차 세계대전이 터졌다. 1940년, 파리가 나치에 함락되었을 때도 피카소는 그림을 그렸다. 많은 예술가들이 살길을 찾아 떠나거나 나치에 협력했으나 그는 파리를 버리지도 붓을 놓지도 않았다.

여성에 대한 정열 또한 그림 못지않았다. 22세의 미술학도 프랑수아즈 질로가 "남자 친구나 아버지와는 말이 안 통하는데, 나보다 나이가 세 배나 많은 당신과는 말이 통한다"면서 다가왔을 때, 62세의 화가는 그녀를 기꺼이 껴안았다. 둘은 호텔에 머물고 있는 마티스를 찾아가고는 했다. 프랑수아즈는 아들 클로드와 딸 팔로마를 낳고 살다가 1953년 9월에 피카소 곁을 떠났다. 70세의 남편이 24세의 시인 지망생 즈네비에브 라포르를 만나고 있었던 것이다. 복잡한 사생활 덕분인지 그림의 여자들은 하나같이 괴상한 모습으로 변신을 거듭했다.

전쟁이 끝나자 피카소는 영웅 대접을 받았다. 파리에 남아 그림에 몰두했기 때문이었다. 그림 값도 그만큼 더 치솟았다. 그러나 그는 슬

고난이라는 가능성

작고 평화로운 마을에 50톤의 폭탄이 떨어진 조국 스페인의 고통스런 비극을 담은 대작 〈게르니카〉

한국전쟁의 비극을 담은 〈한국에서의 학살〉은 이상하게 그린 그림이라는 공산당의 오해를 샀다

폈다. 오랜 유대인 친구 시인 자코브가 강제수용소에서 죽었다고 했다. 피카소는 공산당에 입당했으나 당과 충돌만 빚을 뿐이었다. 한국전쟁을 소재로 그린 〈한국에서의 학살〉이나 〈스탈린 초상화〉는 공산당의 오해를 샀다. 이해할 수 없이 이상하게 그린 그림은 혼란의 씨를 뿌릴 위험성이 있다는 것이었다.

피카소는 많이 늙었어도 매우 열정적이었다. 1961년, 80세의 나이에 45세 연하의 자클린 로크와 결혼까지 했다. 도자기 공방에서 일하던 여성으로, 도예 작품을 하면서 알게 된 사이였다. 노인의 길에 접어들어서도 창작열은 식을 줄을 몰랐다. 그림뿐만 아니라 조각과 판화와 도예까지 오히려 그 영역을 더 넓혀갔다.

1970년, 피카소는 바르셀로나 시에 900여 점의 작품을 기증했고, 12월 18일에 '피카소 미술관'이 문을 열었다. 1971년, 90세를 기념해서

고난이라는 가능성

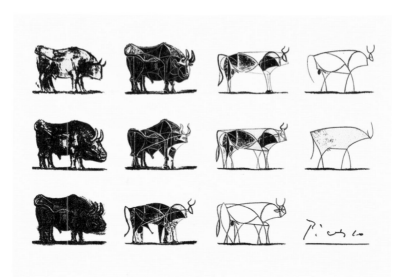
이미지가 구상에서 추상으로 변화하는 과정을 보여 주는 황소 연작 석판화

피카소의 그림 8점이 파리 루브르 박물관에 걸렸다. 생존 화가로서는 처음 있는 일이었다. 여느 예술가들과는 달리 피카소는 살아 있는 동안 부귀와 영화를 모자람 없이 누린 흔치 않은 화가였다. 명예도 많이 얻었고, 사랑도 많이 나누었고, 돈도 많이 벌었다.

20세기 최고의 화가는 1973년 4월 8일 일요일, 10여 년 동안 살아온 무쟁의 저택 노트르담드비에서 조용히 눈을 감았다. 프랑스 남부의 예쁜 마을이었고, 친구들에게 저녁 식사를 대접하던 자리였다. 92세 노화가의 마지막 말은 "건배해 다오. 나의 건강을 위해서. 나는 더 이상 마실 수가 없어"였다고 한다. 바로 전날까지도 붓을 들고 있던 사람이었다.

마지막 아내 자클린은 아무도 만나지 않고 혼자 장례를 치렀다. 남편의 묘소는 15년 전에 사들여 별장 겸 작업실로 쓰던 엑상프로방스 근처 보브나르그 성으로 정했다. 그녀는 매월 8일마다 남편의 묘소를 찾아갔다. 그리고 피카소가 없는 세상에서 더 이상 행복할 수 없었던 지, 자신이 소장한 그림들을 전시하기로 결정한 1986년 10월 15일, 권총 자살로 삶을 마감했다.

▌ 하지 않고 죽어도 좋을 일만 내일로 미뤄라

피카소가 남긴 작품은 무려 5만 점에 이른다. 하나가 1,000억 원대에 이르는 것도 있다 하니 돈으로는 계산이 어려운 규모다. 이 화가는 어떻게 그 많은 값어치를 만들어 낼 수 있었을까? 남이 원하는 그림이 아니라 자신이 원하는 그림을 그렸기 때문이 아닐까? 개성이 뚜렷했던 청년기를 지나 중년 그리고 노년에 이르기까지 그는 세상의 평판에 흔들리지 않고 고난 속에서도 포기하지 않고 자신의 중심을 지켜 나갔다. 그리고 그것을 발전시키기 위해 쉼없이 노력했다. 나만이 할 수 있는 것, 내가 아니면 누구도 할 수 없는 것, 그것이 창조다. 우리는 모두 그런 것을 하나씩은 가지고 있다. 다만 찾으려고 애쓰지 않을 뿐이다. 어쩌면 바쁘다는 현실을 핑계 삼아 잊어버리려 애쓰는지도 모른다. 피카소는 이렇게 말했다.

"할 수 있다고 생각하는 한 할 수 있다. 그리고 할 수 없다고 생각하는 한 할 수 없다. 이것은 불변의 진리다. 논쟁의 여지가 없는 명

고난이라는 가능성

백한 진리다."

아리스토텔레스는 "조금의 광기도 갖지 않은 천재는 절대로 없다"고 했다. 그가 말한 '광기'는 '열정'의 다른 표현일 터이다. 어릴 때 '신동'이라는 말을 들은 사람이 뚜렷한 자취를 남기지 못하는 경우가 많다. 대개 가슴속 불씨의 뜨거움을 견디지 못하고 일찌감치 꺼트려버리기 때문에 그렇다. 피카소의 어린 시절 그림을 보면 신동임을 인정하지 않을 수 없다. 그럼에도 포기하지 않고 그는 20세기 최고의 화가가 되었다. 가슴속 불씨에 스스로 기름을 끼얹고 그 뜨거움을 기꺼이 끌어안았기에 그럴 수 있었다. 한 번의 승리에 자족하지 않고 또 다른 성취를 위해 끊임없이 변하고자 했던 것이다. 누구나 비슷한 양의 에너지를 가지고 있는데, 흔히 그것을 사소한 일에 낭비하는 반면 자신은 단 한 가지에 집중했을 뿐이라고 그는 회고한 적이 있다. 이는 미술로 유명해지겠다며 한 곳을 향해 송곳처럼 돌진했던 앤디 워홀의 집념과 서로 통한다. 피카소는 다른 사람의 삶을 살지 않고 늘 가슴을 따라 살았다. 그는 예술만이 아니라 인생의 진정한 승부사였다.

"착상은 출발점일 뿐이다. 무엇을 그리고 싶은지 알기 위해서는 먼저 그리기 시작해야 한다."

누구에게나 삶은 단 한 번밖에 주어지지 않는다. 천하게 살기에는 너무 길고, 귀하게 살기에는 너무 짧은 것이 삶이다. 어느 쪽이든 불꽃의 시기는 그리 오래가지 않는다. 그런데 지금, 가슴을 따라 살고 있는 가? 하지 않고 죽어도 좋을 일만 내일로 미루고 있는가? 피카소의 한 마디가 때로 막막해지는 가슴에 용기를 심어 준다.

"상상할 수 있는 모든 것이 현실이다."

평범한 깡통을
예술 작품으로 만든 시골 청년

창조

앤디 워홀

(Andy Warhol, 1928년 8월 6일~1987년 2월 22일)

미국의 팝아트 화가. 가난하고 병약한 소년 시절을 보냈다. 산업디자인을 공부한 뒤
뉴욕에서 활동했다. 매스미디어 시대에 대중의 관심을 작품의 소재로 삼아 미술계에
일대 혁신을 일으켰다. 화려하고 도발적인 삶을 추구했으며, 최초의 예술가 스타로
꼽힌다.

삶에는 스승이 없다. 삶이 무엇인지, 어떻게 살아야 잘 사는 것인지
알기 위해서는 일생을 살아 봐야 하기 때문이다. 82년을 산 러시아의
대문호 톨스토이도 죽기 직전까지 회의하고 갈등했다. 다른 이들에게
그럴듯하게 괜찮은 소리를 잘하는 사람도 자기 앞의 삶에 대해서는
장담하기 어렵다. 그러므로 비록 헷갈리고 마음에 들지 않더라도 지
금의 삶을 사랑해야 한다.

어디에서 왔는지 지금 어디에 있는지는 중요하지 않다. 무엇이며 어디로 가는지가 중요하다. '너는 할 수 없다'는 것을 해내는 것이 삶의 진정한 기쁨이다.

> 평화로운 나날보다는 차라리 비장한 삶을 택하라. 나는 죽음의 잠 이외의 휴식을 바라지 않는다. 만족하지 못한 모든 욕망, 모든 정 열이 죽은 뒤에까지 남아서 나를 괴롭히게 되지 않을까 두렵다. 마 음속에 있는 모든 것들을 이 땅 위에서 모두 표현하고 완전히 절 망하여 죽기를 나는 희망한다.

앙드레 지드의 소설 《지상의 양식》에 나오는 말이다. 그는 인간을 삶에서 멀어지게 하는 것들은 모두 적이라고 여기며 살았다고 한다. 내가 생각하는 '나는 할 수 없다'는 것과, 남이 말하는 '너는 할 수 없다' 는 것이야말로 나를 삶에서 멀어지게 하는 지상에서 가장 해로운 적 이다.

사람은 각자 고유한 의미를 지닌 이름으로서 그 존재가 증명된다. 그래서 이름이 빛나는 일은 곧 존재가 빛나는 일이 된다. 김춘수 시인 의 〈꽃〉처럼, 우리들은 모두 '무엇'이 되고 싶다. 잊히지 않는 하나의 눈빛이라도 되고 싶다. 그런데 나름의 값어치를 다했을 때에야 잊히 지 않는 무엇이 될 수 있다. 침대 위에 누워서, 현실과 타협하여 도전 을 미루면서 존재가 빛날 수는 없다.

"나는 상업 예술가로 출발했다. 그리고 나는 사업 예술가로 남기를
　바란다."

　별 볼일 없는 스펙으로 출발해서 예술과 사업과 명예와 명성 모두를
성취한 사람이 있다. 미술의 한 장르에 '팝아트'라는 말을 올려놓은 화
가 앤디 워홀은 당당하게도 자신을 '사업 예술가'라고 불렀다. 그리고
그는 '돈을 버는 것도 예술이고 일하는 것도 예술이며, 사업을 잘하는
것은 최고의 예술'이라고 했다. 고전적인 심미안을 가진 사람이라면
천박하다고 비난할 수 있는 말이었다.
　사업과 예술은 그리 잘 어울리는 단어가 아니다. 예술이 아름다움
의 표현을 목적으로 한다면 사업은 이익의 창출을 목적으로 삼기 때
문이다. 단지 이익을 남기기 위해 예술에 뛰어들지는 않는 것처럼 아
름다움을 전하기 위해 사업을 시작하지는 않는다. 예술과 사업은 출
발점뿐만 아니라 지향점도 다르다. 그런데 워홀은 이 두 가지를 같이
원했고, 같이 성공했다.
　워홀이 동시에 획득한 이 두 가지는 대단한 집념의 결과물이다. 그
는 유명해지고 싶었고, 부자가 되고 싶었다. 내세울 것도, 가진 것도
없던 시골 청년은 미술로 유명해져서 부자가 되고 싶다는 집념 하나
로 자기 안에 있는 온갖 창조적 아이디어를 끈질기게 짜냈다. 그래서
마침내 자신이 꿈꾼 것을 이루었다. 어떻게 그럴 수 있었을까? 워홀은
마치 육체를 가진 유령처럼 꿈을 향해 무섭게 내달렸다. 열심히 하는
것만이 대수일까? 값진 것을 얻기 위해서는 잘해야 한다. 성공하는 사

람의 특성은 송곳처럼 어느 한 곳을 향해 내달린다는 점이다.

침대 밑의 심약한 아이가 뉴욕에 가기까지

앤디 워홀은 1928년 8월 6일 미국 펜실베이니아주 피츠버그의 낡은 목조건물에서 태어났다. 광부인 아버지 안드레이 워홀라는 1914년에 체코슬로바키아에서 미국으로 건너왔고, 어머니 줄리아는 시부모가 모두 세상을 떠난 7년 뒤 합류한 이민자였다. 앤디 워홀의 원래 이름은 '앤드루 워홀라'였다. 그의 출생 연도는 정확하지 않은데, 자신이 미스터리로 남기를 바라서 말할 때마다 조금씩 달랐기 때문이다. 그는 막내였는데, 맏형이 일찍 죽어서 2세 터울의 형이 2명 있었다.

이들 가족은 피츠버그 인근의 오클랜드에서 살았다. 탄광에서 일을 하는 아버지는 집을 떠나 있을 때가 많았다. 어머니는 짙은 체코 억양으로 어린 아들에게 동화책을 읽어 주는가 하면, 색칠하기 공책을 한 페이지 마칠 때마다 초콜릿 한 조각을 주고는 했다. 워홀은 8세 즈음부터 소무도병(小舞蹈病)을 앓았다. 몸이 저절로 심하게 움직여 마치 춤추는 것처럼 보인다고 해서 붙여진 신경병이었다. 성홍열을 앓아 피부도 얼룩덜룩했다. 병약한 소년은 학교 대신 집 안에서 보내는 시간이 많았다. 라디오를 들으며 영화배우들의 사진을 모으고, 어머니가 사 준 카메라를 가지고 놀았다. 워홀은 나중에 이 시기가 자신의 개성과 기술을 쌓는 데 중요한 역할을 했다고 말했다.

어머니의 품에 안긴 3세 때의 앤디 워홀(오른쪽)과 형 존. 자신이 미스터리로 남기를 바랐기 때문인지 어린 시절의 사진이 흔치 않다

1942년 14세, 아버지가 간경화로 세상을 떠났을 때, 워홀은 침대 밑에 숨어 지낼 정도로 심약했다. 아들의 예술적 재능을 눈치채고 꼭 대학에 진학하라고 일러 준 아버지였다. 워홀은 과일 장사를 하며 가난한 어머니를 도와야 했다. 그가 동네 밖의 커다란 세상을 처음 마주한 것은 백화점에서 아르바이트를 하던 고등학생 때였다. 그는 여름방학 동안 시간당 50센트를 받고 〈보그〉와 〈하퍼스 바자〉 같은 패션 잡지를 훑어보며 상품에 대한 아이디어를 찾는 일을 했다. 뉴욕 스타일은 소년을 흥분시켰으나, 자신이 가게 되리라고는 상상하지 못했다.

1945년, 센리 고등학교를 졸업한 워홀은 카네기 공과대학에 들어가 산업디자인을 전공했다. 워홀은 4세 위의 선배 필립 펄스타인의 집에서 작업을 했다. 자기 방이 따로 없었을 뿐더러 형이 예술을 한다는 동생을 놀리기도 했기 때문이다. 두 친구는 무용가 마사 그레이엄의 공

워홀의 작품 〈트루먼 카포티〉와 1959년 35세의 트루먼 카포티. 어렵게 자라 25세에 명성을 얻고 뉴욕을 누비는 트루먼 카포티가 워홀의 롤 모델이었다

연을 보기도 했고, 연극 강의를 듣기도 하며 예술적 안목을 키웠다. 그리고 이렇다 할 것 없이 밋밋하게 대학 시절을 보냈다.

21세가 되던 1949년, 대학을 마친 워홀은 펄스타인을 따라 무작정 뉴욕으로 갔다. 그는 이때의 행보를 '한 친구가 나를 쇼핑백에 넣어서 뉴욕으로 보냈다'라고 표현했다. 뉴욕은 상상보다 훨씬 화려했다. 사치스러운 상점과 고급 아파트와 분주한 거리는 지방에서 온 가난한 워홀의 가슴에 욕망의 불을 질렀다.

그리고 거기에는 25세의 인기 소설가 트루먼 카포티가 있었다. 어렸을 때 부모가 이혼하여 루이지애나와 앨라배마의 친척집들을 옮겨 다니며 자란 작가였다. 워홀의 롤 모델은 카포티였다. 소설 《마지막 문을 닫아라》로 두 번째 오 헨리 문학상을 받았고, 13세 소년이 소름 끼치도록 퇴폐적인 생활을 하며 자신의 뿌리를 찾아다니는 이야기 《다른 목소리, 다른 방들》로 화제를 일으키고 있는 젊은 작가였다. 오드리 헵번, 지방시 등 최고 스타들과 친하고, 노래 〈문 리버〉가 담긴

고난이라는 가능성

영화 〈티파니에서 아침을〉의 원작자가 되는 카포티는 벌써부터 뉴욕 사교계의 한복판을 자리하고 있었다. 워홀은 '카포티가 할 수 있는 일이라면 나도 할 수 있을 것이다'라고 생각했다.

워홀은 맨해튼 애비뉴 103번가의 지하 아파트에서 17명의 또래들 틈에 끼어 지냈다. 모두 성공을 꿈꾸며 뉴욕으로 몰려온 젊은이들이었다. 낮에는 일거리를 찾아 돌아다니다가 밤이면 낮에 보았던 사물들을 가지고 그림을 그렸고 시를 읽었다. 초라한 청년의 곁을 지켜 준 것은 바퀴벌레들이었다. 〈하퍼스 바자〉 편집장의 책상 위에서 포트폴리오를 열자 바퀴벌레가 먼저 튀어나온 일도 있었다.

워홀은 주목받을 만한 그림을 만들기 위해 갖은 방법을 다 동원했다. 신발에 대한 집착이 강했던 그는 신발 연작을 그렸고, 만화 캐릭터도 그렸다. 워홀은 작품을 싸들고 부지런히 잡지사를 찾아다녔다. 대중에게 얼굴을 내밀고 이름을 알리는 것이 급선무였다. 그러나 촌티가 풀풀 나는 워홀의 낡은 가방에서 꺼내는 작품을 눈여겨보는 이는 없었다. 그러던 어느 날, 패션 잡지 〈글래머〉의 아트디렉터 티나 프레데릭스가 "우리 잡지에 쓸 만한 것은 구두 드로잉 정도네요"라고 한마디 던졌다.

워홀은 그 이튿날 갈색 봉투에 50점의 구두 드로잉을 챙겨 넣고 〈글래머〉 편집실로 찾아갔다. 신화는 그렇게 시작되었다. 〈보그〉나 〈뉴요커〉 같은 잡지에서도 일러스트 일거리가 들어왔다. 워홀은 하루 14시간씩 일했다. 광고 작업이나 상점의 디스플레이 등 자신의 존재감을 드러낼 수만 있다면, 그리고 돈이 된다면, 어떤 일이든 가리지 않았다. 이름도 부르기 쉽게 '앤드루 워홀라'에서 '앤디 워홀'이라고 고쳐 지었다. 워홀은 이런 말을 남겼다.

"돈을 벌기 위해서 일할 때, 당신은 자신의 이미지를 떨쳐버릴 수 있다. 잡지에 실릴 신발 드로잉 작업을 하면서 신발 수에 따라 내가 벌 수 있는 총액을 계산했다. 나는 신발 드로잉의 수에 의해 살았다."

▮ 일상의 사물이 작품으로 탄생하는 순간

워홀은 1952년 6월, 휴고갤러리에서 카포티의 소설 삽화를 가지고 첫 개인전을 열었다. 빨리 유명해지려면 유명인의 이름에 얹혀 가는 것도 한 방법이었다. 그는 '금색 신발' 연작을 만들어 주디 갈랜드, 제임스 딘, 엘비스 프레슬리, 줄리 앤드류스 등 스타들의 이름을 붙여 전시했다. 머리카락도 마치 밀짚모자 색깔 같은 금발로 바꾸었다. 그의 계산대로, 어쩌면 그보다 더 빠르게 앤디 워홀이라는 이름이 알려지고 있었다.

그는 렉싱턴 애비뉴 242번지에 작업실을 얻었다. 꼭대기 층에는 어머니가 고양이들과 함께 지내도록 했다. 1956년 6월, 28세의 워홀은 친구 찰스 리산비와 함께 두 달 동안 하와이를 거쳐 아시아와 유럽 일대를 여행했다. 특히 미켈란젤로의 고향 이탈리아 피렌체에서 만난 빛나는 르네상스 작품들은 불타는 야망에 휘발유를 끼얹었다.

'특별한 사람이 되어야 한다.'

1960년으로 접어들면서 워홀은 좀 더 강한 인상을 주어야겠다고 생각했다. 일러스트레이터로서는 자리를 잡았지만 아직은 '스타'가 아니었다. 그는 대중들의 사랑을 듬뿍 받고 있는 소재들에 눈길을 돌렸다. 돈을 싫어하는 사람은 없을 것이므로 달러 지폐를 그렸다. 대단한 인기를 누리던 만화 〈배트맨〉, 〈딕 트레이시〉, 〈슈퍼맨〉 등을 작품 속으로 끌어들였다. 그러나 그런 것들은 이미 릭턴스타인, 올덴버그 같은 작가가 먼저 선보인 소재여서 큰 반향을 일으키지는 못했다.

미디어의 발달로 이미지들이 넘쳐나기 시작했다. 워홀은 이 점을 노렸다. 1962년, 세계의 섹스 심벌 마릴린 먼로가 죽었다. 이듬해에는 '뉴 프런티어'를 선언했던 케네디 대통령이 암살당했다. 워홀은 화제의 중심이 된 먼로와 케네디의 미망인 재클린의 초상화를 제작했다. 그러고는 세계의 이목을 끄는 인물과 신문의 1면을 장식하는 사건들을 재빨리 작품으로 만들었다. 엘리자베스 테일러, 엘비스 프레슬리, 잉그리드 버그만 등 인기 연예인의 초상화를 비롯해 〈제트기에서 129명 사망〉, 〈피로 물든 인종 폭동〉, 〈19번의 자동차 충돌〉 등의 충격적 사건들이 그림으로 재탄생했다.

그러던 어느 날 친구가 "보통 사람들이 매일 접하는 낯익은 것을 해봐. 누구나 다 알 수 있는 것, 예를 들면 수프 깡통 같은 것 말이야"라고 말했다.

최고의 강국이 된 미국은 인스턴트 식품으로 넘쳐나고 있었다. 빨리 먹고 빨리 일해야 했던 것이다. 이튿날, 워홀은 슈퍼마켓으로 달려가 32종의 캠벨 수프 캔을 샀다. 그중에서 어머니가 애용하는 토마토 수프 캔을 먼저 골랐다. 그것을 사진으로 찍어 슬라이드를 만든 다음 스크린에 비추어 윤곽을 따라 똑같이 색칠했다. 출세작이자 워홀의 상징이 된 〈캠벨 수프〉가 발표되었다.

"나는 무의미를 그리고 싶었다. 나는 무의미의 본질을 찾으려고 했
다. 그것이 이것이다."

미술계는 그를 주목했다. 지금까지는 보지 못한 독특한 작품이었다. 신선한 충격이었으나 '이게 뭐야?' 하는 반목도 만만찮았다. 전시회가 열리고 있는 갤러리 앞에 캠벨 수프 깡통을 쌓아놓고는 '진짜가 단돈 29센트'라며 비아냥거리는 사람도 있었다. 워홀은 하인즈 케첩, 브릴로 비누 상자, 델몬트 통조림 상자, 코카콜라 병, 펩시콜라 병 등을 소재로 한 작품들을 이어 내놓았다. 보통 사람들이 어디서나 쉽게 만날 수 있는 소재들이었다. 워홀은 이렇게 생각했다.

'이 나라의 가장 멋진 점은 부유한 사람도 가난한 사람도 본질적으
로 똑같은 것을 구매하는 전통이 세워졌다는 점이다. 대통령도 리
즈 테일러도 코카콜라를 마신다. 당신도 코카콜라를 마실 수 있다.'

출세작이자 워홀의 상징이 된 〈캠벨 수프〉

워홀은 그림을 만드는 기법으로 대량 복제가 가능한 실크스크린을 택했다. 대량 생산과 대량 소비 사회에 발맞추기 위해서는 그 방법이 알맞았던 것이다. 70년 전 로트레크가 판화로 포스트를 만들었던 것과 같았다. 1962년 12월, 뉴욕의 현대미술관에서 팝아트에 대한 심포지엄이 열렸을 때, 워홀은 '소비주의에 항복하다'라는 공격을 받았다. 그러나 예술의 세계는 변하고 있었고, 워홀은 그 중심에 서 있었다.

1964년, 6명의 팝아티스트들이 모여 '미국의 슈퍼마켓'이라는 전시회를 열었다. 없는 것 빼고 다 있는 작은 슈퍼마켓을 연상케 하는 이벤트였다. 다른 작품이 6달러에 팔리는 동안 〈캠벨 수프〉는 1,500달러로 매겨졌다. '미술은 과연 무엇인가?' 하는 오래된 질문에 또 다른 의문을 보태는 전시회였다.

36세의 워홀은 스튜디오를 차리고는 '팩토리'라는 이름을 붙였다. 그리고 자신의 그림을 찍어낼 조수들을 고용해서 '예술 노동자'라고 불렀다. 나중에 시인, 사진가, 영화인, 큐레이터가 되는 20세의 제라드 맬란가가 앞장서서 그를 도왔다. 1962년부터 1964년까지 만들어진 작품은 2,000점이 넘었다. 그는 너무 바빠서 때로 그림에 넣을 사인을 어머니에게 맡기기도 했다. 스타가 되겠다는 목표를 잠시도 잊은 적이 없던 워홀은 뉴욕으로 온 지 15년 만에 미술로서 진짜 스타가 되었다.

▌ 총격 사건에도 멈추지 않은 워홀의 창조력

사람의 욕망은 소유하고 싶은 것과 소유한 것을 즐기고 싶은 두 가지로 요약할 수 있다. 물질적인 것이든 정신적인 것이든, 더 많이 소유하겠다는 의지 뒤에는 더 많이 즐기겠다는 의지가 숨어 있다. 두 가지 다 쉽지 않은 일이나, 사실은 전자보다 후자 쪽이 더 어렵다. 소유는 또 다른 소유를 원하기 때문이다. 정말 슬기로운 자만이 후자의 목표를 실행할 수 있다.

워홀의 주변에 사람들이 모여들었고, 그는 사람들 속에서 삶과 예술을 즐겼다. 팩토리는 규칙과 체제를 싫어하고 호기심 많은 사람들로 붐볐다. 각종 예술가와 영화인은 물론이고 약물 중독자, 동성애자, 대학생들이 수시로 드나들었다. 24시간 개방된 파티장이나 다름없었다. 자신의 롤 모델이었던 카포티를 비롯해 문학의 히피인 비트운동을 이끈 시인 긴즈버그와 케루악, 록그룹 롤링스톤스와 벨벳 언더그라운드 등 최고 아티스트들의 사랑방 노릇까지 했다. 워홀은 다양한 사람들의 다양한 생각들을 스펀지처럼 흡수했다. 팩토리의 생산력은 실로 엄청났다.

워홀은 땅콩 농장 출신의 대통령 후보 지미 카터가 팩토리를 방문했을 때, 땅콩 2봉지를 받고 초상화를 그려 준 일이 있었다. 카터의 어머니 릴리언은 팩토리를 방문한 소감에 대해 이렇게 말했다.

"그곳이 천당인지 지옥인지 알 수 없었어. 주위에 예쁜 여자들이 널려 있는데도 왜 남자들이 남자하고만 춤을 추는지 도무지 이해할 수가 없었어."

위홀은 그림만 그린 것이 아니라 280여 편이나 되는 영화도 만들었다. 1963년에 첫 영화 〈잠〉을 내놓은 2년 뒤에는 아예 영화에 전념하기 위해 회화와 작별한다고 선언하기도 했다. 출연진은 팩토리 식구들 중에서 골랐다. 뉴욕의 첼시 호텔을 5개의 에피소드로 구성한 3시간 30분짜리 〈첼시 걸스〉와 몇몇 작품은 관심을 모았지만, 대개는 흥행과는 거리가 먼 흑백 또는 무성의 언더그라운드 계열이었다. 잠자는 남자의 모습을 5시간 21분 동안 보여주는 〈잠〉, 엠파이어스테이트빌딩을 8시간 동안 찍은 〈엠파이어〉, 부엌을 드나드는 사람들을 1시간 10분 동안 보여 주는 〈키친〉, 다양한 사람들의 입맞춤 장면을 50분 동안 담은 〈키스〉, 버섯 먹는 장면을 45분간 찍은 〈먹기〉 따위는 웬만한 인내심 없이는 보기 힘든 영화였다. 그는 가공의 시간 속에서 스토리를 엮어가는 할리우드식 영화에 정면으로 도전했으며, '보는 것 자체가 주제'라는 미술의 개념을 영화에 도입했다. 또한 음반에도 손을 댔는데, 자신의 그림 〈바나나〉를 재킷으로 디자인한 록 밴드 벨벳 언더그라운드의 앨범은 너무 전위적이었던지 대중의 사랑을 받지는 못했다.

주위 사람들은 그를 드라큘라와 신데렐라의 합성어인 '드렐라'라고 불렀다. 그를 추종하던 사람들 사이에서 불만이 늘어갔다. 위홀의 재산은 기하급수적으로 느는 데 비해 자신들은 여전히 가난했으며, 그로 인해서 자신들의 삶이 파괴되었다고 여겼던 것이다.

1968년 6월 3일 월요일, 전시회를 준비하던 위홀은 미술평론가 마

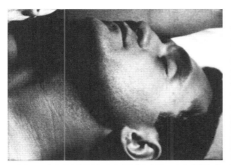

5시간 21분짜리 영화 〈잠〉(왼쪽)과 작품 〈바나나〉로 디자인한 록 밴드 벨벳 언더그라운드의 앨범 재킷

리오 아마야와 함께 사무실에 도착했다. 그때 엘리베이터에서 같이 내린 32세의 여성 발레리 솔라나스가 책상 앞까지 따라 들어와 종이 봉투 속에서 권총을 꺼낸 뒤 방아쇠를 당겼다. 워홀이 급히 몸을 책상 아래로 숨겼지만 세 발 중 한 발이 옆구리를 관통했다. 워홀은 곧장 병원으로 실려 갔고, 총알이 폐와 위와 식도를 관통했으므로 의사는 살 수 없을 거라며 고개를 저었다. 그러나 워홀은 의사의 진단과는 달리 죽지 않았다.

"그는 내 삶의 너무 많은 부분을 통제했다."

급진적 페미니스트이자 레즈비언인 발레리 솔라나스가 워홀을 쏜 이유였다. 그녀는 자기가 쓴 시나리오 〈엿 먹어라〉를 워홀에게 보여 준 적이 있었다. 반응이 없자 대본을 돌려달라고 했고, 워홀은 어디 두었는지 찾을 수가 없다고 했다. 솔라나스는 워홀의 영화에 출연한 일도 있었다. 어린 시절 부모로부터 버림받고 갖은 학대를 당하면서도 메릴랜드 대학교에서 심리학을 전공한 여자였다. 솔라나스는 SUCM(Society for Cut Up Men) 회원이었다. '남성말살단' 정도로 해석되는데, 약자를 그대로 읽으면 '인간 쓰레기'라는 뜻이다. 그런데 이 단체의 회원은 그녀 혼자였다. 바로 그 전해 〈스컴 선언서〉라는 책자를 만든 적이 있었다. '남성은 생물학적으로 그 본질이 불완전하기 때문에 제도나 교육으로 해결할 수 없으니 지구상의 모든 남자를 말살해야 한다'면서, 그 목적을 이루기 위해 '극소수만의 남성을 살려두며 번식에 이용하고 난자만으로 자손을 번식할 수 있는 단성 생식 연구가 완성되면 모든 남성을 말살한다'는 것이 솔라나스의 주장이었다. 그녀가 쓴 시나리오 〈엿 먹어라〉와 이 사건을 다룬 연극 〈발레리가 앤디를 쏘았다〉는 브로드웨이에서 공연되기도 했다.

큰 수술 끝에 워홀은 다시 살아났다. 비틀스의 존 레논이 광팬 마크 채프먼이 쏜 총에 창조의 시간을 잃게 된 것에 비하면 천만다행이었다. 가까운 사람들은 팩토리의 출입을 통제하자고 말했다. 그러나 워홀은 그런 의견을 무시했다. 미친 짓을 하고 정신이 나간 것 같은 사람들이 주위에 없다면 어떻게 창조력이 발휘될 수 있겠느냐는 것이었다. 팩토리를 옮긴 이후에는 보안에 신경을 쓰기는 했다.

이 총격 사건으로 워홀은 변했다. 많이 쇠약해져서 약물을 끊고 몸에 좋다는 마늘을 먹기 시작했다. 사람들에게 자신은 신을 믿는다고 말하기도 했다. 그러나 그의 도전은 꺾이지 않았고, 팩토리의 생산력 또한 멈추지 않았다. 1969년에는 유명인들의 대화와 스타일을 중심으로 한 잡지 〈인터뷰〉를 창간했다. 〈소설 A〉를 쓰는가 하면 〈앤디 워홀의 철학)을 펴내기도 했다.

1972년, 어머니가 죽었다. 1952년부터 뉴욕에서 함께 살면서 아들의 밥상을 차려 주고 빨래를 해 주는 일에 만족해하던 어머니였다. 어머니의 죽음에 워홀은 감정을 최대한 억누르는 모습을 보였다. 동료들은 그가 상을 당했는지조차 모를 정도였다. 한 친구가 어머니의 안부를 물었을 때, "엄마는 블루밍데일 백화점에 가 있는 거야"라고 대답했다. 그는 마치 TV를 보듯이 마음의 채널을 다른 곳으로 돌리는 데 익숙해 있었다.

▌콤플렉스는 지워버리면 그만

워홀은 다시 미술로 돌아왔다. 소재는 다소 변화를 보여 꽃과 새를 묘사하는가 하면 자화상도 그렸다. 작가가 자화상에 관심을 가지는 것은 자신의 내면과 대면하는 일이나 마찬가지다. 자기 성찰의 대가 고흐는 37점의 자화상을 남겼다. 자신을 똑바로 보지 못하는 사람은 결국 타인의 시선에 휘둘릴 수밖에 없다. 워홀은 이렇게 말했다.

"자화상을 그릴 때, 나는 여드름을 모두 없애버린다. 여드름은 일시적인 상태다. 여드름은 당신의 실제 생김새와 아무런 관계가 없다. 흠집은 당신이 원하는 부분이 아니다."

그는 수많은 영웅들의 초상화도 작품으로 만들었다. 초상화 작업은 중국의 마오 쩌둥, 소련의 레닌, 쿠바의 체 게바라, 이란의 팔레비 같은 정치인과 롤링스톤스의 믹 재거, 비틀스의 존 레논, 가수 마이클 잭슨과 다이애나 로스, 배우 브리짓 바르도, 권투선수 무하마드 알리 같은 세계적인 유명인을 모두 모델로 삼았다. 르네상스의 그림도 패러디했다. 자신의 시간이 점점 사라지고 있다는 공포가 미친 듯한 생산을 결심하게 만들었다.

워홀은 세계를 돌며 개인전을 열었다. 먹는 것 따위는 아무래도 좋았다. 그는 점심으로 늘 어제와 같은 음식을 먹었다. 어쩌다가 새로운 메뉴를 만나게 되면 이전에 왜 그런 음식을 먹었는지 자신도 이해할 수 없었다.

1979년에 그는 오랜 친구 스튜어트 피바와 함께 뉴욕미술아카데미를 설립했다. 로트레크와 마티스가 그랬듯이 워홀의 주머니와 작업실에는 수집품들로 그득했다. 자신에게 주어진 사물들이 영원히 보존되기를 바라는 것처럼.

1980년대 들면서 워홀은 자신이 소유한 부와 명성을 젊은 미술가들을 지원하는 데 아끼지 않았다. 신표현주의 또는 트랜스아방가르드라고 불리는 여러 작가들이 그의 도움을 받았다. 이 무렵, 워홀은 평론가들로부터 '사업 예술가'라는 소리를 들었다. 유명인들의 초상은 깊이 없는 천박하고 피상적인 작품이라는 비난이었다. 하지만 그는 아랑곳없이 유대인 박물관에서 '유대인 천재들'이라는 10개의 초상화를 전시했다. 그는 일기장에다 '그들은 팔러 간다'라고 적어 넣었다. 지금, 워홀을 씹었던 평론가들의 이름은 모두 잊혀졌고 워홀은 '시대의 찬란한

다빈치의 〈최후의 만찬〉을 실크스크린으로 찍어 그 위에 셀로판지를 덧붙인 〈최후의 만찬〉(1986년) 중 하나. 안타깝게도 '압도적인 시대정신'이었던 워홀의 마지막 작품이 되었다

거울'이자 '압도적인 시대정신'이 되어 있다.

1986년, 레닌 초상화와 자화상 연작에 이어 다빈치의 〈최후의 만찬〉을 리메이크했다. 이듬해 1월, 밀라노에서 가진 〈최후의 만찬〉 전시회 오프닝 때였다. 기자가 "왜 다빈치를 그린 거죠? 이탈리아 문화에 대해 잘 아시나요?"라고 묻자 워홀은 "글쎄, 내가 아는 건 스파게티 정도라고나 할까요. 스파게티는 정말 환상적인 음식이죠"라고 답했다. 그리고 뉴욕에서 연 사진 작품 전시회가 마지막이 되었다. 오른쪽 옆구리에 심한 통증을 느꼈으나 전시회 때문에 진찰을 미루어야 했다.

워홀은 담낭 수술을 받기 위해 뉴욕병원에 입원했다. 비교적 간단한 수술이었고 결과 또한 성공적이었다. 마취에서 깨어난 워홀은 침대에 앉아 사람들과 대화도 나누고 전화도 걸었다. 그러나 다시 잠이 든 워홀은 깨어나지 못했다. 1987년 2월 22일 오전 6시 32분, 치열했던 58년의 생이 그렇게 소리 없이 마감되었다.

고향 피츠버그에서 영결식이 치러졌다. 형들은 검은 캐시미어 정장에다 백금색 가발과 선글라스를 씌운 동생을 동으로 만든 관의 하얀 바닥 위에 눕혔다. 조그만 기도서와 빨간 장미를 쥔 모습이었다. 금으로 도금한 못이 박히고, 하얀 장미와 아스파라거스가 덮였다. 존 레논의 미망인 오노 요코와 피카소의 전기를 쓴 미술사가 존 리처드슨이 추모사를 읽었다. 그리고 워홀은 부모의 영혼 곁으로 갔다.

그가 땅속에 묻히기 전, 함께 일한 편집자이자 그래픽디자이너인 페이지 파우얼이 〈인터뷰〉 잡지 한 권과 〈인터뷰〉 티셔츠 한 장과 에스티로더 향수 한 병을 얹었다. 그러고는 울먹이며 "아름다우세요"라고 나직이 속삭였다. 4월 1일, 뉴욕 맨해튼의 세인트패트릭 대성당에서 앤디 워홀 추모제가 열렸다.

┇ 모든 것은 치밀하게 계획되었다

워홀은 피카소와 마찬가지로 살아 있을 때 예술로써 영예와 부를 함께 누린 매우 드문 작가에 속한다. 그러나 두 사람의 방식은 다르다. 피카소 같은 부자 예술가의 경우 대개 예술을 우위에 두고 명성은 부차적인 것으로 간주한다. 하지만 워홀에게는 명성 그 자체가 예술만큼이나 중요했다. 그는 이 세상에서 내로라하며 살고 싶었던 것이다.

초라한 모습으로 살다가 죽고 나서야 걸작이 될 작품 따위는 생각조차 하지 않았다. 워홀은 눈부신 스타의 자리에 서기 위해 철저히 계획하고 치밀하게 실천했다. 그리고 그는 자신이 원하는 것들을 고스란히 얻었다. 오래전 어느 신문사의 신춘문예 시상식에 하객으로 갔다가 들은 유종호 문학평론가의 "당신들도 이제 좋은 작품을 많이 써서 떵떵거리며 사십시오"라는 짤막한 축사가 잊히지 않는다.

대중에게 익숙한 이미지를 가지고 복제와 소비로 대변되는 20세기 자본주의 문명의 정체성을 드러내 보였던 앤디 워홀. 그는 이렇게 말했다.

> "나의 예술은 거짓이었다. 종이에 아무렇게나 선을 긋고 관념적인 단어를 나열하면 관객들은 보물을 얻은 듯 그림을 거꾸로 걸어두고도 좋아했기 때문이다."

워홀은 혁명가는 아니었지만 예술의 개념에 커다란 변화를 이끌어낸 인물이었다. 그는 신동도 천재도 아니었지만 전에 없던 작품들을 많이도 창조했다. 그를 가리켜 무자비한 상업주의와 출세지상주의에 물든 사기꾼쯤으로 비하한 시각도 없지 않았다. 그는 그런 비난들을 기꺼이 수긍하면서 순수예술과 대중예술의 경계를 과감하게 무너뜨렸다. 그러나 워홀은 아무래도 사기꾼일 수는 없을 듯하다. 진짜 사기꾼이란 자신의 서명을 남에게 맡기는 자가 아니라 남의 것에 자신이 서명을 하는 자일 테니까.

사실 현대미술은 미적 안목을 닦은 사람만이 접근할 수 있을 정도로 난해했다. 워홀은 쉬운 소재들을 쉽게 표현함으로써 누구나 감상자 또는 창조자가 될 수 있음을 보여 주었다. 그는 예술이란 더 이상 고고한 자들의 전유물이 아님을 온몸으로 실천한 인물이었다. 그리고 예술가란 더 이상 거지 같은 옷을 입고서 고뇌에 찬 표정으로 작품을 빵과 바꾸러 가는 근대적 인간상이 아님을 증명한 통쾌한 인물이었다. 지금, 수집가들은 그가 생산했던 작품들은 물론이며 그의 팩토리에 있던 허섭스레기 같은 것 하나를 갖지 못해 안달이다.

속담에 '병든 까마귀 어물전 돌듯'이라는 말이 있다. 마음에 둔 것이 있어 그 주위를 빙빙 돈다는 뜻이다. 어물전을 맴도는 까마귀는 열심으로 날고 있으나 얻는 것이 없다. 애를 쓴다고 해서 누구나 다 뜻을 이루는 것은 아니다. 시간이 사물을 변화시킨다고 투정할 것이 아니라는 워홀의 말처럼 스스로 사물을 변화시키도록 행동해야 한다.

21세의 초라한 청년 워홀은 예술계의 스타가 되겠다는 꿈을 단 하루도 잊지 않고 일했다. 그리고 그는 막강한 부와 명성을 확보한 뒤에도 하루하루를 생의 마지막 날인 것처럼 살았다. 꿈꾸는 힘이 없으면 살아가는 힘도 잃게 된다. 쉬지 않고 가는 사람에게 너무 먼 길은 없다. 마음속에 한 가지 깊이 파고들 것을 가지고 있다면 그것으로 얼마든지 행복할 수 있다.

"인생은 건축해야 할 대상이 아니라 불태워야 할 대상이다."

　　　　　　　　　　　　　　　고난이라는 가능성

프랑스의 소설가 알베르 카뮈의 말이다. 별도 꽃도 벌레도, 나름의 값어치를 가진 세상의 모든 사물들은 다 이름을 가지고 있다. 사람은 각자 고유한 의미를 지닌 이름으로서 그 존재를 증명한다. 이름을 빛내는 일은 곧 존재를 빛내는 일이 된다. 해낼 수 있고 꼭 그렇게 되리라 스스로 믿는 것은 아주 중요하다. 자신감은 주위의 신뢰까지 얻는다. 앤디 워홀은 된다고 믿었기 때문에 앤디 워홀이 되었다.

춥고 아프고 배고픈
시인의 노래

방랑

아르튀르 랭보

(Arthur Rimbaud, 1854년 10월 20일~1891년 11월 10일)

프랑스의 시인. 엄한 어머니 밑에서 자라면서 일찍이 남다른 지적 능력을 보여 10대에 각종 상을 휩쓸었다. 시인 베를렌의 도움으로 파리 문단에 혜성처럼 등장해 기성 시인들을 놀라게 했다. 언어가 가지는 표현력의 극한에 이른다는 그의 시는 초현실주의 등 새로운 문예사조에 큰 영향을 주었다.

고난을 기꺼이 끌어안고 바람처럼 떠돌다가 마침내 프랑스 문학의 별이 된 시인 아르튀르 랭보. 그의 삶은 방랑의 상징이 되었다. 어려서는 가출을 거듭했고, 성인이 되어서는 유럽과 아랍과 아프리카를 돌아다녔다. 구르는 돌에는 이끼가 끼지 않는 것일까? 그의 정신은 늘 깨어 있었고, 그 깨어 있는 정신은 그에게 처음 보는 풍경 같은 신선한 언어를 선사했다.

고난이라는 가능성

선천적으로 타고나고 남보다 훨씬 뛰어난 재주나 재능을 가진 사람을 천재라고 일컫는다. 어릴 때 남다른 재능을 내보이는 경우가 있기는 하나 그런 아이가 모두 대단한 어른이 되지는 않는다. 오히려 그다지 두드러지지 않는 인간형으로 전락하는 경우도 많다. 이른바 '머리'를 지나치게 의존하기 때문이다. 그저 눈치가 빨라서 모방에 능한 정도를 천재로 오인하기도 한다. 우리가 아는 진짜 천재 가운데 뺀질이처럼 빈둥거린 이는 한 명도 없다. 남보다 월등한 일을 해낸 사람을 타고난 능력 탓으로 돌리는 견해는 옳지 않다. 그 발자취를 따라가 보면 무심코 내뱉게 되는 천재라는 말이 얼마나 허술한지 알게 된다. 그들은 삶의 폭풍우를 남보다 일찍 맞닥뜨렸고, 남보다 강인한 인내심으로 그 비바람 속에서 자신을 점화시켰을 따름이다.

10대에 이미 자신의 문학 세계를 완성한 랭보를 천재 시인이라고 말하기도 한다. 어린 시절에 훌륭한 재능을 선보인 조각가 미켈란젤로와 음악가 파가니니와 화가 피카소 같은 이도 마찬가지다. 그러나 이들의 행적을 따라가 보면 하늘이 내려준 능력이라는 말이 터무니없음을 알게 된다. 미켈란젤로는 돌 곁에서, 파가니니는 바이올린 곁에서, 피카소는 팔레트 곁에서, 그리고 랭보는 절망 곁에서 태어나고 자랐던 것이다.

질풍노도 시기의 소년이 돌파구로 삼은 것

랭보는 1854년 10월 20일 프랑스 북동부 아르덴 지방의 샤를빌에서

5남매 중 둘째 아들로 태어났다. 러시아가 흑해를 두고 영국, 프랑스, 터키 등의 연합군과 한판 붙은 크림 전쟁이 한창인 무렵이었다. 40세의 아버지 프레데릭 랭보는 보병 대위였고, 29세의 어머니 비탈리 퀴프르는 소지주의 딸이었다. 물 같은 성향의 남자와 불 같은 성향의 여자는 얼핏 잘 어울리는 조합 같았다. 자신에게 없는 것이 상대에게 있는 듯했으므로. 그러나 아주 다른 성향은 두 사람을 오래도록 어울려 살 수 없게 했다. 싸움이 붙으면 서로 뒤질세라 접시를 바닥에 내동댕이치기 일쑤였다. 결국 아버지는 랭보가 6세 때에 가족을 영영 떠나고 말았다.

혼자서 운명과 맞서야 했던 어머니는 무척 엄격했다. 성모상 앞을 지날 때면 하루에도 몇 번씩 무릎을 꿇는 여인이었다. 어머니는 아이에게 가슴으로 시를 읽게 했고, 제대로 암송하지 못하면 밥을 주지 않거나 때리거나 벌을 세웠다. 어린 랭보의 반항적 기질은 자연스럽게 커졌으며, 예민하고 날카로운 성격은 일찌감치 자리를 잡게 된 셈이었다. 마음 둘 곳 없던 소년은 자주 탈출을 꿈꾸었다. '천재는 재능이 아니라 절망 속에서 만들어지는 돌파구'라는 작가 사르트르의 말이 그에게 적용될 듯하다.

랭보는 8세 때에 로사 기숙학교에 입학했다. 아이는 어머니의 잔소리와 회초리가 무서워서라도 공부를 해야 했다. 많은 상이 주어졌고, 부상으로 따라오는 책들을 게걸스럽게 읽었다. 독서 시간은 하나의 해방구였다. 그리고 책의 빈 공간에다 폭발할 것 같은 감정들을 배설하듯이 어지럽게 적고는 했다.

소년 시절의 랭보. 절망감 속에서 반항적 기질은 자연스럽게 커졌으며, 예민하고 날카로운 성격은 늘 탈출을 꿈꾸게 했다

5년 뒤 어머니는 랭보를 형 프레데릭과 함께 가톨릭 계열의 샤를빌 중학교로 전학시켰다. 거기서도 갈색 머리의 조그맣고 창백한 소년은 각종 상을 독차지했다. '평범한 구석이 하나도 보이지 않는 아이'는 학생들 사이에서 '시건방진 땅꼬마'로 통했다. 소년이 제출한 작문은 아카데미 회보에 실렸다. 랭보는 용돈이 생기면 서점으로 달려가 신간을 구해 읽은 뒤 친구에게 되팔았다. 그 속에는 자신의 운명을 뒤흔들게 될 폴 베를렌의 시집도 끼어 있었다. 100행이 넘는 시 〈고아들의 새해 선물〉을 쓴 것이 15세였고, 이것은 1870년 1월 〈모두를 위한 잡지〉에 실렸다.

그로부터 2주 뒤, 22세의 수사학 교사 조르주 이장바르가 부임해 왔다. 랭보는 자유로운 분위기를 풍기는 젊은 선생에게 끌렸고, 선생도 뛰어난 문장력을 가진 학생에게 반했다. 랭보는 열심히 시를 써서 선생에게 보였다. 이장바르는 질풍노도의 시기를 넘는 소년이 기댈 수 있었던 유일한 언덕이었다. 어머니는 아들이 자신의 뜻대로 잘 길들여지고 있다고 생각했다. 그러나 아들은 시와 자유의 두 여신을 따라

가고 있었다. 학교 교육은 거기까지였다. 1870년 7월 20일에 프랑스-프로이센 전쟁이 일어났기 때문이다. 프랑스가 패배하면서 독일 제국이 기를 펴게 되는 전쟁이었다. 랭보는 답답한 소도시를 떠나 파리로 가서 기자가 되고 싶었다. 그저 투고한 시가 잡지에 실린 일밖에는 아무런 연고도 없으면서 무작정 길을 나섰다.

1870년 8월 29일, 16세의 랭보는 책을 판 푼돈을 주머니에 넣고 무작정 샤를빌의 역으로 나갔다. 그러나 전쟁 때문에 파리로 가는 노선이 끊긴 상태였다. 그렇다고 해서 발길을 돌릴 아이가 아니었다. 여러 곳을 경유하는 바람에 돈이 다 떨어져버렸다. 결국 파리 역에서 무임승차로 붙잡힌 소년의 몸에서 휘갈겨 쓴 쪽지들이 나왔다. 8월 31일, 주소 불명과 무직에다 첩자 혐의까지 받게 된 소년은 유치장에 갇혔다. 랭보는 이장바르 선생에게 급히 구조 요청을 보냈다.

'선생님께서 말리시던 일을 저지르고 말았습니다. 열차 삯 13프랑을 빚져서 지금 마자스 구치소에서 판결을 기다리고 있습니다. 도움을 주십시오. 선생님을 친형처럼 사랑합니다. 앞으로는 아버지처럼 사랑할 겁니다. 당신의 불쌍한 아르튀르 랭보.'

유치장 안에서도 시를 쓰던 랭보는 일주일 뒤 이장바르의 도움으로 풀려났다. 그러나 소년은 귀가하지 않고 선생의 집에 머물면서 책을 읽었다. 몽테뉴, 위고, 플로베르, 디킨스……. 한 달을 그렇게 지내다가 선생과 함께 집으로 돌아갔을 때, 어머니는 아들의 뺨을 후려쳤다.

랭보는 소리를 질렀다. 아파서가 아니라 자신을 어른처럼 대하는 선생 앞이어서 엄청 쪽팔렸기 때문이었다.

⚡ 어떤 고통도 감수한다는 집념

권태가 소년의 어깨를 짓눌렀다. 이웃 마을에 사는 친구 들라에와 함께 산책을 하고 술도 마시고 파이프 담배도 피웠지만, 가슴속의 긴장감은 시한폭탄처럼 위태로웠다. 이장바르 선생 앞으로 랭보 어머니의 편지가 도착했다. 아들이 또 사라졌다는 것이다.

10월 7일, 집을 나선 랭보는 프랑스 북부와 벨기에 여러 지역을 돌아다녔다. 기자가 되고 싶다는 생각 하나로, 때로는 기차를 타고 때로는 걸어서 알 만한 곳은 다 찾아갔다. 그러나 아무리 똑똑하더라도 16세 소년을 받아 주는 신문사나 잡지사는 없었다. 2주일에 걸친 방랑의 거친 감정들이 시가 되었다.

단벌 바지에는 커다란 구멍이 나 있었네.
꼬마 몽상가라 길에서 시를 훑었지.
내 여인숙은 큰곰자리.
하늘의 내 별들이 부드럽게 살랑거렸네.

다시 이장바르 선생의 집에 나타난 랭보는 경찰에 넘겨졌다. 반드시 그렇게 하라는 어머니의 엄명이 있었던 것이다. 소년은 선생 집의 녹색 문에다 몰래 작별의 시를 적었다.

단조로운 날들이 지나갔다. 자유 만세! 자, 가자! 모자 쓰고 외투 걸치고, 두 손은 주머니에 넣고 가자! 랭보는 악착같이 자유를 원했다. 아직도 간간히 들려오는 전장의 포성은 가증스러운 바보들의 짓거리로 들렸다. 1871년 1월 28일, 프랑스가 독일에 항복했다. 학교가 다시 문을 열었으나 랭보는 등교하지 않았다. 랭보는 '숲에서 떨며 돌아다니는 것보다 문학과 예술 속에서 사람들과 친해지기 위해 파리로 가야 한다'고 생각했다.

2월 25일, 17세의 랭보는 손목시계를 팔아서 파리로 갔다. 그러나 낯선 파리에서 할 수 있는 일이라고는 서점을 기웃거리거나 만나고 싶은 예술가들의 주소를 알아내는 것뿐이었다. 2주일 동안 거리를 헤매다가 걸어서 집으로 돌아갔다. 3월 18일, 보수 정부에 대항하는 파리코뮌이 봉기했다. 파리에 다시 프랑스의 혁명을 상징하는 바리케이드가 쳐졌다. 집 근처 숲속의 작은 동굴에 은신처를 마련한 랭보는 지역 신문인 〈아르덴의 진보〉에 들어가 잡일을 했다. 이제 지쳤는지 어머니는 더 이상 학교에 가라는 소리도 하지 않았다. 그러나 한 달 뒤 이 신문은 당국의 명령에 따라 발행이 정지되었다.

'오늘이여, 만세! 내일이여, 만세!'

다시 동굴로 가려던 랭보에게 은둔은 비열한 짓이라는 생각이 들었다. 자유는 바리케이드 위에 있어야 했다. 4월 18일, 그는 다시 파리로

랭보 기념우표. 배경에는 파리의 시인들을 깜짝 놀라게 한 소년 시절의 시 〈취한 배〉가 그려져 있다

향했다. 이번에는 차를 얻어 타는 방법을 택했다. 파리의 혁명군이 앞을 가로막자 "아르덴에서 걸어왔으며, 아무것도 가진 것이 없다"고 당당히 말했다. 코뮌 혁명군은 그를 동지라 반기며 병영으로 안내했다. 랭보는 아무 때나 죽을 각오가 되어 있는 청춘들 속에 끼어 지냈다. 그러나 얼마 못 가서 무질서한 병영 생활에 염증을 느끼고 말았다. 랭보는 그곳을 빠져나와 5월 초에 샤를빌로 돌아갔다. 그 무렵 랭보는 신화 속의 미녀 프시케를 닮았다는 한 소녀에게 쪽지를 전한 일이 있었다. 정작 소녀를 만났을 때는 '갓 태어난 푸들 3,600만 마리를 한데 모아놓은 것처럼 떨었다'고 한다. 소년에게 여자는 닫힌 문이었다.

네 차례에 걸친 파리행을 모두 실패로 끝낸 랭보는 조급해졌다. 이장바르 선생이 교수가 된 데에 대해서도 '대학이라는 창고에 들어가 끝내 아무것도 하지 않을 사람'이라며 독설을 날렸다. 자신은 시인이 되기 위해서 최대한 방탕해지겠다고 다짐했다. 모든 감각을 해방시킴으로써 미지에 도달하게 된다고, 어떤 시인도 시도하지 않은 견자(見者)가 되려면 고통을 받더라도 강해져야 한다고 믿었다. 나무가 자신을 바이올린이라 생각한다는 말을 들을지라도.

랭보는 더욱 우울해지고 거칠어졌다. 어머니의 눈에는 아들이 정신 나간 놈으로 비쳤다. 완전한 견자가 되기 위해 그는 타인으로 다시 태어나려 했다. 네 차례의 실패는 실패가 아니었다. 그 방황의 체험은 어린 시인에게 엄청난 상상력을 선물했던 것이다. 마음이 소리치는 대로 처절한 시가 창조되고 있었다. 바다의 밑바닥에 닿은 잠수부만이 진주를 얻을 수 있으니, 희망은 왜 그리도 잔인한지.

막다른 골목에 이른 기분으로 존경하는 시인 폴 베를렌에게 편지를 썼다. 시인이 되기 위해 파리로 가고 싶다면서, 내미는 손을 뿌리치지 말아달라는 간곡한 글과 여러 편의 시를 동봉했다. 며칠이 지나도 소식이 없자 두 번째 편지를 보냈다. 그로부터 네댓새 뒤 답장이 왔다. 시골에서 방금 파리로 돌아왔다는 것, 당신을 맞을 준비를 해야 한다는 것, 그리고 자신도 편지에 적힌 것과 비슷한 증세를 느끼고 있다는 내용이었다. 며칠 뒤 여행 경비에 쓰라며 수표를 동봉한 두 번째 답장을 받았다. 랭보는 날아갈 듯 기뻤다. 그는 파리의 시인들에게 선보일 시 〈취한 배〉를 정서했다.

하지만 사실, 나는 많이 울었어! 여명이 가슴을 쓰라리게 하네.
달은 잔인하고 태양은 혹독하네.

1872년, 시인 베를렌이 그린 18세의 랭보

🎐 쓸모없는 짓이라도 나는 쓸 겁니다

베를렌은 파리 시청에 근무하면서 문단에서 자신의 자리를 확보하고 있는 27세의 시인이었다. 그는 1년 전 16세의 마틸드 모테와 결혼한 새신랑이기도 했다. 그런 베를렌이 폭발 직전에 있는 랭보의 시를 만난 것은 운명이었다. 그로 말미암아 많은 것들이 뒤틀려버렸으니까.

그 무렵 베를렌은 1년 동안 이어진 폭동 때문에 전세금을 다 날리고 3층짜리 처가 저택에 들어와 살고 있었다. 9월의 어느 오후, 베를렌은 랭보를 마중하러 역으로 나갔으나 만나지 못했다. 상상하던 인물이 없었기 때문이었다. 허탈한 마음으로 집으로 왔을 때, 아내와 장모가 이상한 소년과 마주앉아 있었다. 베를렌과 랭보는 둘 다 속으로 놀랐다. 랭보는 시인이 호사스런 생활을 한다는 데 놀랐고, 베를렌은 시인이 꾀죄죄한 어린애 같다는 데 놀랐다. 베를렌이 던지는 부모, 친구, 학교 등에 대한 따분한 질문에 랭보는 짜증이 났다. 실망감이 밀려왔다. 그날 밤, 랭보는 3층의 구석방에 누워 이 천박한 부르주아 시인 앞에서 어깨를 늘어뜨리지 않을 것이며, 방탕이 무엇인지 제대로 보여 주리라 결심했다.

랭보는 아침 늦게 일어나 인사는 물론 세수도 하지 않았다. 베를렌은 다른 곳에 거처를 마련해 주는 것이 좋겠다는 장모의 말을 뒤로 흘리며 며칠 동안 랭보에게 파리 구경을 시켜 주었다. 그러나 랭보의 눈에 개선문과 노트르담과 루브르는 오래된 돌무더기에 지나지 않았다.

베를렌이 랭보를 시인들의 저녁 모임에 데리고 나갔다. 어린 시인은 준비한 시 〈취한 배〉를 낭송했다. 그러고는 시란 행동이고, 시만이 세상을 정화시킬 수 있다는 연설을 덧붙였다. 반응은 다양했다. 악마 같다는 말과 천재 같다는 말이 오갔다. 성공적인 데뷔였으나 그런 분위기는 그리 오래가지 않았다. 거침없는 말과 행동으로 '환상에 사로잡힌 불량 소년' 취급을 당했기 때문이다. 그러나 베를렌만은 랭보에게서 위대한 견자의 낌새를 읽고 있었다. 풍족한 환경에서 외아들로 자란 탓인지 무례라면 뒤지지 않던 베를렌이었다. 서로의 기질을 확인한 두 사람은 급속도로 가까워졌다. 밤마다 베를렌은 랭보를 예술가들이 우글거리는 카페로 데려가 같이 술을 마셨다.

베를렌 처가 식구들의 심한 반대로 거리에 나앉게 된 랭보는 아무렇게나 살았다. 가난한 예술가의 골방에서, 카페에서, 때로는 길거리에서도 잤다. 먹을 것을 얻기 위해 쓰레기통도 뒤졌다. 그런 것들은 아무래도 상관없었다. 멸시와 치욕은 오히려 편안한 친구였다. 그에게는 시만이 지상 최고의 가치였다. 그러니 무엇인들 두려웠으랴. 소년은 자기 마음에 들지 않으면 칼까지 휘둘러서 '건드리면 찔린다'로 통

　　　　　　　　　　　　　고난이라는 가능성

시인 제르맹 누보가 그린 카페 풍경. 그 시절 청춘의 한때를 보여 준다

하기도 했다.

'랭보와 베를렌이 팔짱을 끼고 걷더라, 둘이서 어깨를 걸치고 공연장에 앉아 있더라' 하는 야릇한 소문이 퍼져나갔다. 아내로부터 이혼이라는 말을 듣게 되자 급기야 베를렌이 랭보에게 잠시만 떨어져 있자고 눈물을 흘리며 애원했다. 랭보의 눈에는 그런 베를렌이 허약하고 못난 시인으로 비쳤다. 1872년 3월, 소년은 어쩔 수 없이 고향으로 돌아갔다. 놀라운 산문시가 쏟아져 나왔다. 독한 추억이 독한 시로 숙성되어 있었던 것이다. 아무짝에도 쓸모없는 짓을 왜 하느냐고 야단하는 어머니에게 랭보는 말했다.

"그래도 나는 쓸 겁니다."

보험회사에 취직해서 착실한 모습을 보이던 베를렌이 두 달을 못 견디고 랭보를 파리로 불렀다. 베를렌은 랭보에게 정신적인 차원을 넘어 집착했다. 여관과 살롱을 전전하며 술과 해시시에 절어 지내던 랭보는 모순된 생활에 역겨움을 느꼈다. 볕이 따갑던 7월의 아침, 출근하려고 집을 나서던 베를렌 앞에 랭보가 나타났다. 그는 지금과 같은 생활을 더 이상 할 수 없어 벨기에로 가겠다고 말했다. 머뭇거리던 베를렌이 "너와 함께 가겠어!" 하고 내뱉었다.

두 사람은 함께 벨기에의 브뤼셀로 갔다. 밀월의 달콤한 열흘이 지났을 때, 베를렌의 아내와 어머니가 끈질긴 추적 끝에 이들을 찾아왔다. 붙들려 가는 신세가 된 베를렌은 기차가 국경 역에 멈추자 랭보의 손을 잡고 인파 속으로 유유히 사라졌다. 그들이 영국 런던에서 지내는 동안 베를렌의 아내는 이혼 청구 소송을 준비했다. 랭보가 당시 18세였기에 미성년자 약취 혐의까지 덮어씌우기로 작정했다.

사랑은 언제나 쌉싸름한 뒷맛을 남기는 법. 주머니가 비면서 베를렌과 랭보의 다툼은 잦아졌고, 헤어짐과 애원과 만남이 거듭되었다. 싸움이 붙으면 주먹다짐에다 칼부림까지 벌어졌다. 격렬한 연애가 그렇듯이 누가 먼저 버릴 수도 없었다. 서로가 타락의 길을 걷는 불쌍한 악마라고 생각했다. 마침내 대형 사고가 터졌다. 1873년 7월 10일, 브뤼셀의 호텔 방에서 베를렌이 떠나겠다는 랭보를 향해 권총을 발사한 것이다. 한 발은 벽에 박혔고, 한 발은 랭보의 왼쪽 손목에 박혔다. 경찰에 붙들린 베를렌에게 징역 2년에 200프랑의 벌금형이 떨어졌다.

베를렌은 교도소로, 랭보는 얼마 전 이사한 로슈의 고향 집으로 갔

팡탱라투르의 〈테이블 모서리〉(1872년). 왼쪽 아래의 베를렌 곁에 턱을 괴고 있는 랭보

다. 풍성한 경험이 강렬한 언어로 쏟아졌다. 랭보는 골방에서, 베를렌은 감방에서 숨 가쁜 독백을 시로 토해냈다. 랭보는 시들을 정리한 뒤 어머니에게 애걸해 받아 낸 돈으로 벨기에의 출판사에서 시집 500부를 펴냈다. 10월 23일, 랭보는 시집을 가지러 브뤼셀로 가서는 한 권을 베를렌에게 전하라며 교도소 간수에게 맡겼다. 그것이 프랑스 문학의 별이 되는 《지옥에서 보낸 한 철》이었다.

어머니
참고 견디면 그런 날이 올까요.
이 지옥의 여름 들판에서 흘리는 피와 땀으로
풍성한 가을을 맞이할 수 있을까요.

▌ 방랑이란 열망의 다른 말

두 사람에 대한 소식을 잘 알고 있던 파리의 시인들은《지옥에서 보
낸 한 철》을 거들떠보지도 않았다. 이제 파리는 랭보에게 환멸이었다.
그는 로슈의 집에서 산더미 같은 원고들을 불 속에 내던져 버렸다. 그
것은 과거와의 단절을 의미했다. 그러나 산문시들이 빼곡한 수첩 한
권만큼은 버리지 않았다.

1874년, 20세의 문턱을 넘은 랭보의 하염없는 방랑이 시작되었다.
그는 3월 중순에 파리에서 알게 된 23세의 시인 제르맹 누보와 함께
런던으로 갔다. 랭보는 소책자를 만들어 보라는 누보의 말을 듣고 수
첩에 있던 산문시들을 정서했다. 이 둘에 대한 괴상한 소문이 돌 무렵,
누보는 혼자 파리로 떠났다.

1875년 2월, 랭보는 독일 슈투트가르트로 가서 가정교사 자리를 얻
었다. 한 달 전 18개월의 감옥살이에서 풀려난 베를렌이 손에 묵주를
들고 찾아왔다.

"예수님 안에서 서로 사랑합시다."

랭보가 쏘아붙였다.

"쳇, 사색을 많이 했다는 게 고작 그 정도야?"

어정쩡한 만남 뒤에 랭보는 누보에게 전해 주라며 정서해 둔 산문시

원고를 건넸다. 그로부터 한 달 뒤, 돈을 좀 보내달라는 랭보의 편지를 받은 베를렌이 발끈했다. 너 때문에 재산도 날렸고, 너 때문에 결혼 생활도 깨졌고, 너 때문에 징역도 살았는데, 이 기생충 같은 놈이라면서. 완전한 절교였다.

랭보는 걸어서 스위스와 이탈리아를 여행했다. 6년 계약으로 네덜란드 용병에 지원해서 인도네시아의 수마트라 섬까지 갔다가 3개월 만에 탈영했다. 그런 뒤 독일 함부르크에서 곡마단에 들어가 스웨덴과 덴마크를 떠돌았다. 걸어서 알프스를 넘었고, 이집트의 알렉산드리아까지 갔다가 키프로스 섬의 채석장에서 일했다. 열병과 장티푸스에 걸렸으나 방랑을 멈추지 않았다. 아랍 아덴에서는 프랑스 회사에 들어가 커피 선별 작업장 감독관이 되었다. 다시 하라로 옮겼다가 에티오피아의 오가덴 지역으로 갔다. 길고도 험한 방랑이었다. 1881년 5월, 랭보는 어머니와 막내 여동생 이자벨 앞으로 편지를 보냈다.

'기진맥진한 채로 살아갈 수밖에 없네요. 이 세상에서 진정한 휴식을 즐길 수 있다면 얼마나 좋을까요. 인생이 단 한 번뿐이라는 사실이 그나마 다행스럽습니다.'

27세의 랭보는 무기 거래에 손을 댔으나 고생만 무지하게 했다. 가죽과 상아와 마약도 팔았다. 언젠가 아프리카와 아랍을 상대하는 큰 사업가가 되리라 상상했다. 그에게 있어 방랑이란 열망의 다른 말이었다. 그는 골치 아픈 문학을 떠나 편안해지리라 꿈꾸었다.

어느 날, 사진첩을 넘기던 베를렌이 랭보의 모습을 발견했다. 그는 그것을 헤어진 아내의 사진과 합쳤다. 자신을 가장 괴롭힌 두 사람을 한데 붙여 버릴 심산이었다.

그러나 베를렌은 랭보를 잊지 못하고 풍문으로 들리는 소식에 귀를 기울였다. 문학의 재건을 바라며 열심히 글을 쓰던 그는 제대로 평가받지 못하는 시인 6명을 다룬 책 〈저주받은 시인〉에다 랭보의 이야기를 넣었다. 그러고는 누보에게 돌려받은 랭보의 산문시를 문집으로 묶었다. 시인의 허락 없이 1886년에 출간되는 이 시집이 바로 또 하나의 별이 되는 랭보의 〈일뤼미나시옹〉이다.

먼 객지를 떠돈 세월이 15년. 너무 많이 헤맸던 탓일까? 류머티즘에 시달리던 랭보의 오른쪽 무릎에 수상한 종양이 생겼다. 1891년 4월 7일, 고통을 참을 수 없던 랭보는 자신이 설계한 들것에 실려 300킬로미터를 이동했다. 17일 만에 아덴에 도착한 그에게 의사는 프랑스로 가는 것이 좋겠다고 말했다. 5월 9일에 배를 탄 랭보는 20일에야 마르세유의 콩셉시옹 병원에 입원할 수 있었다. 나이는 36세, 직업은 상인이라고 기록된 이 환자의 병명은 허벅지 종양. 의사로부터 다리를 절단해야 된다는 말을 듣고 랭보는 어머니에게 전보를 쳤다. 어머니는 곧장 아들에게 답신을 보냈다.

'떠난다. 내일 저녁에 도착할 거야. 용기를 내어 참고 있거라.'

고난이라는 가능성

5월 23일, 12년 만에 보는 아들의 처참한 모습에도 그녀는 우리 모두의 어머니처럼 강인하고 침착했다. 그러나 랭보는 좌절했다.

　"나의 인생은 불행이다. 끝없는 불운이다. 그런데 왜 살아가야만 하지?"

　사흘 뒤 랭보의 오른쪽 다리 절단 수술이 이루어졌다. 그로부터 두 달 뒤 랭보는 로슈의 집으로 옮겨졌다. 동생 이자벨이 오빠를 극진히 간호했다. 랭보는 살고 싶었다. 결혼도 하고 싶었고, 다시 아프리카로 가서 다른 인생을 펼치고 싶었다. 그러나 왼쪽 다리마저 부어올랐고 어깨도 아파왔다.

　시골 병원을 믿을 수 없었던 랭보는 어머니의 만류에도 불구하고 마르세유로 가자고 했다. 8월 23일, 이자벨은 통증을 호소하는 오빠를 데리고 파리를 거쳐 멀리 마르세유까지 갔다. 한 달이 지났을 때, 의사는 이자벨에게 환자 곁을 떠나지 말라고 일렀다. 이자벨은 오빠의 초췌한 얼굴을 스케치했다. 랭보는 이자벨이 보는 데서 "주님의 뜻대로 이루어지이다"라고 기도했다. 신은 죽어야 한다고 떠들던 소년이었다. 살아서 처음으로 느끼는 평화였다. 그리고 겨울의 한기가 낮게 깔리던 11월 10일 오전 10시, 랭보는 조용히 마지막 숨을 내쉬었다. 힘겨운 방랑이 별처럼 반짝이는 시를 남기고 마침표를 찍는 순간이었다. 이 소식을 접한 베를렌이 눈물의 소네트를 적었다.

랭보!

평화가 당신과 함께 있을 지다. 주께서 당신과 동행하시기를!

랭보는 고향 샤를빌의 묘지에 묻혔다. 16년 뒤 '불쌍한 아들 곁에 있고 싶다'는 어머니가 그 왼편에 뉘어졌으며, 57년 뒤 콩셉시옹 병원 정원에 '이곳에서 시인 장 아르튀르 랭보가 지상의 모험에 종말을 맞다'라는 기념비가 세워졌다.

▌ 확신과 독창성이 영광으로 이끈다

시 〈천재〉에서 '오만이 잃어버린 자비보다 낫다'라고 노래하며 불멸의 출구를 찾아다녔던 랭보. 그가 말한 오만은 시인의 정신세계에서 무한히 누릴 수 있는 자유였을까? 예수도, 알라도, 마르크스도 믿지 않으면서, 오직 부조리한 신화의 벽을 부수고자 그리도 인생을 허기지게 보냈을까? 바람 구두를 신은 듯 평생을 방랑했던 그의 삶은 죽음 뒤에야 비로소 빛을 보았다. 사람들은 그제야 그의 시를 읽으면서 창공에서 영원히 빛날 별이라고 칭송하기 시작했던 것이다.

그가 떠나고 100년 뒤, 폴란드 출신의 영화감독 아그네츠카 홀란드는 레오나르도 디카프리오가 랭보 역을 맡고 데이비드 슐리스가 베를렌 역을 맡은 영화 〈토탈 이클립스〉를 만들었다. 디카프리오의 입을 통해 랭보가 말한다.

"가장 참기 힘든 것은 못 참을 게 없다는 것이다."

변화가 두려운 정체된 삶은 안전할지는 몰라도 아름답지는 않다. 고인 물은 썩게 마련이다. 랭보는 나무속에서 바이올린을 보면서 시만이 세상을 정화시킬 수 있는 지상 최고의 가치라 믿었다. 그 믿음이 얼마나 강했기에 20대 이전에 모든 문학적 작업을 완성시킬 수 있었을까? 확신과 독창성은 영광에 이를 수밖에 없다는 말에 한 번쯤 귀 기울일 필요가 있을 것 같다.

황금이 불 속에서 제련되는 것처럼 사람은 시련 속에서 다시 태어난다. 시련의 도가니가 뜨거울수록 삶은 더 단단해진다. 굶주려보지 않은 인간은 아무것도 창조할 수 없다. 허기짐이 욕망을 낳고, 욕망이 곧 창조를 낳기 때문이다. 춥고 아프고 배고픈 방랑의 청춘이여, 만세!

고난을 극복하고
성취하는 일은 나의 의무

──── 의지 ────

라이너 마리아 릴케

(Rainer Maria Rilke, 1875년 12월 4일~1926년 12월 29일)

보헤미아 태생의 독일 시인. 여자아이처럼 길러져 군인 교육을 받으면서 외롭고 불안한 소년 시절을 보냈다. 종교성이 강한 섬세한 서정시로 20세기 최고의 독일어권 시인으로 꼽힌다. '장미의 시인'으로 일컬어지며, 삶의 본질에 대한 문제를 평생의 문학적 주제로 삼았다.

삶은 산책이지 목적지가 정해진 행진이 아니다. 산책은 얼마를 걷든지 완성일 수 있으나 행진은 목적지에 닿지 않으면 완성일 수 없다. 똑같은 걸음이겠으나 그 의미는 사뭇 다르다. 산책의 한 걸음 한 걸음이 과정이면서 완성이듯이 삶의 한순간 한순간은 모두가 과정이면서 완성이다. 그러므로 삶의 모든 순간이 소중할 수밖에 없다.

사람에게는 소통과 공감이 꼭 필요하다. 혼자서 태어나 자라고 살

고난이라는 가능성

아갈 수 없으므로 '나'의 이야기를 해야 하고, '너'와 '그'의 이야기를 들어야만 한다. 시를 읽어야 하는 이유도 여기에 있다. 시란 사람 사는 이야기의 운문적 표현이기 때문이다.

국립국어원의 표준국어대사전에 '시'는 '자연이나 인생에 대하여 일어나는 감흥과 사상 따위를 함축적이고 운율적인 언어로 표현한 글'이라고 정의되어 있다. 시를 사전적 해석 그대로 이해하더라도 궁극적으로는 사람 사는 이야기와 마주칠 수밖에 없다. 사전에서 말하는 자연, 인생, 감흥, 사상 따위는 모두 사람의 관점에서 일컬어지는 것이기 때문이다.

"아!"

놀라거나 당황하거나 초조하거나 다급하거나 기쁘거나 슬프거나 뉘우칠 때 사람들은 그런 소리를 내뱉는다. 그 한 음절 속에 여러 가지 감정이 담길 수 있고 전달될 수 있다. 시는 그와 같아서 장황한 서술이 없더라도 깊고 강렬하게 소통하며 공감하게 한다. 그것이 사람 사는 이야기가 함축적인 언어로 표현되는 시를 읽어야 하는 이유다.

미완의 삶이란 없다. 어떤 삶이든 나름대로의 기승전결을 갖는다. 그러므로 오늘 하루가, 현재의 내 모습이 비록 작고 초라해 보여도 그리 아파할 일은 아니다. 모든 오늘 하루는 그럴 수밖에 없는 기승전결을 가지고 지나간다. 마음에 들지 않아도 하나의 완성품일 수밖에 없는 것이다.

주여, 때가 되었습니다. 여름은 참으로 위대했습니다.

당신의 그림자를 해시계 위에 얹으시고,

들판에 바람을 풀어놓아 주십시오.

마지막 열매들을 여물게 하시고,

그들에게 이틀만 더 남풍을 허락하시어,

열매들이 잘 익도록 재촉해 주시고

무거운 포도송이에 마지막 단맛이 스며들게 하십시오.

지금 집이 없는 사람은 이제 집을 짓지 못할 것입니다.

지금 홀로 있는 사람은 오래도록 외롭게 머물며,

깨어 있으면서, 책을 읽고, 긴 편지를 쓸 것입니다.

그리고 가로수 길을 이리저리 헤맬 것입니다.

나뭇잎이 불안스럽게 흩날릴 때면.

　　누구나 한 번쯤은 외우려 애쓴 시 〈가을날〉이다. 이 시를 읊을 수 있다면 그의 생은 결코 허술할 수 없다. 좋은 시란 가슴속에 숨은 찬란한 사랑을 밖으로 드러내는 일을 하므로, 그는 그 찬란한 사랑과 마주하는 사람이기 때문이다. 푸른 시절에 그 시를 읽은 사람이라면, 다시 읽는 것만으로도 언제든지 그때로 돌아가게 하는 시인이 있다. 그의 이름은 라이너 마리아 릴케다.

　　시인 릴케는 자기 앞에 주어진 생을 열심으로 살았던 사람이다. 그는 치열하게 고민했고, 충분한 열정을 쏟았으며, 또 절실하게 사랑했다. 승리하기 위해, 그래서 쟁취하기 위해 몸부림 치지 않았다. 그는 자기 소유의 집에서 산 적도 없었다. 마음이 가는 곳이면 어디든지 고향으로 생각하며 살았다. 한 번뿐인 생의 열정을 사랑에다 바쳤고, 그것은 곧 시가 되었다.

　그 누가 승리를 말할까, 극복이 전부인 것을!

　그의 시 구절처럼 릴케는 삶의 길목마다 놓이는 문제들을 극복해내기 위해 애썼다. 소유보다 생활을 더 사랑했으므로 무엇에도 얽매이지 않고 자유로울 수 있었다. 자유—무엇에 얽매이지 아니하고 자기 마음대로 할 수 있는 상태. 누구나 꿈꾸지만 아무나 도달하지는 못하는 그 천국. 릴케는 날이 흐리면 이상한 소리를 내는 값진 바이올린처럼 자신을 귀하게 대했다. 그래서 마침내 시인의 대명사가 되었다.

상처를 치유하는 법은 상처를 끌어안는 일

　릴케는 1875년 12월 4일 오스트리아-헝가리 제국의 지배하에 있던 프라하에서 태어났다. 아버지 요제프 릴케는 군인이었고, 어머니 소피아는 귀족의 딸이었다. 두 사람은 사이가 그리 좋지 않았다. 진급에 실패한 아버지는 변호사인 형의 도움으로 철도회사의 직원이 되었고, 어머니는 그런 서민 남편에 만족할 수 없었다. 결국 두 사람은 릴케가

9세 때 헤어졌다. 아이는 황제의 궁 가까이 살고 싶은 어머니를 따라 빈으로 갔다.

릴케는 외롭고 불안한 어린 시절을 보내야 했다. 위로 누나가 있었으나 태어난 지 얼마 안 되어 죽었고, 어머니는 외아들을 여자아이처럼 키웠다. 초등학교를 마친 소년은 11세 때 육군유년학교에 보내졌다. 장교가 되는 것은 장래를 보장받는 일이었으므로 어머니는 자신이 이루지 못한 꿈을 아들에게 떠맡긴 셈이었다. 여자아이처럼 길러진 소년은 15세 때 육군사관학교에 진학해야 했다. 소설가 도스토옙스키도 아버지의 뜻에 따라 육군공병기술학교에 다녔다. 그러나 두 사람은 결국 먼 길을 돌고 돌아 시인과 소설가가 되었다. 적성과 자질에 아랑곳하지 않는 강요에 아이는 얼마나 마음 아팠을까?

상처를 치유해 주고 싶은 사람이 의사가 되어야 하고, 분쟁을 조정해 주고 싶은 사람이 법관이 되어야 하고, 국가와 국민에 충성하고 싶은 사람이 장교가 되어야 한다. 보람과 흥미를 찾을 수 있을 때 일도 삶도 풍성해진다. 그러나 안타깝게도 행복과는 거리가 먼 선택이 지금도 강요되고 있다.

예술가의 적성과 자질을 가진 소년에게 군사 교육은 죽을 맛이었다. 릴케는 그 시절을 '경악으로의 입문'이라고 추억했다. 하루하루가 단 한 가지도 부드러운 것이 없는 절망의 시간이었다고 한다. 그러나 소년은 이를 악물고 지냈다. 아무리 두려운 일이라 해도 극복하고 성취하는 것이 자신의 의무라고 여겼다.

소년을 버티게 해 준 것은 문학이었다. 도스토옙스키의 《죽음의 집

고난이라는 가능성

의 기록》를 읽으면서, 자신은 이미 10세 때부터 그런 감옥의 공포를 보았노라고 위로했다. 소년은 갑갑한 마음을 시로 적어 발표했고, 학교는 그저 '지적인 학생' 정도로 평가했다. 마음의 상처를 치유할 수 있는 가장 좋은 방법은 그것과 친해지는 일이다. 슬픈 노래가 슬픔을 어루만져주듯이.

끝이 없을 것 같던 악몽의 시간도 막을 내렸다. 1891년 7월 6일, '건강 상태 불량'이라는 이유로 육군사관학교에서 퇴교당한 것이다. 그렇다고 해서 갑자기 희망이 솟은 것은 아니었다. 장교 후보생에서 탈락되었다는 사실은 어쨌든 유쾌한 일일 수 없었다.

1년을 씁쓸하게 지낸 16세 소년은 린츠에 있는 상과대학에 보내졌다가 곧 프라하로 돌아오게 된다. 큰아버지 야로슬라브가 대학 입학 자격 시험을 보게 하려고 부른 것이다. 조카에게 법률 공부를 시켜 자신의 법률사무소 일을 보게 할 생각이었다. 3년 뒤 릴케는 시험에 합격했다. 이 기간 동안 공부만 한 것이 아니었다. 시, 소설, 희곡 등 수백 편에 이르는 글을 썼다. 문학 교육을 받은 적이 없으므로 그저 평범한 글들이었다. 그러나 릴케는 19세가 된 1894년에 시집 《삶과 노래》를 펴냈다. 첫 여자 발리에게 바치는 시집이었다. 그는 발리를 향한 마음을 이렇게 표현했다.

'지금까지의 생애는 그대에게로 가는 하나의 여정이었다고 생각
합니다.'

프라하에 있는 칼페르디난트 대학 철학부에 등록, 6개월 뒤 큰아버지의 뜻대로 법학부로 옮겼으나 법률에는 도무지 흥미가 없었다. 20세를 넘어선 청년은 결단을 내렸다. 모든 것을 털어버리기로 작정하고는 세련된 예술가들의 도시 뮌헨으로 갔다. 아버지는 문학 따위는 취미로나 하라고 타일렀으나 청년은 듣지 않았다.

"그저 무엇인가 시작만이라도 하기 위해서는 고향과 가정이라는
조건으로부터 떨어져 나가야 했다."

뮌헨 대학에 두 학기 동안 다닌 릴케는 22세에 베를린으로 옮겼다. 6년 전 세상을 떠난 프랑스의 시인 랭보가 그랬듯이 이제 방랑의 길로 들어선 셈이었다. 부지런한 릴케는 문학을 할 수 있다면 이곳저곳 가리지 않고 쫓아다녔다. 신문사, 잡지사, 출판사뿐만 아니라 문학인이나 연극인의 모임에도 열심히 얼굴을 내밀었다. 만나는 사람마다 자신을 소개했고, 자기가 쓴 글을 보여 주었다. 체계적이고 전문적인 훈련을 받지 않은 지망생이 할 수 있는 가장 적극적인 방법이었다. 이처럼 어부가 되고 싶은 사람은 바다로 나가야 한다. 그래야 고래든 멸치든 잡을 수 있을 테니까.

릴케는《삶과 노래》를 낸 1년 뒤에 두 번째 시집《집의 신에 바치는 제물》, 그 1년 뒤에 세 번째 시집《꿈의 관을 쓰고》, 그 1년 뒤에 네 번째 시집《강림절》을 펴냈다. 아직 시인으로서 자리매김하지 않은 상태에서 연달아 시집을 낸 데는 두 가지 이유가 있었다. 하나는 문학을

반대하는 가족에게 자신의 의지를 분명히 밝히는 것이었고, 다른 하나는 아직은 미약한 자질을 도와줄 사람을 찾기 위한 것이었다. 시집을 내는 데 드는 비용은 온갖 방법을 동원해서 마련했다. 첫 시집《삶과 노래》는 여자 친구 집안의 도움을 받기도 했다. 그는 대단한 친화력으로 사람들에게 다가갔다. 일생 동안 수많은 편지를 썼는데, 하나같이 마음을 움직일 만한 내용들이었다.

청년의 간절한 손짓을 바라보는 눈길이 있었다. 시인과 평론가 사이에서 그의 이름이 조금씩 알려졌다. 뮌헨 생활은 그에게 자유와 고독이라는 동전의 양면과 같은 두 가지 감정을 안겨 주었다. 마음대로 살 수 있었지만, 버림받은 것 같은 느낌도 들었다. 그는 책을 읽고 글을 쓰고 연극을 하는 것으로 늦은 출발을 만회하려 애썼다.

▮ 고독과 대면하기 위한 방랑의 길

릴케는 러시아를 동경했다. 그곳은 10여 년 전 세상을 떠난 도스토옙스키와 원로 작가 톨스토이의 땅이었다. 그에게 러시아를 만날 수 있는 기회가 찾아왔다. 상트페테르부르크에서 태어난 미모의 여성 작가 루 살로메가 나타난 것이다. 여러 남성들의 사랑을 한 몸에 받고 있는 살로메는 철학자 니체의 끈질긴 청혼을 거절한 뒤 동양학자 안드레아스와 '독신 결혼'을 한 상태였다. 서로 잠자리를 갖지 않고 다른 남자들과의 만남도 용인한다는 조건이었다. 그녀는 니체와 결별할 무렵 자신의 일기장에 이렇게 썼다.

'우리는 니체가 새로운 종교의 예언자로 등장하는 것을 보게 될 것
이고, 그는 많은 영웅을 제자로 두게 될 것이다.'

두 사람이 알게 된 것은 1897년 5월, 릴케는 22세, 살로메는 36세였
다. 청년은 거부하기 힘든 애정의 편지를 날렸다.

'그대를 통해 나는 세상을 보려고 합니다. 왜냐구요? 그렇게 하면
나는 세상을 보지 않고 늘 그대, 그대, 그대만을 보게 되니까요.'

그로부터 한 달 뒤 릴케와 살로메는 친구들과 함께 이자르 계곡에서
여름을 보냈다. 릴케는 살로메의 권유에 따라 원래의 이름 '르네'를 버
리고 '라이너'로 고쳤다. 가을이 올 무렵, 살로메는 자기 집으로 돌아갔
고 릴케는 거처를 베를린으로 옮겼다. 베를린 대학에서 이탈리아 르
네상스 시대의 예술사 강의를 듣는다는 이유도 있었으나 실은 거기에
살로메의 집이 있었다. 살로메에 대한 사랑은 이성의 단계를 넘어 모
성과 신앙의 감정까지 품고 있었던 것이다. 그가 쓰는 시는 그녀에게
바치는 헌사였다.

내 두 눈빛을 거두어주세요, 그래도 나는 그대를 볼 수 있어요.
내 두 귀를 막아주세요, 그래도 나는 그대를 들을 수 있어요.
그리고 발이 없다 해도 나는 그대에게 갈 수 있어요.
그리고 입이 없다 해도 나는 그대의 이름을 부를 수 있어요.

고난이라는 가능성

릴케는 제2의 고향이라고 여긴 러시아를 여행했다. 1899년 4월 25일, 릴케와 살로메와 그녀의 남편 안드레아스, 세 사람은 모스크바로 향했다. 가장 먼저 소설가 톨스토이를 방문한 그들은 두 달 가까이 상트페테르부르크에 머물면서 문학인과 화가 들을 만났다.

베를린으로 돌아온 릴케는 다시 한 번 러시아 여행을 계획했다. 살로메와 함께 별장에 머물면서 치밀하게 준비했다. 안드레아스는 동행하지 않기로 했다. 살로메의 친구이자 별장 주인인 프리다의 눈에는 그들이 마치 '무시무시한 시험 준비라도 하는 듯' 보였다.

1900년 5월 7일, 릴케와 살로메는 모스크바를 들러 툴라 현에 있는 야스나야 폴랴나 농장으로 톨스토이를 방문했다. 당시 지성인들에게 있어 톨스토이는 경이로운 인물이었다. 또 뒷날 《닥터 지바고》를 쓰게 될 보리스 파스테르나크의 아버지이자 화가인 레오니드 파스테르나크도 만났다. 그들은 신과 민족과 자연이 어울려 꿈틀대는 러시아 일대를 기차와 증기선으로 여행했다. 러시아 체험은 젊은 시인에게 강한 시적 영감을 던져 주었다. 곁에는 흠모하는 미모의 지성인 살로메가 있었다. 그러나 두 번째 러시아 여행을 다녀온 1901년 2월 21일 살로메는 릴케에게 고별을 편지를 보냈다.

'당신의 그 어둠에 휩싸인 신을 향해서 같은 길을 가십시오. 그분은 이제 제가 당신한테 드릴 수 없는 것을 주실 테니까요.'

살로메는 릴케의 예술적 천재성에 자유를 주고 싶다고 했지만, 실

좌 22세의 릴케는 니체의 청혼을 거절한 러시아 출신 작가 루 살로메를 사랑했다
우 살로메와 헤어진 뒤 화가 클라라와 서둘러 결혼했으나 행복하지는 않았다

은 릴케의 너무 예민한 성격을 더 이상 감당할 수 없었던 것이다. 서로 '심각한 곤경에 처하게 되었을 때'를 제외하고는 편지도 줄이자고 약속했다. 릴케는 브레멘과 함부르크 사이에 있는 젊은 예술가들의 마을 볼프스베데에서 지냈다.

　새로 사귄 친구들 사이에 두 여성 화가가 있었다. 파울라 베커와 클라라 베스트호프였다. 살로메와 헤어진 두세 달 뒤인 1901년 4월 26일, 릴케는 파리의 조각가 로댕에게 배운 적이 있는 클라라와 서둘러 결혼했다. 그해 12월 12일, 유일한 혈육인 딸 루스가 태어났다. 두 사람은 그리 행복하지 않았다.

　릴케는 잠시 소시민으로 살기 위해 노력했다. 신문과 잡지에 서평, 연극평, 에세이를 기고했으나 생활비를 충당하기에는 턱없이 부족했다. 아내 클라라도 학생들을 모아 그림을 가르치려고 했지만 뜻대로

　　　　　　　　　　　　　고난이라는 가능성

되지 않았다. 물질의 부족함이 결혼 생활까지 위협했다. 릴케는 '누구든 결혼을 하면 자신이 행복하지 않다는 데 놀라며, 두 사람이 함께 산다는 것은 거의 불가능하다'고 생각했다. 그는 떠돌고 싶었다. 고독이 주는 감정, 예기치 않게 다가오는 기회와 맞닥뜨리고 싶었다. 결국 젊은 예술가 부부는 각자 자기의 길을 가기로 했다.

릴케는 조각가 로댕에게 서투른 프랑스어로 편지를 띄웠다.

'존경하는 선생님, 저는 선생님에 관한 책을 쓰게 되었습니다. 저로서는 중요한 내면적인 일이 될 것이므로 하나의 축제요 환희인 동시에 위대하고도 고귀한 의무라고 생각합니다. 저는 그것을 위해서 사랑과 모든 정성을 바치겠습니다.'

▌ 한 걸음만 내디디면 불행도 행복으로 바뀐다

1902년 8월, 릴케는 또 다른 고향 파리로 갔다. 로댕에 관한 책을 쓴다는 목적도 있었지만, 예술의 중심에 더 가까이 간다는 의미도 있었다. 그해 가을에는 아내 클라라도 공부를 계속하기 위해 딸 루스는 친정에 맡기고서 파리로 갔다. 이로써 결혼 당시 약속했던 '상대방의 고독을 지켜주는 역할'은 실행된 셈이었다.

62세의 조각가 로댕은 27세의 시인 릴케를 실망시키지 않았다. 작품 〈기도〉와 〈지옥의 문〉이 놓인 작업실은 감동 그 자체였다. 로댕은 자신의 조각품을 가리키며 말했다.

릴케(왼쪽)와 로댕. 27세의 시인은 62세
의 조각가 밑에서 5년 동안 마치 비서처
럼 일하다가 하인처럼 쫓겨났다고 생각
했다

"이게 창조지. 이게 창조야."

릴케는 계획대로 책《로댕》을 썼다. 조각가에 관한 연구서라기보다
는 파리의 예술을 아우르는 산문시에 가까운 글이었다. 릴케는 로댕
의 개인 비서처럼 일했다. 매일 2시간씩 일하기로 한 약속은 하루 종
일로 늘어났다. 자기 생활을 빼앗긴 릴케의 마음속에는 날이 갈수록
불만이 쌓여갔다. 1906년 5월 12일, 두 사람은 심한 말다툼을 벌였고,
릴케는 '꼭 도둑질한 하인처럼 쫓겨나고' 말했다. 5년 동안의 동거는
그렇게 끝났다. 그해에 아버지 요제프가 세상을 떠났다.

자신이 선택한 길이었으나 나이 서른을 넘어선 릴케는 고독했다.
오로지 예술만을 바라보며 내디뎌온 발걸음이 지쳐가고 있었다. 그러
나 그는 물러서지 않았다.

고난이라는 가능성

"단지 한 걸음만 내디디면, 나의 가장 깊은 불행은 행복으로 바뀔
수 있다."

클라라의 친구인 파울라가 릴케의 초상화를 그렸다. 그 이듬해인
1907년 11월 20일, 그녀는 남편인 화가 오토 모데르존의 첫아이를 낳
다가 31세의 나이에 죽었고, 릴케는 그녀에게 진혼의 시를 바쳤다.

릴케는 12년 동안 파리에 머물면서 새로운 양식의 시를 찾았다. 시
적 대상에서 그 본질의 의미를 찾아내는 '사물시'였다. 1908년에 만들
어진 〈신시집〉은 전통적인 독일 서정시로부터의 탈출을 의미했다. 그
는 이탈리아, 스웨덴, 벨기에, 이집트, 스페인, 아프리카 등지를 여행
했다. 간간히 아내 클라라에게 소식을 전했고, 그 무엇도 마음을 달랠
수 없을 때는 살로메에게 편지를 띄웠다.

'사람들은 살기 위해서 이곳으로 몰려드는데, 나는 오히려 사람들
이 여기서 죽을 것 같다는 생각이 든다.'

릴케는 파리에서 느낀 감정을 '말테'라는 몰락한 귀족 청년 시인의
손을 빌려 기록했다. 그것이 명작 소설《말테의 수기》가 되었다. 1910
년, 릴케의 나이 35세였다.

쉬지 않고 써낸 탓에 릴케는 글 쓰는 일이 지겨워졌다. 그는 정신분
석학자 프로이트와 가까워진 살로메에게 편지로 하소연했다.

파울라 베커가 1906년에 그린 친구 클라라의 남편이자 시인인 릴케의 초상화

고난이라는 가능성

'말테를 끝내는 동안 코앞에 매달려 있던, 이젠 더 이상 쓰지 않겠다는 마음의 정신분석은 나를 위해 의의가 있겠지요. 그렇다면 마귀들을 쫓아내야 해요. 그놈들은 방해가 될 뿐이니까요. 가능하다면 천사들까지도 나가 준다면 좋겠지요. 그래야만 홀가분하게 되었다고 생각할 수 있을 테니까요.'

🕯 장미여, 순수한 모순이여

　제1차 세계대전의 전운이 감돌 무렵, 릴케는 파리 생활을 청산하고 뮌헨으로 돌아갔다. 릴케에게 든든한 후원자가 생겨났다. 20세 위의 공작 부인 마리에였다. 상류층 사람들이 예술가에 대한 후원을 커다란 긍지로 삼던 때였다. 공작 부인 마리에는 지친 릴케에게 "인간은 누구나 고독한 거예요. 언제나 고독해야 되고 또 그것을 견뎌내야 해요. 져서도 안 되고 다른 이에게 도움을 청해서도 안 돼요"라고 말했다.

　릴케는 그녀가 마련해 준 아드리아 해안의 두이노 성에 머물렀다. 바다와 숲이 한눈에 내려다보였다.

　전쟁은 모든 교류를 단절시켰다. 두이노의 성도 폭격으로 부서졌다. 1915년 12월, 40세의 중년 시인은 오스트리아 군대의 소집 명령으로 3주간의 보병 교육을 받은 뒤 전사편찬위원회에 배속되었다. 이듬해 6월에 제대했으나 릴케는 무기력증에 빠졌다. 아내 클라라는 전쟁이 끝난 1918년에 뮌헨으로 돌아왔다.

　1919년 6월 11일, 릴케는 마지막 고향이 되는 스위스로 갔다. 스위스의 지성인들은 시인을 극진히 대접했다. 1921년 초, 릴케는 프랑스의 시인 폴 발레리가 바로 전해에 발표한 《해변의 묘지》를 독일어로 번역했다. 이로써 두 사람은 가까워질 수 있었다.

릴케는 스위스의 이곳저곳을 떠돌며 지냈다. 너무 많은 곳을 고향으로 삼았고, 너무 많은 곳을 집으로 여겼던 탓일까? 그는 '고향도 없고 집도 없다'는 생각이 들었다. 숙소는 주로 귀족 부인과 친구들이 마련해 주었다.

릴케가 마지막 거처로 정한 곳은 뮈조트의 작은 성이었다. 9세 아래의 후원자 베르너 라인하르트가 안내한, 2층 창으로 햇살이 쏟아지고 수목들 사이로 발코니가 자리하고 있는 중세풍의 건물이었다. 그는 거기서 삶의 위대한 순간이 오기를 기대했다. 그 시간은 찾아왔다. 최고의 명작 〈두이노의 비가〉와 〈오르페우스에게 부치는 소네트〉를 쓴 것이었다. 릴케는 이 시의 완성을 마음의 연인 살로메와 자신을 지켜주는 나니 분덜리 부인에게 알렸다. 라인하르트의 조카딸인 분덜리 부인은 릴케에게 헌신적이었다.

'모든 것이 며칠 사이에 일어났는데, 그것은 표현하기 어려운 폭풍과 같았습니다. 먹는 것 따위는 한 번도 생각한 적이 없습니다. 누가 나를 먹여 살렸는지는 하느님만이 아실 것입니다.'

뮈조트의 성에서 릴케는 많은 시를 썼다. 1922년에는 하루에도 여러 편의 시를 쏟아냈다. 그해는 '현대문학의 기적의 해'였다. 폴 발레

명시 〈두이노의 비가〉의 무대가 된 아드리아 해안의 두이노 성

리의 〈매혹〉, T. S. 엘리엇의 《황무지》, 제임스 조이스의 《율리시스》가
동시에 발표되었던 것이다.

　릴케는 자꾸 몸이 아팠다. 제네바 호숫가에 있는 발몽의 요양원에
서 몸을 추스리고 1925년 1월에 파리로 갔다. 시인 폴 발레리와 소설
가 앙드레 지드가 따뜻이 맞아주었다. 지드는 전쟁 전 릴케가 남겨두
고 떠났던 물건들을 갈리마르 출판사의 지하 창고에 보관했다가 건네
주었다. 그러나 이제 파리는 예술의 향기보다 자동차의 매연을 더 많
이 내뿜는 도시였다. 파리에서 오래 머물며 다시 한 번 문학의 열정을
불태우고 싶었지만, 쇠약해진 몸은 따라주지 않았다. 그해 여름, 릴케
는 아무에게도 알리지 않고 조용히 뮈조트로 돌아왔다.

　요양을 거듭하면서도 릴케는 펜을 놓지 않았다. 마치 자연으로 돌아가려는 듯 그의 시는 산책자의 모습을 하고 있었다.

　이렇게 기다리는 몸짓만으로도
　의식 속에 맑은 물줄기가 일어난다.
　그리하여, 어서 오라, 내 목을 축이려면
　그저 두 손을 가볍게 놓아두기만 해도 좋은 것을.

　1925년 12월 15일, 의사는 그가 백혈병을 앓고 있다고 말했다. 하루 하루가 지옥 같았다. 분덜리 부인에게 보낸 편지에 '병든 개는 여전히 한 마리의 개입니다. 그런데 우리는, 그런 무의미한 고통의 어느 정도까지 우리는 아직 인간일까요?'라고 썼다.

　릴케는 분덜리 부인에게 "나의 죽음을 도와주세요"라고 말했고, 그녀는 그의 곁을 지켜 주었다. 그녀가 가지고 있는 유서에는 묻히고 싶은 곳과 묘비명까지 적혀 있었다. 1926년 9월 어느 날, 이집트 여성 니메트 엘루이에게 장미꽃을 꺾어주다가 가시에 찔렸다. 사소한 상처였으나 백혈병 때문에 쉬 아물지 않았다.

　12월 29일, 자정이 지나고 3시간 반쯤 흘렀을까? 51세의 시인 릴케는 두 눈을 크게 뜨고 고개를 들어올렸다. 그러고는 곧 머리를 베개 위에 묻어버렸다. 모든 방랑과 기다림이 끝나는 순간이었다.

　해가 바뀐 1927년 1월 2일, 릴케는 뮈조트에서 로느 강을 거슬올라간 라로뉴의 교회 묘지에 묻혔다. 그가 처음 이곳에 왔을 때 빛과 바람을 느낀 장소였다. 묘비에는 이렇게 적혀 있었다.

장미여, 오 순수한 모순이여, 기쁨이여,

그 많은 눈꺼풀 아래에서 누구의 잠도 아닌

잠이여.

🎗 신념이 이끌고 성실이 떠미는 삶

릴케는 천부적인 재능을 타고난 사람이 아니었다. 가족 중에 예술과 관계를 맺은 이도 없었다. 그를 이끈 것은 신념이었고, 그를 떠민 것은 성실이었다. 그래서 '시의 미켈란젤로'로 불리기도 한다.

"자기 자신에 대한 성실성과 관계가 없는 위대함이란 인정할 수가

없다."

니체의 말이 그에 적용될 듯하다. 릴케는 자신의 빈 곳을 채우기 위해 끊임없이 애썼고, 그래서 시인이 되었으며, 마침내 시인의 대명사가 되었다.

시는 마음을 움직이는 감성의 보물창고다. 무엇인가 마음속에서 꿈틀거리는 느낌, 그것이 감성이다. 감성이 서로를 소통하게 하여 마음을 열게 한다.

2장

나를 키우고
세상에 맞서게
하는 무기

믿음이 너무 단단해서
실패할 구멍이 없다

자존

미켈란젤로 부오나로티
(Michelangelo Buonarroti. 1475~1564)

르네상스 시대를 대표하는 이탈리아의 조각가·화가·건축가·시인. 석공의 아내인 유모
의 손에 길러진 어린 시절부터 조각에 뛰어난 재능을 보여 피렌체의 명문 메디치가의
후원으로 작품 활동을 펼쳤다. 당대는 물론 현대에 이르기까지 가장 위대한 예술가의
한 사람으로 추앙받고 있다.

    자존심이란 '제 품위를 스스로 지키는 마음'을 말한다. 이 낱말을 자
만 또는 오기와 혼동해서는 곤란하다. 자만이란 '자신을 남 앞에서 뽐
내는 오만한 행동'을 말하고, 오기란 '능력이 부족하면서도 남에게 지
기 싫어하는 마음'을 말한다. 자존심은 미덕의 원천이 되지만, 자만과
오기는 악덕의 원천이 된다. 당당한 자존심은 사람을 빛나고 향기롭
게 만든다.

유달리 자존심이 강했고, 그 자존심을 창조의 원동력으로 삼아 그림·조각·건축·시 등 수많은 명작들을 만들어낸 미켈란젤로. 그는 남긴 작품 중에 아름답지 않은 것이 하나도 없다는 진정한 만능 예술인이었다.

이탈리아의 로마 안에 있는 세계에서 가장 작은 독립 국가 바티칸시국(市國)을 둘러보고 있을 때였다. 한 무리의 관람객들 앞에 선 해설자가 자꾸 이상한 발음을 반복했다.

"마이클안젤로……. 마이클안젤로……."

미국인들은 유럽의 고유명사조차 자기 식으로 발음해서 미켈란젤로를 '마이클안젤로'라고 부르는 모양이었다. 한글의 외래어 표기법 원칙은 '인명과 지명은 원지음을 따른다'고 명시되어 있으며, 이에 따라 우리는 그의 이름을 이탈리아 발음 그대로 '미켈란젤로'로 불러야 옳을 것이다.

그런데 이 '미켈란젤로'는 성(姓)이 아니라 이름이다. 서양권에서는 어른이 되면 이름 대신 성으로 불린다. 셰익스피어, 베토벤, 아인슈타인, 처칠 등 아무리 유명한 사람일지라도 성만으로 일컬어지는 것이 서양식 통념이다. 성씨가 많으니까 아버지와 아들 사이가 아니면 중복되는 일이 우리처럼 많지 않다. 그러나 미켈란젤로는 성 대신 이름으로 불리고 있다. 그의 온전한 성명은 '미켈란젤로 디 로도비코 부오나로티 시모니'이다. 이것을 줄인 것이 '미켈란젤로 부오나로티'이다.

서양식 통념대로라면 '부오나로티'라고 불려야 마땅하겠지만, 사람들은 그를 성이 아닌 이름 '미켈란젤로'로 불렀다. 그렇게 부르게 된 이면에는 그에 대한 친근함의 표시와 존경의 의미가 숨어 있다. 세상에 진정한 이름 '미켈란젤로'는 바로 그 한 사람뿐이라는 인식이 그를 성 대신 이름으로 남게 한 것이다. 같은 시대를 살았던 르네상스의 천재 레오나르도 다빈치도 그냥 성인 '다빈치'로 불리는 것을 보면 미켈란젤로에 대한 사랑은 참으로 남달랐던 듯하다.

▌ 아버지의 매질에도 포기를 모르던 소년

미켈란젤로는 1475년 3월 6일, 이탈리아 피렌체에서 좀 떨어진 작은 마을 카프레세에서 태어났다. 아버지 '로도비코 디 레오나르도 부오나로티 시모니'는 가업인 금융업에 실패하고 잠시 그 마을의 관리로 일하고 있었다. 기다란 이름에서 짐작할 수 있듯이 그는 내세울 것이 많은 뼈대 있는 집안 출신이었다. 31세의 아버지는 가난했으나 혈통과 인품을 중요시하는 인물이었고, 19세의 어머니 프란체스카 또한 명문가의 딸이었다. 두 사람은 5명의 자녀를 두었는데, 훗날 둘째 아들 미켈란젤로 혼자서 이 가족들을 먹여 살리는 노릇을 하게 된다.

그로부터 한 달 뒤, 아버지의 임기가 끝나 가족은 고향 피렌체로 돌아왔으나 미켈란젤로는 이웃 마을인 세티냐노의 유모에게 보내졌다. 갓난아기가 유급 유모에게 맡겨지는 것은 흔한 일이었다. 그 마을은 석공예로 유명했고, 아이는 3세 때까지 석공의 딸이자 석공의 아내인 유모의 젖을 먹었다. 그는 훗날 이렇게 말했다.

"나는 유모의 젖으로부터 돌에 대한 감각을 전해 받았다."

미켈란젤로는 6세 때 어머니가 세상을 떠나는 바람에 외롭게 자랐다. 혼자서 모든 일을 처리하게 되는 외골수의 성격은 그때 형성된 것인지도 모른다. 6세 아이는 가끔 유모 집에서 끌과 정 같은 돌 다듬는 도구들을 가지고 놀았다. 아버지는 아들을 석공으로 만들 생각이 조금도 없었다. 석공은 화가보다 더 못한 대접을 받았기 때문이었다. 금융업으로 돈이나 잘 벌어서 쓰러진 가문을 일으켜 세웠으면 하는 마음뿐이었다.

미켈란젤로가 그림에 소질을 보인 것은 학교의 문장 수업을 따분해하던 10세 무렵이었다. 소년은 앞서 화가의 길을 택한 6세 위의 그라나치를 따라 그림을 그렸다. 둘은 틈만 나면 성당에 장식된 작품들을 감상하면서 그것들을 모사했다. 아버지는 매질까지 하며 말렸지만, 아들은 자신의 의지를 바꾸려 들지 않았다. 자식 이기는 부모가 없다는 말은 그들에게도 적용되었다. 결국 13세의 미켈란젤로는 그라나치를 따라 피렌체에서 가장 잘나가던 39세의 화가 도메니코 기를란다요의 공방에 도제로 들어갔다. 도제란 스승 밑에서 기능도 배우고 일도 하며 약간의 보수도 받는 제자를 말한다.

미켈란젤로는 프레스코화가 전공인 스승의 지시에 따라 안료 덩어리를 절구로 빻고 물에 개고 벽에다 칠했다. 밤도 낮도 휴일도 없었다. 일은 외로운 소년의 기쁨이요 진정으로 사랑할 단 하나의 대상이었다. 3년을 계약하고 공방에 들어갔으나 2년쯤 다니다가 그만두었다. 피렌체의 최고 권력자가 그를 불렀기 때문이다.

당시 이탈리아는 막강한 권력을 가진 가문들의 패권 각축장이나 다름없었다. 피렌체는 메디치 가(家)가 지배하고 있었다. 훗날 정치가 마키아벨리가 '군주는 강한 결단력을 가지고 권모술수의 수단을 취해야 한다'며 쓴 《군주론》도 바로 이 메디치 가에 바치는 책이었다. 분열과 분쟁 속에서도 르네상스의 꽃은 활짝 피어갔다. '르네상스'가 '재생'을 뜻하는 것처럼, 고전을 재발견하면서 인간성을 찾는다는 문화 혁신 운동이 권력자들의 지원 아래 널리 퍼지던 시기였다. 그 중심에 메디치 가가 있었다. 통치를 위한 하나의 수단이기는 했으나, 궁전과 교회를 장식하는 데 드는 비용을 유럽의 주요 도시들과 무역을 하던 메디치 가가 지불했던 것이다.

미켈란젤로는 메디치 가에서 운영하는 조각 학교에 들어갔다. 피렌체의 통치자 로렌초 메디치는 천재성이 보이는 성실한 소년을 눈여겨본 뒤 가족처럼 지내자고 했다. 미켈란젤로는 또래의 로렌초 자녀들과 같은 식탁에 앉으며 함께 어울렸다. 그는 수많은 그림과 조각들을 마음껏 감상할 수 있어서 좋았다. 미켈란젤로를 담당한 선생은 소장품 관리를 맡은 조각가 베르톨도였다. 70세에 가까운 스승은 소년에게 밀랍과 진흙과 석고 다루는 법에서부터 돌 자르는 법까지 가르쳤다. 그는 어서 자연 그대로인 돌 속에 갇혀 있는 생명을 자신의 손으로 끄집어내고 싶었다.

대리석을 마치 버터처럼 잘라내던 16세에 조각한 〈계단 위의 성모〉와 스승의 작품을 그대로 본 딴 〈켄타우로스의 전투〉

"아직 조각되지 않은 대리석은 위대한 예술가가 가진 모든 생각을 담을 수 있다."

조각 역시 회화와 마찬가지로 소묘가 기본이었으므로 미켈란젤로는 다른 학생들과 어울려 그림을 그렸다. 자기 재능에 대한 자부심이 너무 강했던지 소년은 남의 그림을 지적하기 일쑤였다. 한번은 동료 토리지아노의 그림을 비웃다가 주먹으로 얻어맞아 코뼈가 부러지는 일이 있었다. 이 때문에 미켈란젤로는 가뜩이나 못생긴 얼굴에 코까지 비뚤어지게 되었다. 소년은 자기 앞으로 지급되는 약간의 돈을 아버지에게 주고는 했다.

돌을 다루는 솜씨는 하루가 다르게 늘어서 단단한 대리석을 마치 버터처럼 잘라내던 16세 무렵, 많은 일이 일어났다. 1491년에 스승 베르톨도가 죽고, 그 이듬해에 든든한 지원자 로렌초가 병으로 죽으면서

고난이라는 가능성

그 권력이 무능한 장남 피에로에게 넘어갔다. 스페인의 지원을 받은 제노바 출신의 콜럼버스가 이익의 10퍼센트를 먹기로 하고 항해한 지 70일 만에 아메리카 대륙의 한 섬에 상륙했다. 그즈음 소년 미켈란젤로는 지금 보아도 놀라운 부조 〈계단 위의 성모〉와 스승의 작품을 그대로 본 딴 〈켄타우로스의 전투〉 등을 만들었다.

▌ 그 누구도 흉내 낼 수 없는 조각을 만들어라

프랑스가 피렌체로 쳐들어오고, 메디치 가가 실권하는 어수선한 분위기 속에서 일거리마저 끊겼다. 먼저 42세의 다빈치가 피렌체를 떠났고, 19세의 미켈란젤로는 친구 그라나치와 함께 베네치아를 거쳐 볼로냐로 갔다. 거기에서 산도메니코 성당의 묘소를 장식할 3개의 조각을 의뢰받아 제작했다. 권력자들이 가족의 무덤을 경쟁적으로 치장하던 시절이었다.

1495년 겨울, 프랑스 군대가 물러가고 좀 잠잠해진 피렌체로 돌아온 20세의 청년은 〈에로스〉와 〈세례 요한〉을 만들었다. 이듬해 봄, 그가 만든 〈잠자는 큐피드〉가 상인에 의해 잠시 포도밭에 묻혔다가 골동품으로 둔갑되어 팔리는 일이 있었다. 그것을 산 사람은 로마의 리아리오 추기경이었다. 그가 〈잠자는 큐피드〉가 모조품인 것을 아는 데는 그리 오랜 시간이 걸리지 않았다. 크게 노할 일이었으나 추기경은 그것을 조각한 사람을 찾았다. 작품이 마음에 쏙 들었던 것이다. 이듬해 6월 25일, 미켈란젤로는 드디어 로마로 진출했다. 청년은 리아리오

추기경의 궁에 머물면서 〈바쿠스〉의 조각을 맡았다.

　'저는 일에 대한 대가를 만족할 만큼 받기 전에는 로마를 떠나지
　않을 겁니다. 이곳 귀족들은 행동이 느리기 때문에 억지로 제작비
　를 받아내지는 못할 것 같습니다.'

　미켈란젤로는 형편이 어렵다며 어서 집으로 돌아오라는 아버지에
게 편지를 보낸 뒤 1년 동안 술의 신을 조각했다. 지금까지 만든 조각
은 대개 소품이었지만 이 〈바쿠스〉는 달랐다. 실제 사람보다 더 컸으
며, 포도송이를 훔쳐 먹는 반인반수의 어린 사티로스까지 곁들인 복
잡한 구도였다. 하지만 곱상한 고대 조각 같은 것을 좋아한 리아리오
추기경은 이 신세대의 거칠고 역동적인 작품이 마음에 들지 않아 옆
집에 사는 은행가 자코포 갈리에게 넘겨버렸다. 얼떨결에 〈바쿠스〉를
얻은 갈리는 조각가의 역량을 감지하고 미켈란젤로를 여기저기 소개
했다. 청년은 두 번째 아내마저 잃고 빚까지 져서 가슴 아파하는 아버
지에게 또 편지를 썼다.

　'주문을 한 분이 약속을 지키지 않아 일을 시작하지도 못했습니다.
　대리석을 샀는데 질이 좋지 않아 돈만 낭비한 것 같습니다. 아버지
　께서 저의 좌절과 고통을 이해해 주십시오. 돈은 꼭 보내 드리겠습
　니다. 제 몸을 노예로 팔아서라도 말입니다.'

마침내 프랑스에서 특사로 온 라그라울라 추기경이 자신의 무덤을 장식할 〈피에타〉를 주문했다. 계약 조건으로 '1년 안에 오늘의 어떤 조각가도 만들 수 없을 만큼 뛰어난 작품을 만들어야 한다'는 단서가 붙었다.

　미켈란젤로는 하나의 돌에 수평과 수직의 두 인물이 놓이는, 정말 누구도 흉내 내지 못할 〈피에타〉를 창조해냈다. 성모 마리아가 죽은 아들 예수를 안고 슬픔에 잠긴 채 내려다보는 그 조각. 청년은 이 대리석 작품을 반짝반짝 윤이 나게 하기 위해 가죽으로 600만 번이나 문질렀다고 한다.

　〈피에타〉가 공개되었을 때, 하루는 구경꾼들이 이 조각 앞에서 서로 누구의 작품이네 왈가왈부하는 모습을 보게 되었다. 미켈란젤로는 그날 밤 마리아의 가슴을 가로지르는 어깨끈에다 '피렌체인 미켈란젤로 부오나로티 제작'이라고 새겨 넣었다. 이후 그는 어느 작품에도 자신의 이름을 넣지 않았다. 하느님은 어떤 창조물에도 당신의 이름을 새기지 않았음을 깨닫고 자신의 오만함을 뉘우쳤기 때문이다. 이 〈피에타〉로 미켈란젤로는 일약 조각계의 스타로 떠올랐다. 1972년 정신 나간 관람객이 망치로 15번이나 내리쳐 보수 뒤 방탄유리 상자 속에 놓이게 된 불후의 명작이다.

　아버지는 돈을 보내 온 아들에게 편지를 보냈다.

　'자신의 몸을 해치는 것은 죄악이야. 젊을 때는 고생도 별것이 아니지만 젊음의 활력이 사라지고 나면 병이 찾아와. 병은 인색한 생활과

'누구도 흉내 내지 못할 작품을 만들어야 한다'는 계약 조건에 따라 조각한 뒤, 가죽으로 600만 번이나 문질렀다는 걸작 〈피에타〉

고난이라는 가능성

궁핍한 습관에서 비롯되는 거야. 병이 들면 너는 패자가 되고 말아.'

🎗 골리앗을 물리친 다윗처럼 나는 이길 것

1501년 6월, 스물여섯 번째 생일을 지낸 이 젊은 조각가는 피렌체로 돌아갔다. 로마는 권력의 암투로 암살 음모와 살인 사건이 끊이지 않았으며, 고향에 일거리가 많다는 아버지의 당부도 뿌리칠 수 없었던 것이다. 그 사이 피렌체에는 많은 변화가 있었다. 신의 계시를 받았다며 섬뜩한 예언을 뿌리던 수도사 사브나롤라가 권력을 잡은 뒤 공화정을 선포했다. 그러나 그의 광적인 설교는 점차 군중들로부터 외면당했고, 교황청은 그를 공개 화형에 처했다. 피난 갔던 메디치 가의 후계자 형 피에로와 동생 조반니 추기경이 약탈로 인해 텅 비어버린 궁으로 돌아왔다.

미켈란젤로의 명성은 뒤숭숭한 피렌체에 널리 퍼져 있었다. 15개의 조각을 한꺼번에 요청 받은 데 이어 큰 주문 하나가 또 들어왔다. 다시 한 번 이름을 드높이게 되는 〈다비드〉였다. 피렌체는 흩어진 힘을 모으기 위한 상징물로 전사 다윗을 원했다. ('다비드'와 '다윗'은 같은 인물 'David'이나 국립국어원의 표기 원칙에 따라 이탈리아의 작품은 '다비드'로, 이스라엘의 왕은 '다윗'으로 쓰고자 한다) 고대 이스라엘의 초대 왕 사울에 대항해 걸핏하면 일대일 싸움을 걸어오던 거인 골리앗을 돌멩이 하나로 처치한 뒤 제2대 왕이 되어 예루살렘을 도읍으로 삼고 여러 민족을 정복하고 전성기를 이룩한 다윗 말이다.

그는 대리석 속에서 다비드의 모습을 보았고, 다비드가 아닌 부분을 깎아냈다. 대리석 주위에 판잣집을 짓고는 2년 4개월 동안 오로지 조각에만 전념했다

성당 작업장에는 40년 전부터 몇 차례의 시도 끝에 그대로 방치되다시피 한 거대한 대리석이 있었다. 미켈란젤로에게 높이 5.4미터에 이르는 그 돌이 주어졌다. 미켈란젤로는 이것이 일생일대의 기회라 여기며 스스로에게 암시했다. '소년 다윗이 돌팔매로 거인 골리앗을 이긴 것처럼 나 미켈란젤로는 이 거석을 이길 것'이라고 다짐했다.

1501년 9월 13일, 26세의 청년은 대리석 속에서 완벽한 다비드의 모습을 보았고, 다비드가 아닌 부분을 깎아내기 시작했다. 대리석 둘레에 판잣집을 짓고는 2년 4개월 동안 거기서 지내며 오로지 잠자고 먹기 위해서만 연장을 놓았다.

〈다비드〉가 제 모습을 찾아갈 때, 피렌체의 행정 수반인 피에로 소데리니가 찾아왔다. 거대한 조각상을 올려다본 그는 체면상 뭔가 한마디라도 해야겠기에 "코가 좀 두꺼운 것 같다"고 말했다. 미켈란젤로는 끌을 쥔 왼손으로 발판에 쌓인 돌가루를 집어 코를 다듬는 척 아래로 뿌린 뒤 내려다보며 "어디 한번 보시지요" 하고 말했다. 소데리니

　　　　　　　　　　　　　고난이라는 가능성

가 "오, 훨씬 좋아졌군. 이제 정말 살아 있는 것 같아" 하고 대답했다.

물론 조각상의 코는 그대로였다. 그는 자기 작품에 대해 이러쿵저러쿵 이야기하는 것을 무지하게 싫어했다.

1504년 1월, 〈다비드〉가 완성되었다. 이제는 그것이 놓일 장소가 문제였다. 성당이냐 궁전이냐 의견이 분분한 가운데 1월 13일 대규모 회의가 소집되었다. 56세의 보티첼리와 49세의 다빈치, 어린 미켈란젤로를 미술가의 길로 이끈 선배 그라나치 등 내로라하는 인사들이 참석한 자리에서 시청 앞 시뇨리아 광장으로 결정되었다.

피렌체는 그에게 계속 조각을 의뢰했고, 미켈란젤로는 그것을 모두 받아들였다. 그리고 다빈치와 미켈란젤로에게 벽화도 주문했다. 하지만 많은 조각들은 미완성인 채로 남았고, 세기의 만남이 되었을 다빈치와 미켈란젤로의 벽화는 끝내 그려지지 못했다. 새로 선출된 교황 율리시스 2세가 미켈란젤로를 로마로 불렀기 때문이다. 교황으로부터 묘소의 설계와 건축을 의뢰 받은 그는 채석장이 있는 카라라로 가서 아예 돌산을 바라보며 작품을 상상했다. 그러고는 경건한 마음을 시로 적었다.

진정으로 재능을 부여받았다면
그럼에도 갈라지고 찢어지고 불타고 길을 잃어 헤맨다면
그것은 나를 불태운 그분의 탓이리라.

▌ 곤경 속에서 탄생시킨 천장화 <천지창조>

1505년 겨울, 로마에 온 미켈란젤로는 어쩐지 분위기가 심상찮음을 느꼈다. 교황의 묘소 설계가 바뀌어 성 베드로 대성당이 들어서기로 되었던 것이다. 조각에 쓰일 돌도 건축 자재로 용도 변경되어 있었다. 그는 성당의 신축 공사를 맡은 건축가 브라만테의 꼼수라 여기고 피렌체로 돌아와버렸다.

아무리 힘이 센 권력자도 능력자는 함부로 다루지 못한다. 교황이 새로운 제안을 해왔다. 바티칸 궁에 있는 시스티나 성당의 천장화를 그리라는 것이었다. 미켈란젤로는 몇 달을 버티다가 다시 로마로 갔다. 이 역시 교황의 총애를 받는 조각가에게 전공이 아닌 그림을 그리게 함으로써 곤경에 빠뜨리겠다는 브라만테의 꼼수일 수 있었으나 그는 기꺼이 접수했다. 그림에 대한 애착은 별로 없었지만, 특유의 승부욕이 발동한 그는 자신에 대한 시험이라 여기며 받아들인 것이다. 겁없는 25세의 화가 라파엘로가 바티칸 궁의 벽을 장식할 그림 〈아테네 학당〉을 맡을 참이었다.

1508년 5월 10일, 드디어 〈천지창조〉의 대역사가 시작되었다.

'일이 늦어지는 것은 이 일이 어려울뿐더러 내 본업이 아니기 때문입니다. 자꾸 시간만 헛되이 지나갑니다. 하느님, 도와주소서.'

33세의 이 대단한 승부사는 4년을 혼자서 그 높은 천장 아래에 누워 그림을 그렸다. 그것도 일반적인 회화가 아니라 프레스코 기법이었다. '프레스코'(fresco)란 영어의 'fresh'에 해당하는 말로, 먼저 바른 석회가 굳기 전에 안료를 개어 그림을 그림으로써 석회와 안료가 마르면 그림이 벽의 일부가 되는 화법이다.

작업이 반쯤 진행되고 있을 때 교황이 그에게 언제쯤 끝나겠느냐고 물었다. 그는 대답했다.

"제가 그림을 완성하는 때입니다!"

천지창조에서부터 노아의 방주에 이르는 성서의 창세기 아홉 장면을 담은 〈천지창조〉는 1512년 11월 1일 완성되었다. 이듬해 2월 21일, 교황 율리시스 2세가 선종했다.

조반니 메디치가 레오 10세로 교황의 자리에 올랐다. 미켈란젤로를 아들처럼 여기며 조각을 배우도록 한 로렌초 메디치의 둘째 아들로, 어릴 때부터 잘 알던 동갑내기였다.

다시 메디치 가의 세상이 되었다. 새 교황은 미켈란젤로에게 고향 피렌체의 로렌초 성당에 대한 대대적인 개보수 작업부터 부탁했다. 미켈란젤로는 메디치 예배당을 짓고 메디치 가를 위한 가족 묘소를 건립함으로써 건축가로서의 입지까지 굳히게 되었다. 지금도 모든 미술학도의 데생 모델이 되어 주는 하얀 '줄리안'은 이때 만들어진 작품이다. 그 '줄리안'은 이전의 교황 식스투스 4세의 음모로 25세의 젊은 나이에 살해당한 로렌초의 동생 줄리아노의 조각상이다. 시간의 흐름에서 벗어나지 못하는 인간의 운명을 소재로 삼은 조각 〈새벽〉, 〈낮〉, 〈황혼〉, 〈밤〉도 여기에 모여 있다.

그의 명성은 널리 퍼져서 웬만한 귀족이나 부호도 그의 작품을 하나쯤 갖고 싶어 했다. '미켈란젤로 부오나로티'라는 이름을 소유한다는 것이 바로 자신의 세력을 과시하는 일이었던 것이다. 이제 그는 미술가라는 직업이 그저 그런 장인일 뿐이라는 통념마저 뒤집고 있었다. 1519년에 67세의 다빈치가 죽은 데 이어 이듬해에 37세의 라파엘로가 죽었다. 이로써 르네상스 3인방 가운데 미켈란젤로만 남게 되었다.

유럽의 교회는 상당한 진통을 겪고 있었다. 교황 레오 10세는 각종 사업으로 많은 자금이 필요하자 면죄부 판매를 늘렸고, 교회의 부정에 저항하는 독일의 수사 마르틴 루터를 파문했다. 프랑스와 스페인의 침략 등 많은 문제를 남겨두고 레오 10세가 1521년에 갑자기 세상을 떠났다.

하드리아노 6세가 1년 8개월 동안 교황으로 있다가 죽어 레오 10세의 사촌이 클레멘스 7세로 새 교황의 자리에 올랐다. 그 역시 메디치가의 영광을 위해 미켈란젤로에게 피렌체의 도서관 건립을 주문했다. 라우렌치아나 도서관이 그 화려한 모습을 드러낼 즈음 시스티나 성당의 제단 위에 벽화를 그리라는 지시가 떨어졌다. 그러나 그 며칠 뒤 1534년에 교황이 독버섯을 잘못 먹고 죽는 바람에 벽화 작업은 새 교황 바오로 3세에게 넘겨졌다. 이런저런 이유로 자꾸 죽어서 교황이 자주 바뀌던 혼란스러운 시절이었다.

초인적인 열정으로 6년 만에 완성한 〈최후의 심판〉. 지옥의 사신 미노스에다 귀찮게 구는 추기경의 얼굴(오른쪽 아래)을 그렸고, 살갗이 벗겨진 예수의 제자 바돌로매에 자신의 얼굴(가운데)을 그렸다

초인적 열정, 그리고 벌거벗은 성인들

교황청 최고의 건축가·조각가·화가로 임명되어 다시 로마로 온 미켈란젤로는 벽화 제작에 착수했다. 1535년 4월 16일, 드디어 발판의 조립이 시작되었다. 작품의 이름은 〈최후의 심판〉이었다. 60세에 이

른 미켈란젤로는 나이에 얽매이지 않는 초인적 열정으로 이 작품에 꼬박 6년을 매달렸다.

이때도 미켈란젤로의 자존심은 어김없이 발휘되었다. 벽화를 그리던 어느 날, 현장을 방문한 담당관 체세나 추기경은 깜짝 놀랐다. 점잖아야 할 성인들이 모두 벌거벗은 모습이었던 것이다. 추기경은 못마땅하다는 뜻을 비추었지만 그는 개의치 않았다. 미켈란젤로는 조용히 그의 얼굴을 그림 아래 오른쪽 구석에다 그려 넣었다. 몸을 감고 있는 뱀에게 고추를 물린 채 겁먹은 표정을 한 지옥의 사신 미노스가 바로 그 추기경의 얼굴이었다. 그리고 예수의 12제자 중 한 사람인 바돌로매의 벗겨진 살갗 위에 자신의 얼굴을 그렸다.

1541년 10월 31일, 인간이 취할 수 있는 모든 모습을 한 391명의 인물상이 공개되었다. 미켈란젤로의 나이 66세였고, 천장화 〈천지창조〉를 그린 지 30년 만이었다. 로마 사람들은 돌아서서 수군거렸다. 성스러워야 할 그림이 음란물처럼 여겨졌던 것이다. 철거냐 개작이냐 말이 많던 이 〈최후의 심판〉은 결국 제자 볼테라에 의해 부끄러운 부분만 가리는 쪽으로 수정되었다. 이 때문에 화가 볼테라는 본의 아니게 '기저귀 만드는 사람'이라는 별명을 얻게 되었다.

노인이 된 미켈란젤로는 힘이 드는 조각보다 건축 설계와 시 쓰는 일에 몰두했다. 그는 시를 통해 그림으로는 표현할 수 없는 삶과 신앙과 예술의 고뇌를 노래했다. 〈최후의 심판〉을 그릴 즈음 알게 되어 깊은 우정을 나누었던 유일한 여인 비토리아 콜론나가 1547년에 55세에 죽었을 때 미켈란젤로는 추모의 시를 지어 바쳤다.

　　　　　　　　　　　　　고난이라는 가능성

그토록 아름다운 얼굴을 결코 빚지 못했던 자연이 부끄러워하고
모든 사람들의 눈에는 눈물이 고였구나.

아무리 강인한 의지를 가졌다 해도 그 역시 사람이었다. 수많은 세월을 쉬지 않고 일에 몰두했던 천하의 미켈란젤로도 몸이 편치 않았다. 작업장에서 쓰러져 하인의 등에 업혀 온 것이 한두 번이 아니었다. 그는 휴식을 권하는 의사에게 말했다.

"나는 끌로 흰 대리석을 조각하는 일이 제일 좋아. 죽으면 영원히
쉴 텐데."

미켈란젤로가 죽기 3일 전까지 손질했던 조각은 〈론다니니의 피에타〉였다. 72세 때 처음 시작했다가 몇 차례 중단한 그 조각은 끝내 미완성인 채로 남게 되었다. 조각가로서의 자리를 굳히게 한 때문인지, 어머니 없이 자랐기 때문인지, 예수와 마리아가 주는 슬픈 아름다움 때문인지 미켈란젤로는 여러 점의 〈피에타〉를 만들었다. 그리고 이 세상에서 마지막까지 붙들고 있던 작품 역시 〈피에타〉였다. Pieta—동정, 연민, 비탄의 의미를 가진 이탈리아어. 아들 예수의 죽음을 맞은 성모 마리아의 슬픔을 가리키며 '자비를 베푸소서'라는 뜻이 들어 있는 말.

"영혼은 하느님에게, 육신은 대지로……."

1564년 2월 18일 금요일 오후 5시, 그리운 고향 피렌체로 돌아가고 싶던 89세의 미켈란젤로는 로마에서 조용히 눈을 감았다. 용암처럼 들끓던 열정의 시간이 멈추고, 평생을 독신으로 지낸 이 위대한 인간에게 비로소 영원한 휴식이 주어졌다. 수많은 하느님의 형상을 이 땅에 남기고 하늘나라로 돌아간 것이다.

당당한 자존심은 사람을 늙지 않게 한다

미켈란젤로는 사람들에게 가장 위험한 일은 꿈이 없는 것이라고 생각했다. 그의 말처럼, 욕심을 많이 부려 실패할 수는 있어도 꿈을 크게 가져 실패하는 일은 없다.

"목표를 너무 높게 잡아서 거기까지 달성하지 못하는 것이 아니라,
목표를 너무 낮게 잡아서 거기까지 도달하는 것이다."

목표를 100미터만큼 잡고 반을 가면 50미터를 간 셈이나, 꿈을 10미터만큼 잡고 반을 가면 5미터를 간 셈이 된다. 지금까지 꿈을 완벽하게 이루고 죽는다는 사람은 아무도 없었으므로 꿈을 높이 가진다고 해서 손해 볼 일은 없을 듯하다.

스스로 품위를 지키고 높이는 일은 중요하다. 내가 나를 존중하지 않으면 누가 나를 존중해 줄 것인가? 자존심은 능력을 가질 때 비로소 그 빛을 발하게 된다. 미켈란젤로가 문외한들로부터 가당치 않은 지

적을 받았을 때, 만약 자존심도 능력도 모자랐더라면 어땠을까? 아마도 비굴하게 작품을 수정했거나 아예 포기해버렸을 것이다. 그랬다면 우리는 지금 그 아름다운 명작들에 감동할 수 없게 되었을지도 모른다. 미켈란젤로는 89세에 생애를 마쳤으니 옛날 예술가치고는 무척 오래 산 편이다. 능력이 뒷받침하는 당당한 자존심은 사람 오래도록 늙지 않게 만들기도 하는 모양이다. 이 눈치 저 눈치 살피며 남의 비위를 맞출 필요가 없을 테니 스트레스도 쌓이지 않을 것이므로 오래 살 만도 할 것 같다.

"나는 하루도 쉬지 않고 일을 했다."

미켈란젤로에게는 '자신을 가장 혹사시킨 예술가'라는 또 다른 기록이 있다. 그는 죽으면 영원히 쉴 것이라는 생각으로 모든 열정을 창조에 바쳤다. 식사 시간도 잠잘 시간도 그에게는 그다지 중요하지 않았다. 명작은 그렇듯 결코 영감이나 천재성 같은 것만으로 이루어지지 않는다. 미켈란젤로는 수많은 조각들을 만들기 위해 거대한 돌을 자르고 나르고 다듬는 기술까지 익혀야 했다. 인간의 신체를 세밀하게 표현하기 위해서는 내부 구조를 알아야 했으므로 해부학도 공부했다. 그러므로 그에게는 빈둥거릴 시간이 없었다. 창조적 천재는 수고와 고생을 마다하지 않는다.

사람들은 무엇을 얻기 위해 지혜를 짜내려고 한다. 그러나 지혜 이상으로 중요한 것이 성실이다. 왜냐하면 지혜가 부족해서 실패하는 일은 적지만, 성실하지 못해서 실패하는 일은 많기 때문이다. 노마십가(駑馬十駕)라는 말이 있다. 둔한 말이 열 수레를 끈다는 뜻으로, 비록 재주가 모자랄지라도 열심히 하면 목적을 이룰 수 있다는 이야기다. 우리가 성실히 오늘을 돌보면 하늘은 우리의 내일을 돌봐 줄 것이다.

자존심과 능력과 성실의 상징 미켈란젤로 부오나로티. 그를 '부오나로티'나 '마이클안젤로'로 불러서는 안 된다. 역사가 단 한 사람의 이름으로서 경의를 표했듯이, 그를 이탈리아 피렌체 사람 '미켈란젤로'로 부르는 것이 우리가 한 예술가에게 바칠 수 있는 최소한의 예의가 아닐까 싶다.

고난이라는 가능성

아프다고 멈추면
세상은 한 발도 나아가지 않는다

진보

버지니아 울프
(Virginia Woolf, 1882년 1월 25일~1941년 3월 28일)

영국의 소설가·비평가. 아버지에게 교육을 받으며 힘겨운 소녀 시절을 보냈다. 의식
의 흐름이라는 독창적인 기법으로 모더니즘 문학과 남성 중심 사회에 대항하는 페미
니즘 문학을 이끌었다. 전쟁에 반대했으며 신경증을 앓다가 강물에 빠져 스스로 목숨
을 끊었다.

물그릇을 옮겨 본 사람은 안다. 찰랑거리도록 가득 담긴 물그릇보
다는 조금 덜 찬 물그릇을 옮기기가 훨씬 쉽다. 사람도 마찬가지여서,
찔러도 피 한 방울 나지 않을 것처럼 뺀질뺀질한 사람은 대하기가 어
렵다. 다루어지지 않기 때문에 가까이 오는 사람이 없다.

풀 없는 정원이 없듯이 세상에 완전한 것, 완전한 사람은 없다. 어
느 순간이든 완전함을 바라는 완벽주의자는 본인도 그렇겠지만 남까

지 피곤하게 한다. 외면이든 내면이든 빈 곳을 보이지 않는 사람에게
는 선뜻 다가가지지 않는다. 생각하거나 바라볼 때에 미소가 떠오르
는 사람은 반드시 빈틈이 있는 사람이다. 누구나 그런 사람을 좋아하
게 된다.

약점이나 결점이나 허점 따위는 감추어야 할 부끄러운 부분이 아니
다. 여백이 좀 있어야 채울 수 있고, 채워질 수 있다. 그 빈자리는 사랑
받게 할 뿐만 아니라 사랑할 수 있게 하는 고마운 공간이다. 결핍이 사
람의 욕구를 깨어나게 한다. 강박관념·열등감·욕구불만 등으로 순화
해 쓰자는 '콤플렉스'는 우리를 깨어 있게 하는 장점이 있다. 깨어 있는
삶이 추억이 되고, 그 추억이 곧 역사가 된다.

"상처 없는 영혼이 어디 있으랴!"

프랑스의 시인 랭보가 19세 때 쓴 시 〈지옥에서 보낸 한 철〉에서 그
렇게 말했듯이, 누구나 크고 작은 상처를 안고 살아간다. 서로를 깊이
알아 간다는 것은 결국 서로의 상처를 알아 가는 일과 다르지 않다. 사
람과 사람 사이의 이해란 '나만 그런 줄 알았는데 너도 그랬구나' 하는
소통을 뜻한다. 그렇게 타인을 이해하는 순간부터 사람과 사람 사이
의 벽은 허물어진다.

영국의 작가 버지니아 울프는 서로를 이해하고 받아들이는 데서부
터 청춘이 시작된다며 이렇게 말했다.

문학가 아버지 스티븐과 함께

"덧없이 지나가버리는 청춘의 신호 중 하나는, 우리가 함께 살아가
　게 된다는 동료 의식의 일어남이다."

　떨칠 수 없는 무수한 상처를 엮어 문학 작품으로 만들어 낸 버지니
아 울프. 삶은 마치 간유리 저편의 풍경 같아서 '눈부신 달무리'라고 했
던 사람. 그 이름이 주는 묘한 감성 때문일까? 아니면 깊은 우수를 내
보이는 분위기 때문일까? 그것도 아니면 '한 잔의 술을 마시고 우리는
버지니아 울프의 생애와 목마를 타고 떠난 숙녀의 옷자락을 이야기한
다'로 시작하는, 한 번쯤은 들어보았을, 30세에 세상을 떠난 시인 박인
환의 시 〈목마와 숙녀〉 때문일까? 이 시를 읽은 사람도, 읽지 않은 사
람도 버지니아 울프를 기억한다. 그녀는 남모를 아픔을 남다른 꽃으

로 피워낸 커다란 창조자였다.

▍ 6세 때부터 시작된 불행

영국 사람들은 아이작 뉴턴을 과학의 천재로 일컫는 것처럼, 버지니아 울프를 문학의 천재로 여긴다. 중력을 발견한 것과 같이 '의식의 흐름'이라는 새로운 문학적 양식을 탄생시킨 작가라는 것이다.

버지니아 울프의 본명은 애덜라인 버지니아 스티븐이었다. 아버지 레슬리 스티븐 경은 65권에 이르는 〈영국인명사전〉의 편집인이었으며, 〈18세기의 문학과 사회〉를 쓴 학자였다. 아버지는 지적장애가 있는 딸 하나를 둔 첫 번째 아내가 정신질환에 시달리다 35세로 죽자 4명의 자식이 딸린 줄리아와 재혼했다. 줄리아의 전 남편은 변호사였고 아버지는 인도에서 의사로 일했다. 그녀는 간호학 책을 펴낸 간호사이기도 했다. 1882년 1월 25일, 템스 강 북쪽 기슭에 자리한 런던 켄징턴의 하이드파크 게이트 22, 버지니아는 이 두 사람 사이에서 2남 2녀 중 셋째로 태어났다. 그러니까 아버지와 어머니가 서로 다른 9명의 아이가 한 지붕 아래에 살게 된 셈이었다. 집안일을 거드는 하인들도 함께였으니 그야말로 대식구였다.

어머니의 미모를 그대로 물려받은 버지니아는 밝고 영리한 아이였다. 식구들의 이야기를 엮어서 가족신문을 만들기도 했다. 남자아이들은 학교에 다녔고, 여자아이들은 집에서 교육을 받았다. 여자아이는 학교교육을 시키지 않는 관행이 여전히 이어지고 있었다. 아버지

좌 어머니 품에 안긴 아기 때의 버지니아 울프
우 (왼쪽부터) 아버지가 다른 큰언니 스텔라, 친언니 버네서, 그리고 울프

의 서재는 도서관이나 다름없었고, 수시로 드나드는 아버지의 친구들
또한 대단한 문사들이어서 가정교육은 철저했다. 오전 10시에서 오후
1시까지 플라톤을 비롯한 고대 그리스의 책을 읽고, 오후 4시 30분이
면 단정한 옷차림으로 저녁에 방문할 손님들을 위해 이야깃거리를 준
비하고, 저녁 8시면 이브닝드레스로 갈아입은 뒤 오빠들의 검열을 거
쳐 만찬에 참석하는 것이 어린 시절의 일과였다. 이들 가족은 여름이
면 남쪽 해안의 별장에서 지내기도 했다.

불행은 6세 때 시작되었다. 아버지가 다른 큰오빠 제럴드에게 추행
을 당한 것이다. 영혼까지 더럽힌 지울 수 없는 얼룩이었다. 그로 말
미암아 평생토록 몸에 대한 혐오감과 수치심을 안고 살아야 했던 것
이다. 중산층 부인으로서 바깥일에 바빴던 어머니는 집에 있는 시간
이 드물어서 아이들을 잘 보살피지 못했다. 큰애가 작은애를 잘 돌보
겠거니 여겼으나 실은 그러지 못했다. 어른이 된 뒤 울프는 그때 그 시
절을 이렇게 회상했다.

"마치 야수와 함께 우리 안에 갇혀 있는 것 같았다."

1895년, 13세의 버지니아에게 신경쇠약 증세가 나타났다. 봉사활동에 열심이던 어머니가 이웃 사람을 간호하다가 전염병에 걸려 49세의 나이에 세상을 떠난 일이 큰 충격을 주었던 것이다. 불행은 거기서 그치지 않았다. 대신 살림을 맡았던 13세 위의 아버지가 다른 언니 스텔라가 2년 뒤 갑자기 세상을 떠났다. 18세의 친언니 버네서가 살림을 이어받았다. 두 아내를 잃게 된 아버지 스티븐은 점점 예민하고 거칠어졌다.

엎친 데 또 덮쳤다. 스산한 집안 분위기 속에서 아버지마저 암에 걸려 자리에 눕게 되었다. 소녀는 깊고 어두운 우울 속으로 빠져들었다. 그뿐만이 아니었다. 이번에는 사춘기를 막 넘긴 아버지가 다른 작은오빠 조지가 몹쓸 짓을 해 왔다. 소녀의 삶은 완전 무방비 상태였다. 아버지를 간호하는 일쯤은 아무것도 아니었다.

버지니아는 일기를 쓰기 시작했다. 그나마 위안을 주는 것은 글이었다. 《테스》의 작가 토머스 하디, 《보물섬》과 《지킬 박사와 하이드》의 작가 로버트 스티븐슨과 친했던 아버지의 서재는 문학으로 가득차 있었다. 소녀는 책 속에 파묻혀 지내는 일이 불행한 현실로부터 얼굴을 돌릴 수 있는 유일한 길임을 터득했다.

가끔은 속일 때도 있으나 우리를 내일로 데려가는 하는 것은 결국 희망이다. 정규 과정을 밟아 보고 싶었던 버지니아는 언니 버네서와 함께 킹스칼리지 여성학부에 나가 그리스어, 라틴어를 익히고 문학과

고난이라는 가능성

역사와 예술 강의를 들었다.

글, 남성 중심의 사회와 싸워나갈 유일한 무기

1904년 2월 22일, 22세 되던 해에 아버지가 세상을 떠나자 버지니아는 심한 정신질환 증세를 보였다. 처음으로 자살을 기도했으나 미수에 그쳤다. 아버지와 어머니가 모두 죽었으므로, 서로 다른 형제들이 같은 집에서 같이 살 이유도 없었다. 맏언니 버네서는 블룸즈버리 지역에 거처를 마련해 4명의 친형제끼리 따로 살기로 했다. 가난한 지식인과 예술가들이 많이 사는 허름한 동네였다. 가족의 해체였으나 품격·의무·의지·성실·근면·검약 등으로 상징되는 빅토리아 시대와의 결별이기도 했다.

2년 위의 오빠 토비는 불안에 떠는 동생을 케임브리지 대학 친구들의 모임인 '목요일 밤'에 데리고 나갔다. 또 환하게 꾸며진 집으로 친구들을 초대했다. 누나와 누이가 대단한 미인인 까닭인지 친구들 모두 무척 좋아했다. 반항기의 20대 지성들은 간섭하는 사람 아무도 없는 공간에서 자유롭게 문학과 철학과 예술을 이야기했다. 언니 버네서와 남동생 에이드리언도 자연스레 그룹의 일원이 되었다. 거기에는 훗날 남편이 되는 레너드 울프도 끼어 있었다. 이 모임이 곧 현대 지성사의 한 장을 장식하는 '블룸즈버리 그룹'이 된다.

블룸즈버리 그룹은 주로 케임브리지 대학과 킹스칼리지 출신들을

기존 관념들에 의문을 제기한 젊은이들의 모임 '블룸즈버리 그룹'의 한때. 울프와 버네서도 이 모임에 참가했다

중심으로 구성되었다. 그들은 인간이 신을 인식할 수 없고, 사람의 경험으로는 사물의 본질을 인식할 수 없다는 불가지론의 입장에서 토론했다. 진선미의 확실한 개념을 찾으려고 했으며, '대상을 가리지 않는 불손한 태도'로 기존 관념에 의문을 제기했다. 블룸즈버리 그룹은 스스로 특별하다고 생각하는 젊은이들 사이에서 점점 유명해졌다. 소설가 포스터, 경제학자 케인스, 철학자 러셀, 작가 헉슬리, 시인 엘리엇, 미술가 프라이 등 내로라하며 이름을 날리게 되는 많은 청춘들이 같이 어울렸다.

이 젊은이들이 저마다 새로운 생각들을 창조하게 된 데는 그럴 만한 사회적 분위기가 한몫을 했다. 산업혁명을 이룬 뒤 '해가 지지 않는 나라'가 된 영국은 사상적인 면에서 일대 혼란을 겪었다. 윤리적 덕목이 칭송되던 평온한 '빅토리아주의'를 흔드는 문제들이 속출했던 것이다. 선거법을 둘러싼 정치 문제, 자본가와 노동자로 대변되는 사회 문제, 지질학과 생물학의 발견들로부터 일어나는 종교 문제 등이 그것이었다. 지구가 수백만 년 동안 지속적인 변화 과정을 거쳐 형성되었다는

고난이라는 가능성

찰스 라이엘의 〈지질학 원리〉와 진화론을 내세운 찰스 다윈의 《종의 기원》은 창조론에 심각한 회의를 불러일으켰다. 신에서 인간으로 내려온 사고의 초점이 다시 개인으로 돌려졌던 것이다. 이야깃거리에서 벗어나 인물의 감정을 따라가는 소설 기법인 '의식의 흐름'이 등장한 것도 그때였다. 그 전위에 버지니아 울프가 서 있었다.

　버지니아는 결코 불행 때문에 삶을 접어 두는 게으름뱅이가 아니었다. 험한 세상의 부조리한 이야기를 속 시원히 내뱉기라도 하고 싶었다. 특별해지고 싶었고 창조적이고 싶었다. 남성 중심의 사회와 부딪치며 싸워나가기로 작정했다. 그녀의 유일한 무기는 '글'이었다. 신문 〈가디언〉의 여성부로 열심히 글을 써서 보냈고, 1904년 12월 14일, 처음으로 글이 실렸다. 비록 얼마 되지는 않지만 원고료를 받고 글을 쓰는 입장이 되었다. 돈이 필요했으므로 취재나 잡문 등 가리지 않았다. 여성의 참정권을 위한 일에 가담하고 있었으나, 여성에게 있어 경제력이 투표권보다 더 중요하다는 것이 솔직한 심정이었다.

　"왜 남자들은 여자를 진지하게 받아들이지 않는가? 왜 여자들은
　남자들이 나누어 주는 일만 해야 하는가?"

　모처럼 삶의 자유와 행복을 느끼며 4남매는 1906년에 그리스 여행을 다녀왔다. 그러나 이 여행은 또 다른 불행을 안겨 주었다. 장티푸스에 걸린 오빠 토비가 26세의 나이에 죽고 만 것이다. 자신을 아껴 주던 가장 큰 버팀목이 사라져버렸다.

그림을 그리는 언니 버네서가 블룸즈버리 그룹의 회원인 미술평론가 클라이브 벨과 결혼하게 되자 버지니아는 남동생 에이드리언과 함께 피츠로이 광장 근처로 이사했다. 그녀는 더 이상 꿰맬 자리조차 보이지 않는 몸과 마음을 추스르며 몰리 대학에 강사 자리를 얻었다. 그러나 건강이 좋지 않을뿐더러 수입도 적고 지식의 보따리장수 같아서 2년 만에 그만두었다. 그녀는 소설을 쓰기로 마음먹었다.

"소설가는 자신의 기질과 재능을 발전시킬 수 있는 기회를 얻은 사람이다. 담장 안의 아무 특징도 없는 대중이 될 것이 아니라 참다운 인간이 되어야 한다."

1910년, 블룸즈버리 그룹으로 들어온 미술가 로저 프라이가 그래프턴 갤러리에서 '마네와 후기인상주의'라는 프랑스 현대미술작가전을 기획했다. 세잔, 고흐, 고갱, 피카소 등의 작품이 동원된 이 전시를 두고 사람들은 '포르노', '미친 짓'이라고 비난했다. 그러나 낯선 감각의 충격이었다. 대상을 충실히 묘사하는 지금까지의 회화와는 달리 자신의 눈으로 들어온 풍경을 자기 방식으로 그린 작품들은 새로움에 대한 선언문 같았다. 그런 소설을 쓰고 싶었다.

❘ 가치 있는 삶을 찾아가는 용기

블룸즈버리 그룹의 레너드 울프가 30세가 된 버지니아에게 프러포즈를 했다. 그는 오빠 토비의 친구로, 언론인이자 정치평론가로 일하고 있었다. 그녀는 결혼 조건으로 두 가지를 내세웠다. 성생활을 하지 않을 것과 직장을 갖지 않을 것. 그는 성적 욕망과 사회적 욕망 두 가지를 다 접기로 하고, 작가의 길을 가겠다는 그녀에게 왔다. 1912년 8월 10일, 그녀의 이름은 비로소 버지니아 울프가 되었다.

프랑스, 스페인, 이탈리아 등지로 신혼여행을 다녀온 뒤 남편은 아내의 건강 상태를 매일 꼼꼼하게 기록하는 등 따뜻한 반려 역할을 했다. 5년여에 걸쳐 쓴 사랑과 죽음을 주제로 한 소설 《출항》이 마무리된 31세의 가을, 정신은 종잇장처럼 얇아져 있었다. 견딜 수 없었던 버지니아 울프는 또 자살을 시도했다. 그 이듬해 여름, 제1차 세계대전이 일어났다.

1915년 1월 25일, 남편은 아내의 33번째 생일날에 인쇄기를 구입하기로 했다. 출판사를 차리자는 뜻이었다. 아내가 재미를 붙이고 살아갈 만한 일거리를 만들어 주고 싶었던 것이다. 출판사 이름은 그들의 저택에서 따온 '호가스'로 정했다. 그녀의 건강은 한 달이 멀다 하고 악화와 호전을 거듭했고, 세상은 전쟁이라는 불행 속으로 곤두박질치고 있었다. 전투는 주로 유럽과 아랍과 아프리카 대륙에서 벌어지고 있었으므로 시민들은 일상생활을 이어갈 수 있었다.

1917년 4월 24일, 주문한 인쇄기가 도착했다. 6월에 호가스출판사의 첫 작품으로 버지니아 울프의 〈벽 위의 자국〉에 이어 레너드 울프의 〈3명의 유대인〉이 나왔다. 일하는 재미가 쏠쏠했다. 그녀는 매일

일기와 함께 소설을 써 나갔다. 1918년 11월 11일 11시의 휴전 협정에 이어 이듬해 6월 28일에 베르사유조약이 체결됨으로써 전쟁은 끝이 났다. 독일이 무기를 포기하고 점령지를 반환하며 모든 피해를 보상한다는 약속이었다. 독일이 그 돈을 다 갚으려면 적어도 70년은 쫄쫄 굶어야 했다.

출판사 이름이 알음알음으로 알려지면서 원고들이 속속 들어왔다. 그중에는 동갑내기의 가난한 소설가 제임스 조이스의 《율리시스》도 있었다. 《젊은 예술가의 초상》을 연재한 잡지 〈에고이스트〉의 편집자 위버가 마땅한 출판사를 찾지 못한 작가 대신 원고를 들고 왔으나 이들 부부는 발행을 거절했다. 그 이유는 '너무 길고 어려워서 식자공이 싫어한다'는 것이었다. 큰 실수였다. 《율리시스》는 뒷날 '의식의 흐름' 기법으로 쓰인 최고의 걸작으로 꼽히게 되는 작품이었다. 다행인 것은 6세 아래의 시인 T. S. 엘리엇의 시집 〈시〉와 《황무지》는 간행한 일이었다.

고난이라는 가능성

남편의 판단은 옳았다. 일에 흥미를 붙이자 몸도 마음도 한결 가뿐해진 것 같았다. 버지니아 울프는 런던에서 남쪽으로 80킬로미터, 서식스 주 로드멜 끝자락에 있는 '몽크스하우스'라는 이름의 집을 사들였다. "평생을 두고 그토록 강렬한 감정에 휩싸였던 5분은 달리 떠오르지 않는다"라고 말한, 첫눈에 반한 시골집이었다.

런던과 몽크스하우스를 오가며 버지니아 울프의 펜은 무섭게 내달렸다. 《출항》을 비롯해 참된 사랑을 좇아가는 이야기 《밤과 낮》, 오빠 토비를 생각하며 쓴 《제이콥의 방》, 파티에 참석하는 여인의 6월 어느 하루를 그린 《댈러웨이 부인》, 등대가 있는 섬을 무대로 생의 의미를 짚어가는 《등대로》, 양성애자인 사랑하는 후배 여성 시인 비타 색빌웨스트에게 바친 《올랜도》, 인물들의 독백을 통해 유년과 노년을 보여주면서 '영원한 새로움'이라는 말을 남긴 《파도》, 3대에 걸친 연대기적 구성으로 존재의 이유를 묻는 《세월》, 그리고 마지막 작품이 되는 《막간》 등의 소설을 잇달아 내놓았다. 미술가의 삶을 엮은 〈로저 프라이〉 같은 평전도 쓰고, 〈평범한 독자〉 같은 평론집도 쓰고, 〈프레시워터〉 같은 희곡도 썼다. 또 여성의 현실과 역할에 관해 쓴 《자기만의 방》, 전쟁과 폭력의 원인이 가부장적 가치관에 있다고 분석한 《3기니》 등의 에세이집도 펴냈다. 인세 수입으로 시골 집 몽크스하우스의 화장실을 고치고 침실을 꾸미고 전기를 끌어들였다.

버지니아 울프는 '여성과 소설'이라는 주제의 케임브리지 강연에서 이렇게 말했다.

브룸즈버리 그룹의 회원이며 울프가 평전을 쓰기도 한 로저 프라이가 그린 울프의 초상(1917년)

고난이라는 가능성

"여성이 시 또는 소설을 쓰고 싶어 한다면 연간 500파운드의 돈과
문에 자물쇠가 달린 방이 필요하다."

　강연을 바탕으로 쓴 에세이《자기만의 방》은 출간 당시부터 큰 반향
을 불러일으켰다. 1929년 10월, 47세였다. 여성의 경제적·사회적 독립
을 가로막는 억압적 상황들을 낱낱이 지적한 이 책은 1970년대 여성
운동의 교과서가 되기도 했다. 여기에서 말한 '연간 500파운드'란, 든
든한 후원자였던 고모 캐롤라인이 20년 전 인도 봄베이에서 낙마 사
고로 죽은 뒤 생각지도 않게 돌아온 유산을 의미했다.
　연간 500파운드, 지금의 100만 원도 채 되지 않을뿐더러 당시로서
도 그리 크지 않은 돈. 20세기였으나 여성이 글을 쓴다는 것 자체가
만만치 않은 형편이었다. 이전은 말할 것도 없어서, 여성이 글을 쓰
면 '블루스타킹'이라며 손가락질을 받기도 했던 것이다. 명작《제인 에
어》를 쓴 샬롯 브론테,《폭풍의 언덕》을 쓴 에밀리 브론테,《아그네스
그레이》를 쓴 앤 브론테 세 자매도 처음에는 부당한 비평을 피하기 위
해 가명으로 작품을 발표할 수밖에 없었다.
　버지니아 울프는 여성을 위하는 일이 가치 있을 것이라고 굳게 믿었
다. 얼마간의 돈과 자기만의 방을 가져서 스스로 생각하는 바를 정확
하게 표현할 수 있는 용기와 자유의 습성을 지니게 된다면, 하늘이든
나무든 무엇이든 사물을 그 자체로 보게 된다면, 남의 팔에 매달리지
않고 홀로 나아가야 한다는 사실을 직시한다면, 여자들은 스스로 내
던졌던 육체를 다시 걸치게 될 것이라고 말했다. 그녀는 '수많은 작자

미상의 시들은 대개 여성이 쓴 것이었다'라고 추측했다.

그러나 버지니아 울프는 '페미니즘'이라는 말은 좋아하지 않았다. 모든 인간이 평등하게 될 때 여성도 진정으로 해방된다고 여겼기 때문이다. 여성은 시나 소설 속에서는 정복자의 생애를 좌우하지만, 실제로는 손가락에 반지가 끼워지면 상대방이 어떤 남자이건 그 남자의 노예가 되어버린다고 지적했다. 싸워서 얻어 내는 경제적 자립과 정신적 자유도 소중하나, 스스로 변명하며 소망을 포기하는 일도 경계하라고 했다. 인생이란 인간 모두에게 힘들고 어렵고 영원한 투쟁이며, 남성에 대한 적대감이 여성을 구원할 수는 없다는 것이 그녀의 생각이었다.

▌폭력과 차별 없는 세상의 꿈을 향하여

불안한 평화의 10년이 흘렀다. 어느 나라도 전쟁의 피해로부터 자유롭지 못했다. 1929년 10월 24일, 블랙 프라이데이. 미국 뉴욕의 월스트리트에서 일어난 주가 대폭락의 폭풍은 세계를 대공황의 수렁으로 밀어 넣었다. 은행은 파산했고, 기업은 도산했다. 창고에는 팔리지 않은 상품들이 산더미처럼 쌓여갔다. 애덤 스미스의 '보이지 않는 손'으로는 해결되지 않을 듯했다. 이를 '풍요 속의 빈곤'이라고 지적한 케인스가 나섰다. 블룸즈버리 그룹을 함께한 오빠 토비의 친구였다. 그는 경제 주체가 합리적으로 행동하더라도 반드시 경제 전체에 바람직한 결과를 가져온다고 볼 수 없으므로 시장의 자동 조절 기능에 매달리지 말고 정부가 역할을 해야 한다고 주장했다. 미국의 루스벨트 대통령은 케인스의 이론을 받아들여 대규모 공공사업을 벌이는 동시에 정부가 경제를 통제하는 뉴딜정책을 폈다.

버지니아 울프는 출판사를 차리고 20여 년 동안 끊임없이 글을 쓰고, 책을 내고, 강연을 했다. 젊은 시절에 그토록 그리워했던 돈도 좀 벌었다. 맨체스터 대학과 리버풀 대학에서 명예박사 학위를 수여하겠다고 했으나 여성 차별의 공간에 선다는 것은 의미 없는 일이라며 거절했다.

잘 버텨 주던 건강이 55세 무렵부터 급격히 나빠지기 시작했다. 의사는 하루 45분 이상 일하지 말 것과 담배를 피우지 말 것을 경고했다. 그러나 그녀는 원고를 다듬고 저서를 출판하는 일을 미루지 않았다. 지성에 대한 그녀의 열정 또한 식을 줄 몰랐다. 시인 예이츠를 만났고, 심리학자 프로이트를 만났다.

1938년 3월 12일, 국민적 굴욕감을 등에 업은 히틀러가 베르사유 조약을 깨고 오스트리아를 침공했다. 9월 1일에는 폴란드로 쳐들어갔고, 이듬해 4월 9일에는 노르웨이와 덴마크를 점령했다. 9월 3일, 영국과 프랑스가 독일에 선전포고를 내렸다. 버지니아 울프는 아직 완성하지 못한 소설 《막간》을 마무리하고 싶었다. 12월 4일, 전운이 감도는 런던을 떠나 거처를 몽크스하우스로 옮겼다. 인쇄기도 옮겼다. 그 집은 '불안하게 요동치지만 결코 거부할 수 없는 글쓰기의 파도 위로 나를 싣고 가는 배'였고, '영원한 주소지'였다.

프랑스가 항복했다. 1940년 6월 4일, 막 수상의 자리에 앉은 영국의 윈스턴 처칠이 "우리는 끝까지 갈 것이다"라는 연설로 결전의 의지를 보였다. 히틀러는 전격전이라 일컫는 대대적인 런던 폭격을 감행했으나 실패하고는 영국을 포기했다. 최악의 공습에도 매일 밤 등화관제를 지키고 흔들림 없이 일상생활을 이어가는 런던 시민의 투지 앞에 두 손을 들었던 것이다.

1941년, 세상이 전쟁의 도가니 속에서 미쳐가고 있었다. 버지니아 울프는 싸우지 말아야 한다고 소리쳤으나 아무런 반향도 없었다. 남편마저도 참전론자가 되어 있었다. 그는 유대인이었다. 그녀는 정신이상이 도지지 않을까 하는 강박증에 시달렸다. 2월 26일 아침, 포인츠홀이라는 촌락에서 벌어지는 야외극을 중심으로 거대한 역사를 현재라는 시간 속에 함축한 소설 《막간》의 마지막 장이 덮였다. 이제 무엇을 할 것인가? 이제 무엇을 해야 하나?

3월 28일 금요일 아침, 59세의 버지니아 울프는 외투를 걸친 뒤 지팡이를 들고서 문을 나섰다. 정원의 나무 터널을 지나, 늘 마음을 식빵처럼 부풀게 하던 소박한 마을을 지나, 천국 같은 휴식을 선물하던 들판을 지나, 우즈 강가로 나갔다. 보는 사람은 아무도 없었다.

"레너드 울프! 당신의 삶을 더 이상 망칠 수 없어요."

그녀는 허리를 굽혀 돌멩이를 주웠다. 그러고는 그것을 주머니에 가득 넣은 뒤 강물 속으로 걸어 들어갔다. 강변에 놓인 신발과 지팡이

고난이라는 가능성

울프의 마지막 글이 된 남편 앞으로 쓴 편지. 추행과 폭력과 성차별이 없는 세상의 꿈을 간직한 채 강물 속으로 들어가기 전 급히 쓴 흔적이 엿보인다

만 말없이 주인을 지켜보고 있었다.

몽크스하우스의 나무 책상 위에는 남편 레너드와 언니 버네서 앞으로 쓴 편지 2통이 유서처럼 놓여 있었다. 레너드가 편지를 발견한 것은 오후 1시. "흐르는 저 강물을 바라보며 당신의 이름을 목 놓아 불러 봅니다"라고 시작되는 편지에는 자기 생의 슬픈 비밀이 고백처럼 적혀 있었다. 그리고 그 끝은 떠남의 이유와 세상을 향한 소망으로 마무리되어 있었다.

저는 지난 30년 동안 남성 중심의 이 사회와 부단히 싸웠습니다. 오로지 글로써. 유럽이 세계대전의 회오리 속으로 빨려들 때, 모든 남성이 전쟁을 옹호했습니다. 저는 생명을 잉태해 본 적이 없지만

모성적 부드러움으로 이 전쟁에 반대했습니다. 지금 온 세계가 전쟁을 하고 있습니다. 작가로서의 역할은 여기서 중단해야 할 것 같습니다. 추행과 폭력이 없는 세상, 성차별이 없는 세상에 대한 꿈을 간직한 채 저는 지금 저 강물을 바라보고 있습니다.

밖으로 뛰쳐나간 레너드는 강가에서 아내의 흔적을 발견했고, 곧 경찰이 강바닥을 수색했으나 아무것도 찾을 수 없었다. 그로부터 3주 뒤인 4월 18일, 강가에서 놀던 아이들이 강물 위에 떠 있는 버지니아 울프의 시신을 발견했다. 그녀의 손목시계는 11시 45분에 멎어 있었다.

⦙ 할 수 있는데도 하지 않는 것이 비극

세상의 모든 불행을 한데 모아 놓고 각자 똑같이 나누어 가지라고 한다면, 사람들은 차라리 자신이 지닌 불행을 그대로 가지려고 할 것이라는 비유가 있다. 사람마다 저마다의 아픔이 있다는 뜻이다.

그러므로 겉만 보고 판단해서는 곤란하다. 천사처럼 생긴 악마가 있고 악마처럼 생긴 천사가 있다. 아이 같은 어른이 있고 어른 같은 아이가 있다. 가난한 부자가 있고 부유한 빈자가 있다. 화려한 꽃이 대개는 보잘것없는 열매를 맺는다. 남부럽지 않을 것 같던 이가 문득 세상을 버리는 일도 말하지 못할 아픔이 있었기 때문이다.

버지니아 울프는 그 많은 불행을 견디면서 인간을 위한 일들을 해냈다. 그보다 더 불행한 삶도 없지 않겠지만, 그만큼 불행한 삶도 흔치는 않을 것이다. 나보다 더 불행한 사람이 있다는 인식이 나를 행복하게 만들지는 않을 것이나 적어도 숨 쉬게 하는 위로는 준다. 불행의 크고 작음에 대한 기준은 없다. 어떤 사람은 큰 불행도 작게 여기고, 어떤 사람은 작은 불행도 크게 여길 수 있다. 행복도 마찬가지다.

"행복의 시간 옆에는 불행이 엎드려 있으므로 불행한 순간이야말로 행복이 깃들 수 있는 터전이 된다. 행복이 구한다고 해서 반드시 얻어지는 것이 아닌 것과 같이 불행도 피하려고 해서 피해지는 것이 아니다."

중국 춘추시대의 사상가 노자의 충고다. 어쩔 수 없이 마주칠 수밖에 없다면 부딪쳐야 한다. 불행은 우리를 단련시켜서 더 큰 놈을 만나도 이기게 한다. 진짜 비극은 할 수 있는데도 하지 않고 죽게 되는 일이다. 과거와 현재의 삶이 불행하다고 남은 생애를 포기해서는 미래에 펼쳐질 찬란한 날을 맞이할 수 없다.

고대 그리스의 철학자 아리스토텔레스는 "자기의 생명을 끊어버리는 것은 게으른 겁쟁이가 하는 짓이다"라고 말했고, 프랑스의 곤충학자 파브르는 "자살이 비겁하다는 것을 모른다는 점에서 인간은 다른 하등동물보다 더 하등하다"고 말했다. 불행하다고 삶을 포기해서는 안 된다. 게으른 겁쟁이나 하등동물보다 더 하등하다는 소리를 들어서는 절대로 안 된다. 버지니아 울프는 비록 세상을 스스로 저버렸으나, 상처투성이의 몸과 마음으로 할 수 있는 만큼 충분히 해냈으므로 이해하고 용서하기로 하자.

　세상의 진선미가 혼란스러운 오늘이다. 생애를 바쳐 싸울 것은 무엇인지, 생애를 바쳐 그리워할 것은 무엇인지 돌아볼 시간이다.

슬픈 소년들끼리
손을 맞잡다

연대

비틀스
(The Beatles, 1963년~1970년)

영국의 4인조 록 그룹. 가난한 소년들이 모여 밴드를 결성해 연주하다가 음반을 내놓
으면서 대단한 선풍을 불러일으켰다. 압도적인 음악성과 대중성은 시대를 뛰어넘어
오늘날까지 이어지고 있다. 전설 이상의 신화 같은 기록들을 남기고 1971년 해산, 독자
적인 음악 활동을 펼쳤다.

우리의 오래된 동요 〈섬집 아기〉를 따라 부르다보면 자기도 모르는
사이 쓸쓸한 감정에 사로잡힌다. 섬에 산 적도 없고, 굴 따러 간 엄마
를 본 적이 없는 이도 혼자 스르르 잠든 아기를 상상하면서 울적해한
다. 언제 어디 누구의 어머니든지 어머니는 생각만으로도 우리의 마
음을 아리게 한다. 세상의 모든 인간은 어머니로부터 창조되었기 때
문인지 모른다.

아버지는 좀 다르다. 분명히 창조에 한몫을 하기는 했으나 스스로 잉태한 일이 없다. 아버지는 대개 통제하고 지배하는 것으로서 사랑의 임무를 완수하려고 한다. 그에 비해 어머니의 사랑은 끝없는 소통이다. 간혹 그렇지 않은 일도 없지 않지만, 보편적으로 그렇다. 지배당하기보다 소통하기를 바라는 것이 사람이다. 그러므로 어머니는 언제나 그리움의 대상이 된다.

어머니를 소재로 한 음악은 대부분 슬프게 들린다. 동요나 자장가는 물론이고, 동서양의 고전음악이나 대중음악도 모두 애처로운 분위기다. 어머니에 관한 수많은 노래는 우리의 마음을 아프게 한다. 어쩌다가 그 노래를 따라 부르기라도 하면 눈가가 촉촉해지고 목이 메인다. 소프라노 신영옥 씨도 TV 토크쇼에 나와서, 또 어린이 합창단 앞에서 지미 오스몬드의 〈나의 어머니〉를 부르다가 끝내 울음을 참지 못했다.

그러나 악을 쓰듯이 외치는 어머니 노래가 하나 있다. 비틀스의 멤버인 존 레논의 노래 〈마더〉(Mother)이다.

어머니, 당신은 나를 가졌었지만 나는 당신을 가진 적이 없어요.
나는 당신을 원했지만 당신은 나를 원하지 않았어요.
아버지, 당신은 나를 떠났지만 나는 당신을 떠난 적이 없어요.
나는 당신이 필요했지만 당신은 나를 필요로 하지 않았어요.
아이들아, 너희는 내가 그랬던 것처럼 그러지는 말거라.
나는 걸을 수도 없었을 때 뛰어야만 했단다.

고난이라는 가능성

시작인 듯, 아니면 끝인 듯 장엄한 종소리로 시작되는 노래다. 레논은 거친 창법으로 처절하게 소리 지르며 이 노래를 부른다. 그러면서 "엄마, 가지 말아요. 아빠, 돌아오세요" 하고 절규하는 것으로 끝을 맺는다. 마치 절박한 아이가 떼를 쓰듯이. 20세기 최고의 록 그룹 비틀스에게는 모두 가슴 아픈 어머니의 이야기가 있었다.

⁞ 불행한 가정에서 위안이 된 음악

제2차 세계대전이 그 광기를 더해 가던 1940년 10월 9일, 영국의 항구 도시 리버풀에서 태어난 레논은 부모의 품속에서 자라지 못했다. 선원이던 아버지 알프레드는 집에 있는 날이 별로 없었다. 아들이 2세가 된 무렵 바다로 나간 뒤 연락조차 없던 아버지는 전쟁이 끝나가던 2년 뒤에야 집으로 돌아왔다. 부모는 곧 이혼했다. 어머니 줄리아는 이미 다른 남자의 아이를 임신한 상태였다. 고아원으로 갈 뻔했던 레논은 이모 미미에게 맡겨졌다.

2년이 흐른 1946년 7월, 아버지는 아들을 찾아와 리버풀에서 그리 멀지 않은 항구 도시 블랙풀로 가자고 했다. 실은 아들과 함께 뉴질랜드로 이민을 가려는 속셈이었다. 이 사실을 알고 달려온 어머니는 난리를 쳤다. 두 사람은 6세의 아들에게 "네가 선택해! 어느 쪽이냐?"라고 잔인하게 요구했다.

어머니가 먼저 돌아서 갔다. 아버지도 돌아서 갔다. 레논은 다시 미미 이모 집에 남겨졌다. 자식이 없던 이모부 조지 스미스는 레논을 아들처럼 보살폈다. 아이는 이모가 사다 주는 소설책을 읽고, 낱말 맞추기를 하고, 삼촌이 준 하모니카를 불며 소년기를 보냈다.

어머니 줄리아는 자주 아들을 찾아왔다. 레논도 가끔 어머니의 집을 방문했다. 어머니는 벤조로 엘비스 프레슬리의 노래를 연주해 보이고는 했다.

도브데일 초등학교를 거쳐 쿼리뱅크 중학교에 진학한 레논은 낙천적으로 보여 친구들 사이에서 '천하태평'으로 통했다. 레논처럼 마음속 슬픔이 많은 사람일수록 겉으로 밝아 보이는 경우가 있다. 그래야 균형이 맞추어져서 숨을 쉴 수 있기 때문이다. 그 사이, 후견인처럼 등 뒤에 우뚝 서 있던 이모부가 병으로 세상을 떠났다.

단 한 번도 따뜻한 가정에서 지낸 적이 없는 소년에게 음악은 위안이었고 치유였고 정화였다. 1957년 3월, 레논은 친구들을 모아 밴드를 만들기로 했다. 학교의 명칭을 따서 '쿼리맨'이라고 이름을 지었다. 그해 7월 6일, 17세의 레논은 교회 축제에서 만난 15세의 폴 매카트니에게 함께 밴드를 하자고 제의했다. 매카트니는 바로 9개월 전 어머니 메리를 색전증으로 잃은 터였다.

"이날이 그날이었다. 모든 것이 시작된 날이었다."

매카트니는 재즈밴드에서 트럼펫과 피아노를 맡고 있던 아버지 제임스가 14세 생일 때 선물한 트럼펫을 제니스 어쿠스틱 기타로 바꾸어 슬픔을 달래던 중이었다. 아버지의 눈에는 레논이 불량스러워 보

고난이라는 가능성

였는지 너무 가까이 지내지는 말라고 아들에게 충고했다.

레논의 어머니 줄리아는 아들에게 갤러톤챔피언 어쿠스틱 기타를 선물했다. '부서지지 않습니다'라는 보증서가 붙은 값싼 모델이었다. 어머니는 아들에게 말했다. 이 말은 뒷날 록을 하는 사람들 사이에서 '명언'으로 남게 된다.

"기타는 아주 좋은 거야. 존, 하지만 그걸로는 먹고 살기 힘들 거야."

1958년 2월 6일, 매카트니는 스쿨버스에서 만난 15세의 조지 해리슨을 쿼리맨 공연에 초대했다. 해리슨의 아버지 해럴드는 버스 차장이었고, 어머니 루이즈는 가게 점원이었다. 해리슨의 집은 중고 기타 하나 살 수 없을 정도로 가난했다. 하지만 음악에 대한 소년의 열정은 그들의 석탄 난로만큼이나 뜨거웠다. 레논은 해리슨이 너무 어리다는 이유로 고개를 저었으나 매카트니의 적극적인 추천으로 쿼리맨에 합류하게 되었다.

그런데 그해 7월 15일, 레논의 어머니가 죽었다. 미미 이모 집 근처에서 비번이던 한 경찰이 모는 차에 치인 것이었다. 유일한 버팀목이던 단 한 사람이 사라져버렸기에 레논은 세상이 무너진 것 같았다. 그는 어머니가 자신을 두 번 버렸다고 생각했다. 한 번은 이모에게 맡기면서, 또 한 번은 죽음으로써……

공부에 흥미를 잃어버린 18세의 레논은 밴드에 매달렸다. 살아가려면 어느 하나에라도 마음을 묶어둘 수밖에 없었다. 그는 이제 같은 처지가 된 매카트니와 급속도로 가까워졌다.

교사들의 눈에 레논은 늘 문제아였다. 생활기록부에는 '실패의 길을 가고 있음이 틀림없다. 희망이 없다. 교실의 광대나 다름없다. 다른 학생들의 시간을 빼앗는다'라고 적혀 있었다. 결국 졸업 시험에 실패한 레논은 미미 이모의 도움으로 리버풀 예술학교에 들어갔다. 시험 따위는 신경 쓰지 않고 얼마든지 음악을 할 수 있을 듯했다. 그뿐만이 아니었다. 거기에는 어머니를 대신할 커다란 위안이 있었다. 첫 번째 아내가 되는 신시아 포웰이 그 학교에 다니고 있었던 것이다.

더 이상 '쿼리맨'이라는 이름을 쓸 이유가 없었다. 그룹의 이름은 기분에 따라 '레인보우스'로, '문독스' 등으로 바뀌었다. 레논은 언제나 진지한 리더였다. 매카트니는 멤버들에게 "우리는 레논만 쳐다보면 돼. 레논은 순발력도 있고, 눈치도 빠르잖아. 여러 면에서 딱 좋은 리더야"라고 말하고는 했다.

레논과 동갑내기인 미술부 소속의 스튜어트 서트클리프가 자신의 그림을 판 돈으로 기타를 사서 베이스를 맡았고, 레논보다 1세 아래인 피트 베스트를 합류시켜 드럼을 맡겼다. 서트클리프는 고위 공무원의 아들이었고, 베스트는 선박 기관사의 아들이었다. 전쟁 중 남편을 잃은 베스트의 어머니가 클럽 '캐즈바'를 운영하고 있어서 이들은 가끔 그곳에서 오프닝 공연을 맡기도 했다.

리버풀은 흑인 노예들이 설탕과 교환되던 거대한 항구였다가, 산업이 발달하면서 공업 중심지가 되었다가, 이제는 점차 쇠락해지고 있는 도시였다. 거친 부두와 낡은 창고와 넘치는 실업자로 주위는 늘 을 씨년스러운 풍경이었다. 아직은 동네 밴드에 지나지 않던 5명의 소년은 교회든 술집이든 결혼식장이든 가리지 않고 연주를 했다.

┇ 추방과 거절 그리고 지옥 훈련

1960년 5월, 소년들 앞에 커피숍 '자카란다'를 운영하는 30세의 앨런 윌리엄스가 나섰다. 그 역시 어머니는 일찍 죽고 아버지는 재혼했고, 그래서 음악으로 위안을 얻던 사내였다. 자주 공연할 자리를 마련해주던 윌리엄스는 소년들을 독일 함부르크에 데리고 가기로 했다. 거기에는 일자리가 많았기 때문이다. 그런 윌리엄스에게 함부르크 경험이 있는 선배 호위 케이시는 이렇게 충고했다.

"함부르크에 가면 좋은 일이 많아. 하지만 저 떨거지들을 보낸다면 우리는 엉망이 될 거야."

모두들 학교를 그만두기로 했다. 떠나기 전 미미 이모는 레논을 붙들고 "공부를 계속하면 안 되겠니?"라며 울었다. 8월 14일, 소년들은 함부르크로 떠났다. 우리가 때때로 즐겨 먹는 햄버거의 고향이기도 한, 독일 최대의 무역항 함부르크. 사흘 뒤 해가 질 무렵이었다. 소년들을 맞이한 것은 거기 유흥가의 붉은 네온 불빛과 창가 아가씨들의 헐벗은 눈빛이었다.

'실버비틀스'라는 이름의 밴드는 '인드라클럽'에서 죽을 고생을 했

좌 리버풀의 캐즈바클럽에서(1959년 8월 29일)
우 함부르크의 인드라클럽에서(1960년 8월 19일)

다. 하루 6시간 공연은 보통이었으므로 온갖 레퍼토리를 다 연주해야
했다. 돌아가면서 보컬을 맡았지만, 어떤 때는 목소리조차 제대로 나
오지 않았다. 어둡고 눅눅한 숙소는 마치 지옥 같았다. 가끔 술 취한
선원들과 싸우기도 했다. 마치 돌덩어리가 용광로 속에서 강철로 제
련되는 과정이었다.

2개의 클럽을 운영하던 브루노 코슈미더는 시끄럽다는 주민의 항의
로 인드라클럽이 문을 닫게 되자 실버비틀스를 자신의 또 다른 클럽
'카이저스캘러'로 옮겼다. 그런데 추위가 살갗 속으로 파고들던 11월
의 밤, 그들이 연주하고 있던 무대에 경찰이 들이닥쳤다. 18세 미만의
미성년자는 밤 10시 이후에는 일을 할 수 없었으므로 17세의 해리슨
에게 추방 조치가 내려졌다. 소년들이 자신의 클럽과 경쟁 관계에 있
는 '톱텐클럽'으로 가고 싶어 하는 것을 눈치 챈 코슈미더가 먼저 선수
를 쳐서 신고한 것이었다.

서트클리프가 해리슨을 함부르크 중앙역까지 배웅했고, 화가 난 매
카트니와 베스트는 여인숙 벽에 콘돔을 걸어놓고는 불을 질렀다. 그

　　　　　　　　　　　　　고난이라는 가능성

좌 함부르크의 톱텐클럽에서(1961년 4월)
우 리버풀의 캐번클럽에서(1961년 7월 25일)

들은 경찰서 유치장에서 지내야 했고, 12월 10일 리버풀로 돌아가야 했다. 베이시스트 서트클리프는 미술에 전념하겠다며 사진을 좋아한 2세 연상의 여자 친구 아스트리드 커처와 함께 함부르크에 남았다. 그녀는 비틀스를 찍은 최초의 사진가가 되었다.

우여곡절의 함부르크 원정은 돈보다 더 큰 것을 남겨 주었다. 그들은 4개월의 지옥 훈련으로 대중이 무엇을 원하는지 깨닫게 되었다.

고향 리버풀로 돌아온 그들은 중심가에 있는 '캐번클럽'에서 연주를 했다. 매카트니가 베이스를 맡았다. 그러는 사이 레논의 뜻에 따라 밴드의 이름이 '비틀스'로 결정되었다. 딱정벌레라는 뜻의 'beetles'에서 e를 a로 바꾼 것이었다. 소녀 팬들도 생겨나기 시작했다. 이 캐번클럽에서 비틀스는 281회나 공연했다.

1961년 4월, 해리슨이 취업 연령인 18세가 되자 그들은 또 함부르크로 갔다. 두 번 다시는 독일 땅을 밟고 싶지 않았으나 어서 돈을 받고 음악을 하는 프로가 되고 싶었다. 이번에는 '톱텐클럽'과 계약을 맺고 연주했다. 평일은 저녁 7시부터 새벽 2시까지, 토요일은 새벽 3시까지였다. 그것이 얼마나 고된 노동인지 아는 사람은 안다.

한번은 이런 일이 있었다. 집이 홍대 바로 앞이어서 밤늦은 시각 산책 삼아 '걷고 싶은 거리'를 어슬렁거렸다. 스포츠 용품 가게의 모퉁이를 돌자 조그만 청년 하나가 붉은 담벼락에 붙어 전기기타로 재즈풍의 노래를 부르고 있었다. 장소에 어울리지 않는 음악이어서 그런지 구경꾼은 없었다. 무료하던 차여서 맞은편에 자리했다. 쉼 없는 노랫소리에 동서양의 행인들이 하나둘씩 걸음을 멈추는 것이 눈에 띄었다. 제법 많은 청중이 모였다. 여남은 곡쯤 불렀을까? 청년은 마지막 곡이라며 "휴, 힘들어서 더 못 하겠어요. 많이 도와주세요"라고 공기 반 소리 반의 말을 내뱉었다.

하마터면 울컥할 뻔했다. 나는 누군가가 쳐다볼지도 모른다는 쑥스러움을 무릅쓰고 걸어 나가 검은 기타 가방 안에 지폐를 넣었다. 그것이 무엇이든 예술은 힘겨운 일이다. 육체적으로, 또 정신적으로.

계약 기간이 끝난 뒤 리버풀로 돌아온 비틀스는 1961년 11월 9일, 브라이언 엡스타인이라는 후원자를 만났다. 가구점의 수완 좋은 판매원이었다가 'NEMS'라는 음반 가게 사장이 된 27세의 청년이었다. 그는 캐번클럽을 찾아갔다. 이틀 동안 3명의 손님이 찾아와서는 비틀스라는 그룹이 독일에서 녹음했다는 노래 〈마이 보니〉(My Bonnie)를 찾았던 것이다. 엡스타인은 비틀스가 캐번클럽에서 연주한다는 것을 알았고, 도대체 비틀스가 뭔가 싶었다.

　　　　　　　　　　　고난이라는 가능성

"내 생애 최초로 비틀스를 본 셈인데 별로 깔끔하지 않았다. 연주하면서 담배를 피우고 자기들끼리 낄낄거렸다. 그러나 관중들은 흥분했고, 나도 모르게 그들에게 빠져들었다."

비틀스의 잠재력을 엿본 엡스타인은 곧 매니지먼트 계약을 맺었다. 그리고 어렵사리 오디션 자리도 마련했다. 영국에서 두 번째로 큰 메이저 음반사 데카였다.

1961년 12월 31일, 이들은 밴을 타고 런던으로 갔다. 길을 잘못 드는 바람에 10시간이나 걸려서 새해 첫날을 도로 위에서 맞아야 했다. 1962년 1월 1일 오전 11시, 비틀스는 데카의 스튜디오에서 오후 2시까지 15곡을 연주했다. 주로 라이브 공연에서 불렀던 노래들이었다. 그러나 보기 좋게 퇴짜를 맞았다.

"그 아이들 음악은 마음에 들지 않아. 기타 그룹은 한물 갔다고!"

데카의 프로듀서 마이크 스미스는 음반기획팀장인 딕 로가 그렇게 말했다고 엡스타인에게 전했다. 오디션에서 그들은 다른 팀을 선택했다. 비틀스를 거절함으로써 그의 이름은 영원히 남게 되었다. 팝 역사상 가장 큰 오판이라는 안타까운 기록과 함께.

1962년 4월, 비틀스는 또 함부르크에 가기로 했다. 이번에는 '스타클럽'과 계약을 맺었다. 거기에 도착했을 때 일행은 청천벽력 같은 말을 전해 들었다. 바로 이틀 전 서트클리프가 뇌출혈로 사망했다는 소식이었다. 레논에게는 이모부 스미스와 어머니 줄리아의 죽음에 이은 커다란 충격이었다. 이 세 번째의 함부르크 원정은 그들에게 고통 속에서도 자신을 감추고 대중 앞에 우뚝 서는 법을 가르쳐 주었다.

⁞ 마침내 보석으로 다듬어진 네 명의 원석

엡스타인은 데카 오디션에서 녹음한 데모 테이프를 받아 이곳저곳 문을 두드렸으나 '평범하다', '진부하다'는 씁쓸한 평만 듣고는 했다. 그러던 1962년 5월 9일, 엡스타인은 음반사 EMI의 자회사인 팔로폰과 녹음 계약을 맺었다. 팔로폰의 녹음 담당자 조지 마틴이 록밴드를 찾고 있다는 소식을 듣고 달려간 것이었다. 진짜는 진짜가 알아보는 법이다. 29세의 마틴은 한 꺼풀만 벗기면 보석이 될 원석을 대번에 알아보았다.

마틴은 자주 마찰을 빚는 베스트를 내보내고, 그룹 '로리 스톰 앤드 허리케인스'를 나와 새로운 밴드를 구하고 있던 링고 스타에게 드럼을 맡겼다. 어린 시절, 몸이 약해서 학교보다 병원 신세를 더 많이 지던 스타는 리버풀 빈민가 출신이었다. 막노동도 했고 공장 견습공에다 철도에서도 일한 드러머였다. 레논과 동갑인 그도 3세 때 부모가 이혼해 의붓아버지 밑에서 자란 아픔을 가지고 있었다.

이로써 4인조 비틀스의 완전한 모습이 갖추어졌다. 리듬 기타에 존 레논, 베이스 기타에 폴 매카트니, 리드 기타에 조지 해리슨, 드럼에 링고 스타. 그리고 매니저는 브라이언 엡스타인, 프로듀서는 조지 마

고난이라는 가능성

언론은 비틀스에 열광하는 젊은이들을 가리켜 '비틀마니아'라고 불렀다

틴이었다. 이들 두 스태프는 비틀스의 처음과 끝을 대부분 함께한 '제5의 비틀스'였다.

1962년 6월 6일, EMI의 애비로드 스튜디오에서 첫 녹음이 이루어졌다. 그해 10월 5일, 비틀스는 첫 싱글 〈러브 미 두〉(Love Me Do)에 이어 〈피에스. 아이 러브 유〉(P.S. I Love You)를 내놓았다. 성공적인 데뷔였다. 하나는 17위에 올랐고, 하나는 1위에 올랐다. 그들은 무서운 속도로 곡을 만들었다. 한두 시간이면 노래 하나가 완성되었다. 레논의 방이든, 매카트니의 방이든, 아니면 호텔 방이든 가리지 않고 곡을 썼다. 4명의 보컬을 모두 음반에 넣기로 약속한 터였다.

이듬해 1월, 9시간 45분 동안 10곡을 녹음했다. 2월 11일, 드디어 첫 앨범 〈플리즈 플리즈 미〉(Please Please Me)가 나왔다. 이것은 30주 동안 1위를 차지하다가 두 번째 앨범 〈위드 비틀즈〉(With the Beatles)에게 자리를 내주었다. 레논과 스타 23세, 매카트니 21세, 해리슨 20세였다.

비틀스의 노래들은 순식간에 영국의 브리티시 차트를 완전히 점령했다. 로큰롤을 저질쯤으로 여기던 점잖은 BBC도 어쩔 수 없었다. 언론은 이들에 열광하는 십 대들을 가리켜 '비틀마니아'라고 이름 지었다. 영국이 뒤집어지고 있었다.

엡스타인은 비틀스를 새롭게 디자인했다. 같은 값인데 내용도 좋고 포장도 좋으면 잘 팔리게 마련이다. 천방지축이던 옷차림을 깔끔한 정장 스타일로 바꾸고 홍보에도 신경을 썼다. 단정해 보이면서도 규칙에 얽매이지 않는 분위기로 꾸몄다.

"애들아, 큰 무대에 서려면 바뀌어야 해. 무대에서는 뭘 먹어서도 안 되고, 욕을 해서도 안 되고, 담배를 피워서도 안 돼."

그들은 미국 진출을 계획했다. 라디오 전파를 타고 〈쉬 러브스 유〉(She Loves You)와 〈아이 원트 투 홀드 유어 핸드〉(I Want to Hold Your Hand)와 〈캔트 바이 미 러브〉(Can't Buy Me Love)가 아메리카 대륙에 울려 퍼졌다. 이번에는 미국이 뒤집어졌다.

비틀스는 미국으로 갔다. 거기에는 세계에서 가장 큰 시장이 있었고, 존경하는 로큰롤의 황제 엘비스 프레슬리가 있었다. 그들은 비틀마니아들의 안타까운 비명을 뒤로하고 런던 히스로 공항을 떠났다. 1964년 2월 7일, 그리고 또 다른 비틀마니아들이 뉴욕 JFK공항으로 몰려나와 반가운 비명을 지르며 그들을 맞았다. 미국 언론은 '영국의 침공'이라고 썼다.

이들은 미국 인구의 34퍼센트가 시청한 '에드 설리번 쇼'에 출연했

　　　　　　　　　　　　　　고난이라는 가능성

마침내 1964년 2월 7일 뉴욕 JFK 공항에 도착한 비틀스. 미국 언론은 '영국의 침공'이라고 표현했다

다. 처음 TV에 나온 날 밤에는 미국 전역에서 청소년 범죄가 한 건도 일어나지 않았다고 한다. 그들의 노래들이 서로 빌보드 차트 1위를 밀어내는 희한한 일들이 이어졌다. 그들의 〈예스터데이〉(Yesterday)는 역사상 가장 많은 버전을 가진 곡이 되었다.

레논은 한 인터뷰에서 "우리는 예수보다 인기가 더 좋은 것 같아요. 어느 쪽이 먼저 없어질지는 모르겠어요"라고 말한 적이 있다. 물론 이 인터뷰 때문에 기독교 단체로부터 거센 항의를 받기는 했다.

⁝ 지금 이 순간에도 재생되고 있는 노래들

1967년, 비틀스를 발굴했던 엡스타인이 33세에 약물 과다 복용으로 사망했다. 레논이 말했다.

"이제 끝났구나. 우리는 음악을 연주하는 것 외에는 다른 것을 할 수 없었다는 것을 잘 알고 있었기에 겁이 났다."

구심점을 잃어버리자 4명의 목소리는 조금씩 따로 놀기 시작했다. 1969년, 홀로 남은 마틴이 팀의 사실상 마지막 앨범이 되는 〈애비 로드〉(Abbey Road)의 프로듀서를 맡았다. 첫 녹음을 했던 애비로드 스튜디오 앞의 횡단보도에서 자켓 사진을 찍었다. 1970년에 12번째 앨범이 되는 〈렛 잇 비〉(Let It Be)가 발표되나 거기에 마틴은 없었다. 새로운 매니저 앨런 클라인은 급히 미국인 프로듀서 필 스펙터를 고용했다. 그로부터 46년이 지난 2016년, 90세가 된 마틴의 사망 소식은 링고 스타의 트위터를 통해 알려졌다.

12번째 앨범은 삐걱거리는 그룹을 추슬러서 다시 '처음으로 돌아가자'는 뜻에서 〈겟 백〉(Get Back)이라는 가제로 진행되었다. 깃대는 매카트니가 잡았다. 캐번클럽과 함부르크에서 연주했던 그 원형의 로큰롤로 되돌아가고 싶었다. 1969년 1월 2일, 비틀스는 런던 인근의 트위크넘 영화 촬영소에 모였다. 자신들의 영화를 찍었던 곳이었다. 여기에서 한 달 동안 앨범 녹음과 그 제작 과정을 담는 다큐멘터리 프로젝트를 동시에 진행하기로 했다. 그러나 분위기는 몹시 어수선했다. 한적한 밤의 고요한 스튜디오에서 녹음을 해 온 그들이었다. 뜻은 좋았으나 불편했다. 레논의 곁에는 몇 차례 결혼 전력이 있는 일본의 부잣집 딸인 행위예술가 오노 요코가 붙어 있었다. 서로 예민하게 참견했고 서로가 서로를 무시했다. 4명 모두가 노래를 만들고 부르고 연주하

좌 앨범 〈애비로드〉의 녹음을 마친 뒤 EMI 스튜디오 앞 건널목에서 자켓 촬영을 했다
우 1969년 1월 30일, 비틀스의 마지막 공연이 되는 깜짝 콘서트가 '애플'의 옥상에서 열렸다

고, 같은 위치에서 서로가 서로를 격려하던 민주적인 밴드였다. 레논의 깨끗한 리듬, 매카트니의 묵직한 베이스, 해리슨의 경쾌한 리드, 스타의 유쾌한 드럼, 어느 하나 빠지거나 불거지지 않는 조화였다.

탈퇴와 회유와 봉합 끝에 1월 30일 런던 새빌로에 있는 자신들이 만든 회사 '애플'의 옥상에서 깜짝 콘서트를 열었다. (이 '애플'의 이름은 1976년에 스티브 잡스가 이어받게 된다.) 바람 속에서 42분 동안 새로 만든 노래들이 연주되었다. 사람들이 모여 들자 놀란 경찰이 전기를 끊었고, 그리고 끝이었다. 비틀스의 마지막 공연은 그렇게 막을 내리고 말았다.

너무 커져버린 비틀스에게 동료 의식보다 개인과 가족의 삶이 더 중요하게 다가왔다. 자신들이 추구했던 '훌륭한 작은 로큰롤 밴드'를 더 이상 유지할 수 없었다. 여럿이 어울려서 함께 하나의 예술을 하는 일은 어렵다. 뜻은 그럴듯하나 현실은 아주 힘들다. 더구나 그것을 오래 유지한다는 것은 거의 불가능에 가깝다. 개성이 중요시되는 예술에서 개성끼리 부딪칠 수밖에 없기 때문이다. 그리고 보면 그들의 8년은 대단한 사랑과 인내의 시간이었다고 볼 수 있다.

해리슨이 말했다.

"우리 모두는 개인으로서 더 많은 공간이 필요했다. 비틀스는 너무 작은 공간이었다."

스타도 말했다.

"어느 날 우리는 서른이 되었고 모두 변했다. 이미 우리는 비틀스의 삶을 지탱할 수 없었다."

1970년 4월 10일, 마침내 매카트니가 비틀스의 해체를 선언했다.

비틀스는 1962년에 만들어져서 1970년에 스스로 해체할 때까지 12장의 정규 앨범을 발표했다. 그들은 전설을 넘어 신화 같은 기록들을 남겼다. 가장 많은 음반을 판매한 가수였고, 가장 많은 음악 차트 1위를 차지한 가수였고, 20세기의 가장 큰 문화적 충격이 된 가수였고, 20세기의 가장 영향력 있는 가수였다. 지금 이 순간도 단 1초의 빈틈이 없이 그들 노래의 재생 버튼이 눌려지고 있다고 한다. 그리고 비틀스는 오래도록, 아마도 영원히 세계를 감동시킬 것이다. 외로운 소년들이 모여 8년 동안 만들어 낸 이야기였다.

고난이라는 가능성

❚ 창조는 작은 것들의 연대에서 나온다

1957년 영국 잉글랜드 서부 머지사이드 주 리버풀. 해가 지지 않는다는 막강한 힘을 자랑하던 나라의 낡아가는 항구 도시. 그 뒷골목에서 부모의 사랑을 받지 못하고 자라야 했던, 걷는 법을 배우기도 전에 뛰는 법을 배워야 했던, 교사로부터 싹수가 없다는 소리를 들어야 했던 우울한 17세의 존 레논은 밴드를 만들었다. 그러고는 저마다 아픈 상처를 품은 15세의 폴 매카트니, 14세의 조지 해리슨, 17세의 링고 스타와 손을 맞잡았다.

주체할 수 없는 외로움과 함부로 버릴 수도 없는 열정을 끌어안은 채 노란 맥주 거품이 부글거리고 뿌연 담배 연기가 자욱한 클럽들을 전전하던 소년들. 그들이 역사상 가장 위대한 밴드로 자리매김하는 비틀스가 되리라고 그때는 누가 상상이나 했을까?

코로나가 번지기 전까지, 이른바 '홍대앞'이라 불리는, 동서남북의 남녀노소가 다 어우러지는 소박한 번화가에는 많은 청춘들이 악기를 메고 열심히 밤을 오갔다. '인디' 또는 '언더'라고 일컬어지는 밴드들이 크고 작은 클럽에서, 거리에서, 공원에서 나름의 무대를 불살랐다. 아무리 독한 바이러스도 그들의 열정을 잠재우지는 못한다. 비록 조그맣게 보일지 몰라도, 거기에서 또 다른 비틀스들이 나오지 말라는 법은 없다. 고흐가 말했듯이 지금은 비록 이름 모를 풀잎으로 여겨질지 몰라도 그것이 밀이라면 언젠가 밀이 되고야 말 것이다.

뒤돌아서지 않는다면 누구나 천리 밖에 이를 수 있다. 창조란 참신한 데서 나오는 것이 아니라 꾸준함에서 나온다. 소나기처럼 갑자기 퍼붓는 것이 아니라 이슬비처럼 천천히 적시는 것이 문화의 속성이다. 태양이 없을 때 그것을 만들어 내는 것이 예술가의 역할이라고 했듯이, 4명의 소년들은 비틀스가 없을 때 비틀스를 만들어 냈다.

기타를 들고 있다고 해서 누구나 다 비틀스가 되지는 않을 것이다. 실패에서 주저앉는가, 실패에서 일어서는가 하는 데에 그 판가름이 있다. 때에 따라서는 비난과 굴욕까지도 기꺼이 삼켜야 한다. 뒤섞이고 썩어야 기름진 거름이 된다.

가난이나 불행이 실패의 이유가 되어서는 곤란하다. 열정과 노력이 모자라기 때문에 실패하게 된다는 것을 스스로 인정해야 한다. 우리는 모두가 수없이 넘어짐으로써 걷는 법을 알게 된 '인간'들이다.

고난이라는 가능성

불가능을 가능으로 바꾸는 끈질긴 시도

도약

앙리 마티스
(Henri Matisse, 1869년 12월 31일~1954년 11월 3일)

프랑스의 화가. 법률사무소에서 일하다가 뒤늦게 화가의 길을 선택했다. 대상을 단순화하고 강렬한 원색으로 감정을 표현하며 20세기 회화의 일대 혁명으로 여겨지는 야수파 운동을 이끌었다. 표현과 장식은 별개가 아니라는 신념으로 회화, 판화, 도예 등 다양한 작품을 제작했다.

북을 10,000번 친 사람의 소리와 10,001번 친 사람의 소리는 다르다고 한다. '연습이 완전함을 만든다'는 격언을 되새기게 하는 무서운 말이다. 루빈스타인, 호로비츠, 하이페츠 같은 음악인들은 한결같이 '하루를 쉬면 내가 알고 이틀을 쉬면 평론가가 알고 사흘을 쉬면 청중이 안다'는 말을 잠언처럼 여기며 연습을 했다.

하루는 어떤 하수가 어떤 고수에게 "어떻게 하면 당신처럼 잘할 수 있습니까?" 하고 물었다. 그러자 고수가 답했다.

"새벽 4시에 일어나 연습하고, 아침을 먹은 뒤 연습하고, 점심을 먹은 뒤 연습하고, 저녁을 먹은 뒤 밤 10시까지 연습하기를 한 10년 정도 하면 나처럼 잘하게 될 겁니다."

전남 완도 바닷가에서 태어나 골프의 '골' 자도 모르고 자라서 내로 라하는 골퍼들이 다 모이는 PGA 무대로 간 최경주 선수도 이렇게 말한 적이 있다.

"공을 오늘 1,000개를 치겠다고 하면 1,000개를 쳐야지, 오늘 999개를 치고 내일 1,001개를 치겠다고 작정하는 순간 성공할 생각은 말아야 한다."

축구 스타 손흥민 선수는 "공짜로 얻은 것은 하나도 없다"면서 "드리블, 슈팅, 컨디션 유지, 부상 방지 등 모두 죽어라 노력해서 얻은 결과물이라 믿는다"라고 밝힌 바 있다. 2022년 5월 23일 영국 프리미어리그에서 득점왕에 오른 비결을 묻는 기자의 질문에 골든부츠를 든 30세의 그가 답했다.

"별다른 비결 같은 건 없다. 언제나 열심히 했고 스스로를 믿었다. 그것이 큰 비결일 수 있겠다."

　　　　　　　　　　　　　　고난이라는 가능성

완전함에 이르게 하는 것은 타고난 재능이 아니라 연습이다. 몸이 먼저 그 방법을 알고 있어야지 머리가 생각하는 바를 표현할 수 있는 것이다. 사실 사람의 재능은 오십보백보로, 거기서 거기이지 큰 차이가 없다. 자신은 능력이 없어도 남의 능력을 평가할 수 있다는 사실이 이를 증명한다. 조금 낫고 못한 차이가 연습과 훈련에 따라 엄청난 격차로 나타난다.

프랑스 속담에 "성실이 수단과 기회를 발견한다"는 말이 있다. 그곳에 이르는 최선의 방법은 그곳을 향해 나아가는 일이다. 어제의 공상이 오늘의 현실이 되는 세상이다. 디지털 시대에 성실이라는 단어가 얼핏 아날로그식으로 비칠 수도 있다. 그러나 삶의 본질은 동일하다. 어제의 불가능이 오늘의 '가능'이 되게 한 것은 끊임없는 상상과 시도의 결과이다.

앙리 마티스가 20세도 넘은 나이에 그림을 시작해서 야수파의 대표 화가로 자리하게 된 것은 지독한 연습 덕분이었다. 그는 20세가 되기까지 예술의 '예' 자도 모르는 평범한 법률학도였다.

⚱ 하고 싶고 해야 하는 일에 늦은 나이란 없다

1869년 12월 31일 저녁 8시, 마티스는 벨기에와 가까운 프랑스 동북부의 르카토 캉브레지에서 태어났다. 섬유업이 발달한 고장이었다. 아버지 에밀 마티스는 직물업자의 아들이었고, 어머니 안나 엘로이즈는 제혁업자의 딸이었다. 곡물과 도료 장사를 하는 평범한 부모 밑에서 마티스는 그의 표현대로 '이렇다 할 사건들이 없이' 생캉탱 중학교와 앙리 마르탱 고등학교를 마쳤다.

고등학생 시절, 한 가지 잊지 못할 추억이 있었다. 미술 시간에 그린 데생이 1등을 차지한 일이었다. 하지만 그는 법관을 기대하는 아버지의 뜻에 따라 파리에서 2년간 법률을 공부한 뒤 고향으로 돌아와 법률사무소의 서기가 되었다. 1889년, 20세였다.

조그만 운명이 인생의 문을 두드렸다. 그것은 다름 아닌 맹장염이었다. 1890년, 21세의 청년은 맹장염 수술 뒤의 지루한 회복기에 미술을 만났다. 봉제공장을 운영하는 한 이웃이 미술책에 나와 있는 그림을 베껴 그리는 취미를 갖고 있었다. 고등학교 미술 시간의 기억이 자꾸 머릿속에 떠올랐다. 청년은 어머니가 건네준 화구로 마을의 경치를 종이 위에 담았다. 마치 공증서를 작성하듯이 꼼꼼하게.

몸이 나아 다시 법률사무소에 출근했으나 그림에 대한 미련은 지워지지 않았다. 마티스는 섬유 디자인을 가르치는 캉탱 라투르 학원에서 소묘 강습을 받았다. 새벽에 나가 그림을 그린 뒤 출근해서 일을 하고, 점심시간에 나가 그림을 그린 뒤 오후 일을 하고, 퇴근해서는 방에 틀어박혀 밤늦도록 그림을 그렸다. 예술이 뭔지도 몰랐지만 삶에 희열이 느껴졌다. 박물관을 돌며 고야와 렘브란트를 감상하는 것은 휴일의 즐거움이었다. 이 무렵에 외삼촌 에밀 제라르의 레스토랑을 도맡아 장식하기도 했다.

1891년, 22세, 예술에 입문하기에는 좀 늦은 나이에 마티스는 화가가 되기로 작정했다.

기타를 치겠다는 아들 존 레논에게 어머니 줄리아가 "기타로는 먹고 살기 힘들 것"이라며 말렸던 것처럼 마티스의 아버지는 "굶어 죽는다!"라고 말했다. 미술가가 되겠다는 미켈란젤로의 고집을 그 아버지가 꺾지 못했듯이 마티스의 아버지도 아들을 이기지 못했다. 자식 이기는 부모가 없다는 얘기는 동서고금 공통인 것 같다. 5월에 마티스는 닭과 닭장을 전문으로 그리는 지역 화가의 추천서를 들고 파리로 갔다. 몽마르트르의 세련된 신세대 예술가들에 비하면 자신은 영락없는 촌놈이었다. 다섯 살 위의 다리가 불편한 27세의 화가 로트레크가 몽파르나스의 유흥가를 휩쓸고 다니던 그해 가을, 청년은 쥘리앙 아카데미에 등록했다. 첫 수업 시간에 마티스는 화가 부그로에게 목탄으로 종이만 더럽힌다는 꾸중을 들었다.

"연필 쥐는 법을 배우기 전까지는 아예 그림 그릴 생각을 하지 마!"

이듬해 2월에 보자르 미술학교에 응시했지만 낙방했다. 마티스는 데코라티프 장식미술학교 야간반에 등록했다. 아버지가 보내는 생활비로는 간신히 굶주림만 면할 수 있었다. 철저하게 혼자였으므로 자유로웠으나 조금은 불안하고 갑갑했다. 화가 근처에도 못 가고 고향으로 돌아가서 하던 일을 계속하게 되는 것은 아닐까 두려웠다. 그러나 청년은 과거와의 단절을 결심하고 그림 속에 파묻혔다.

예술에서 좋은 교사를 만나는 일은 그가 기울여야 하는 노력만큼이나 중요하다. 길이 너무 많은 곳에서 나만의 길을 찾아야 하기 때문에 방향을 일러 주는 안내자의 역할은 클 수밖에 없다. 마티스는 성서와 신화의 이야기를 감각적으로 그려 내는 상징주의 화가 귀스타브 모로를 만났고, 그의 화실에서 그림을 배우게 되었다.

66세의 스승 모로는 따뜻하고 이지적인 사람이었다. 그는 자신의 사실적 화풍을 강요하지 않았고, 각자 좋아하는 화가의 그림을 모사하면서 분위기에 젖어보라고 했다. 그러면서 학생들에게 내면을 꿰뚫어보는 통찰력을 가지라고 강조했다.

"자네는 회화를 단순화시킬 것이야."

마티스는 모로의 평화로운 화실에서 많은 시간을 보냈다. 청년은 스승으로부터 세상을 잊을 정도로 일에 몰입하는 자세까지 배웠다. 여기에서 그는 몇 년 뒤 함께 야수파를 이루는 친구 마르케와 루오를 알게 되었다.

오른편으로 노트르담이, 왼편으로 루브르가 보이는 생미셸 19번지의 좁은 아파트에서 함께 지내던 여자 친구 카롤린 조블로가 딸 마르그리트를 낳았다. 마티스는 생활비를 벌기 위해 프랑스 로코코 미술에서 이탈리아 르네상스까지 다양하게 복제화를 그렸다. 모방이 훈련의 지름길임은 아는 사람은 안다. 26세가 된 청년은 3년 전 낙방했던 보자르 미술학교에 입학했다. 성적은 86명 중 42번째였다.

울타리 안에 들어가니 바깥으로 나가고 싶었다. 자기 발견은 교실이나 작업실만이 아니라 거리나 들판에서도 이루어진다는 스승 모로

지독한 훈련 끝에 살롱전에 출품한 〈책 읽는 여인〉

의 말이 잊히지 않았다. 마티스는 10년 전 고갱이 그랬던 것처럼 브르타뉴로 가서 밝은 햇빛 아래에 이젤을 세우기도 했다.

▮ 온전한 자기 세계를 세우기 위한 실험

5년 동안의 지독한 훈련은 마티스를 정물화, 풍속화, 풍경화 등 장르를 가리지 않는 전천후 기술자로 만들었다. 1894년, 25세에 국립미술협회가 주관하는 살롱전에 그림을 출품했고, 전통 화법을 따른 작품 〈책 읽는 여인〉으로 지원금까지 받았다.

자신감이 붙자 눈도 트였다. 마티스는 파리에서 잘나가는 화가들과 접촉했다. 인상파의 원조격인 스승 카미유 피사로를 만난 것은 행운이었다. 마티스는 피사로의 가르침을 받은 세잔, 고흐, 고갱의 그림을 보고 충격을 받았다. 그들의 그림은 정지된 풍경이 아니라 살아서 꿈

틀거리고 있었다. 마치 스펀지처럼 자기와 다른 것들을 깊숙이 빨아
들였다.

"나는 어디서나 스스로를 탐구하려고 애썼다."

그러나 새로움이란 기적처럼 한순간에 습득되는 것이 아니다. 흰색
으로 빛을 표현한 살롱전 출품작 〈저녁 식탁〉이 혹평을 받자, 자신이
잘못된 길로 들어선 것이 아닌가 하는 절망감마저 느껴야 했다.

1897년 말, 마티스는 여자 친구 조블로와 헤어진 뒤 딸 마르그리트
를 자기 호적에 올렸다. 이듬해 1월 8일, 검은 머리카락을 가진 3세 아
래의 아멜리 파레르와 결혼식을 올렸다.

"영혼을 속박하는 소박한 방법들을 버리기 위해 나는 먼 곳으로
떠난다."

그는 자신에게 1년의 휴가를 주기로 했다. 피사로의 조언대로 신부
와 함께 런던으로 가서 화가 터너의 그림을 감상한 다음 나폴레옹의
고향인 지중해의 섬 코르시카로 갔다. 모든 것이 찬란한 색이었다. 낯
선 빛이 만들어 내는 사물들의 강한 인상은 이 늦깎이 화가의 불타는
가슴에 기름을 끼얹었다. 그의 색채는 밝고 대담해졌다. 거기에서 따
뜻했던 스승 모로의 사망 소식을 들었다.

1898년 7월에 파리로 돌아왔다. 아버지의 말대로 그림을 그려서 먹

흰색으로 빛을 표현한 〈저녁 식탁〉
이 혹평을 받자 절망감마저 느꼈다
(1897년)

고 산다는 것은 여간 어려운 일이 아니었다. 마티스는 1900년에 열릴 만국박람회를 위해 센 강변에 세워지고 있던 유리 돔 건물 그랑팔레에서 일했고, 아내는 생계를 위해 모자를 팔았다. 그러는 사이 아들 장에 이어 피에르가 태어났다.

"어린 시절 '서둘러라!'는 말을 귀에 못이 박히도록 들었다. 나는 무언지 알 수 없는 힘에 떠밀려 서둘러 일을 했다."

그는 아버지로부터 물려받은 치밀한 근성을 자기 앞의 삶에 바쳤다. 아직 많은 연습이 필요하다고 생각한 마티스는 다시 보자르 미술학교를 찾았지만, 모로의 뒤를 이은 페르낭 코르몽은 30세가 훌쩍 넘은 사람을 반기지 않았다. 그는 2년 동안 몇몇 화실을 전전하며 크로키, 해부도, 조각 등 경험의 영역을 넓혀갔다.

"누구를 위해서가 아니라 나 자신을 위해서 그림을 그렸다."

막 자신의 청색시대를 연 23세의 파블로 피카소가 몽마르트르에 정
착한 1904년, 화상 볼라르가 마티스의 첫 개인전을 마련해 주었다. 젊
고 참신한 화가를 골라 지원하던 사람이었다. 마티스의 첫 개인전은
별 관심을 끌지 못했다. 그림은 팔리지 않았고, 아버지는 생활비를 보
내 줄 수 없다고 으름장을 놓았다. 취직을 생각했으나 그것도 여의치
않는 일이었다. 성질 같아서는 그림이고 뭐고 다 때려치우고 싶었다.

여행하기 좋은 시대였다. 최신형 기차와 기선은 빠르고 편안히 원
하는 곳까지 데려다주었다. 1904년 7월, 35세의 가난한 화가는 6세 위
화가 폴 시냐크가 있는 남부 생트로페로 갔다. 우중충한 북부에서보
다 훨씬 더 많은 일을 할 수 있을 것 같았다. 그러나 너무 뜨거운 태양
이 그에게는 맞지 않았다. 점묘법에 충실하지 않는다는 시냐크의 비
난을 뒤로하고 다시 발길을 돌려야 했다.

최고의 그림을 만들어 내고야 말겠다는 마티스의 열망이 어느 정도
였는지는 화풍의 변화 과정을 살펴보면 짐작이 간다. 좋아하는 작가
가 바뀔 때마다 그림 스타일이 따라 바뀐 것이다. 시냐크와 가까이 지
낸 1905년의 앵데팡당전 출품작 〈호사, 평온과 관능〉은 그의 점묘법
을 그대로 따랐고, 1916년에 그린 〈모로코 사람들〉은 입체주의의 분
위기를 물씬 풍겼다. 마티스는 그렇게 온전한 자기 세계를 얻기 위해
갖은 방법을 다 실험했다.

"다른 사람으로부터 영향을 받지 않으려고 애쓰지 않았다. 한 예술
가의 개성은 다른 개성과 부딪치고 겨루는 가운데 발전하고 자기
긍정에 이를 수 있다고 믿는다. 싸움에서 치명상을 입고 그 개성이
굴복한다 해도 그것은 운명이니까 어쩔 수 없다."

1905년 5월 15일, 답답한 가슴을 안고 마티스는 가족을 데리고 스페
인과 가까운 지중해 연안의 작은 어촌 콜리우르로 갔다. 거기에 황홀
한 빛이 있었다. 허름한 여관에 짐을 푼 뒤 그림 작업에 들어갔다. 세
잔, 고흐, 고갱, 시냐크, 그리고 지금까지 보았던 수많은 그림이 가슴
속에서 소용돌이쳤다. 팔레트는 원색으로 가득 찼고, 붓은 거침없이
캔버스를 내달렸다. 힘겨웠던 실험이 비로소 새로운 화합물로 재탄생
되는 순간이었다. 작품들은 서서히 그 진보적 존재감을 드러내기 시
작했다.

그해 가을, 파리에서 젊은 화가들의 살롱 도톤전이 열렸다. 마티스
는 〈모자를 쓴 여인〉과 〈열린 창〉을 걸었다. 마치 튜브에서 바로 짜낸
듯한 파랑, 빨강, 초록, 노랑이 거칠게 칠해진 그림이었다. 이 전시회
는 다양한 반응을 불러일으켰다. '지나치게 가식적'이라고 했고, '고통
스러울 만큼 현란한 그림'이라고 했고, '거칠고 추하지만 강한 그림'이
라고 했다. 비평가 루이 보셀은 "마치 야수들 같아" 하고 말했다.

'야수'란 들짐승의 다른 말이다. 야수주의, 즉 포비슴(fauvisme)은 그
렇게 탄생되었다. 앞을 내다본 화상과 수집가들이 마티스의 그림을
샀다. 스승 모로의 말대로 대상을 단순화시키면서 자기 세계를 찾은

1905년에 출품한 〈모자를 쓴 여인〉. '거칠고 추하지만 강한 그림'이라는 평을 받은 '야수파'는 그렇게 탄생했다

고난이라는 가능성

36세의 신인은 신나게 그 속으로 내달렸다. 강한 보색의 대담한 붓놀림은 끝내 그를 야수파의 선두주자 자리에 올려놓았다.

┇ 조금 방황한들 어떠한가? 그만큼 성장할 텐데!

이름이 알려지면서 그림의 크기도 커졌고 값도 올라갔다. 1906년 봄에 마티스는 알제리로 가서 그 뜨거운 열기를 가슴에 담았다. 여기에서 그는 도자기에 강한 매력을 느꼈다. 마티스의 일생은 여행으로 가득 차 있는데, 그에게 있어 여행이란 새로움을 찾기 위한 하나의 탐험이었다. 피렌체에서는 조각과 프레스코화의 아름다움에, 베를린에서는 표현주의의 강렬함에 감동했다.

1908년, 마티스는 젊은 화가들의 권유로 수도원에서 미술 교실을 열었다. 그는 자신의 경험을 바탕으로 학생들을 가르쳤다.

> "젊은 화가는 실수를 두려워해서는 안 된다. 그림이란 황당한 모험
> 과 부단한 탐구를 일컫는 말이 아니던가. 조금 방황한들 어때? 한
> 번 방황할 때마다 사람은 그만큼 성장하는 법이지."

2년 뒤 학생의 수가 60명으로 늘었을 때, 그는 미술학원의 문을 닫아버렸다. 그의 표현대로 '양들을 사자로 변모시키려고 피땀을 흘리다 보니 너무 많은 에너지가 소비'되었던 것이다.

러시아의 수집가 세르게이 슈추킨이 마티스의 작품을 사들이면서

춤과 음악을 소재로 한 대형 그림을 주문했다. 마티스는 작업실이 비좁아 집 근처 비롱호텔의 한곳을 빌려 썼다. 호텔의 투숙객 명단에 미국에서 건너온 맨발의 무용수 이사도라 덩컨의 이름이 올라 있던 무렵이었다.

뉴욕과 모스크바와 베를린에서 전시회가 열렸다. 1909년 여름, 마티스는 파리 교외의 이시레물리노에 정원이 딸린 집을 샀다. 볕이 잘 드는 뒤뜰에다 목조 아틀리에를 짓고 부모를 초대했다. 마티스의 작업은 절정을 향해 치달았다. 가을에는 친구들과 함께 뮌헨으로 가서 이슬람 미술전을 관람하면서 화려한 아라베스크 무늬에 감탄했다.

그러나 예술에 승승장구란 없다. 마치 계단처럼 반드시 정체와 상승을 거듭하게 되어 있다. 비평가들은 작품 〈춤〉과 〈음악〉에 냉담했다. 밉기도 하고 곱기도 한 아버지까지 세상을 떠났다. 마티스는 혼자서 스페인을 떠돌았다. 이 쓸쓸한 여행 뒤 그의 그림 속에 알록달록한 아라베스크 무늬의 양탄자와 꽃병과 꽃이 놓였다.

1911년 늦가을, 슈추킨과 함께 러시아의 상트페테르부르크를 거쳐 모스크바로 갔다. 언론은 프랑스의 일류 화가가 왔다며 야단이었다. 그러나 러시아의 젊은 아방가르드 작가들은 그의 작품이 진부하다며 악평을 했다. 마티스는 남쪽의 따뜻한 태양이 그리울 따름이었다.

서둘러 파리로 돌아온 마티스는 모로코의 탕헤르로 가서 겨울을 나기로 했다. 아프리카 북서쪽 끝 지브롤터 해협의 눈부신 색채는 '살아 있는 숭고함'이었다. 현기증 나는 새로운 경험을 빨강, 노랑, 녹색으로 담으려니 막막했다. 그림에 검정이 더해지면서 또 다른 마티스의 세

　　　　　　　　　　　　　고난이라는 가능성

계가 펼쳐졌다. 여기에서 멋진 〈오렌지가 있는 정물〉이 그려졌다. 훗날 이 그림을 구입하면서 피카소가 말했다.

"마티스의 그림은 오렌지처럼 눈부신 빛의 열매다."

제1차 세계대전이 터졌을 때, 45세의 마티스는 친구 마르케와 함께 자원 입대를 신청했으나 '그림을 그리는 것이 애국하는 길'이라는 말을 듣고 돌아서야 했다. 그는 그림의 눈을 열어준 바닷가 콜리우르로 갔다. 두 아들이 전쟁터에 나가서 도저히 그림에 감정을 실을 수가 없었다. 신문과 우편물이 오기만을 기다리는 나날이었다. 어쩔 수 없이 강행한 야외 작업이 그에게 기관지염을 도지게 했다.

1917년 12월 20일, 중년의 마티스는 최종 정착지가 되는 따뜻한 니스로 거처를 옮겼다. 호텔 방에 작업실을 차리고는 정물과 풍경과 사람, 그리고 또 많은 것들을 그렸다. 가끔은 바이올린을 켜며 마음을 달랬고, 카뉴에 있는 존경하는 원로 화가 르누아르를 방문하기도 했다. 그림을 보여 주자 르누아르가 "음, 나쁘지 않군"이라고 던졌다.

전쟁이 끝나고 피카소와 합동 전시회를 가진 뒤 1919년 5월 파리 베르냉 화랑에서 개인전을 열었다. 피카소의 친구이자 시인인 장 콕토가 "태양에 흠뻑 젖은 야수는 새끼 고양이로 변했다"면서 "여러 화가의 장식적인 분위기가 곳곳에 배어 있다"고 빈정거렸다. 마티스는 늘 모든 지적을 당당히 받아들였다. 자신에게 어떤 비판이 가해질 때면 기꺼이 기존의 방식을 분해한 뒤 재결합하려고 애썼고, 조만간 또 성공하리라 믿었다. 그것이 마티스의 큰 강점이었다. 명작 〈검은 탁자〉와 〈오달리스크〉 연작이 이때 나왔다.

마티스는 사람뿐만 아니라 모든 모델과 소품을 매우 소중히 다루었다. 그림에 생동감을 주기 위해 온갖 방법을 다 동원했다. 굴 그림을 그릴 때는 수시로 싱싱한 굴을 가져다 놓았고, 물고기를 그릴 때는 방금 어부가 쏟아놓은 것 같은 느낌을 유지하기 위해 계속 물을 뿌리고는 했다.

1920년대에는 많은 일을 겪었다. 발레극 〈나이팅게일의 노래〉의 무대장식과 의상 작업을 막 끝마쳤을 때, 아들의 모든 것을 사랑하던 어머니가 세상을 떠났다. 전시회가 거듭되면서 새로운 수집가들도 늘어났다. 딸 마르그리트는 미술평론가와 결혼했고, 아들 피에르는 뉴욕으로 이주해 화랑을 차렸다.

1930년 2월, 마티스는 또 다른 빛을 찾아 고갱이 그랬듯이 타히티로 떠났다.

"내가 섬으로 가려는 것은 또 다른 밀도를 가진 밤과 노을의 빛을 보기 위함이다."

60세가 넘은 중견 화가는 옥빛 바다, 다채로운 파스텔 색조의 산호초, 앙증맞은 파란 물고기 떼에 매료되었다. 그러나 한증막 같은 날씨는 견디기 힘들었다. 그는 '두고두고 써먹을 수 있는 기록들'을 들고 니

고난이라는 가능성

스로 돌아왔다. 이후에도 마티스는 많은 곳을 여행하지만 곧 니스로 돌아오고는 했다. 니스의 투명한 은빛 햇살이 그리웠던 것이다.

"목표를 이루기 위해서는 위대한 사랑이 필요하다. 끈질긴 탐구, 타오르는 열기, 모든 작품의 탄생에 필수적인 그런 능력을 갖춘 사랑이."

▌ 어느 누구도 나만큼 나를 돕지는 못한다

1931년부터 마티스는 벽화 작업에 들어갔다. 그의 작품을 많이 사간 미국의 앨버트 반스로부터 재단 건물의 중앙 홀을 벽화로 꾸며 달라는 요청을 받았던 것이다. 그는 꼬박 3년 동안 니스와 미국의 메리온을 오가며 〈춤〉을 완성했다. 가끔 병원 신세를 지면서도 말라르메의 〈시집〉, 보들레르의 《악의 꽃》, 제임스 조이스의 《율리시스》에 들어갈 삽화를 그렸다. 뿐만 아니라 대형 누드화를 그리는 한편 발레극 〈적과 흑〉의 무대와 의상까지 맡았다.

너무 많은 시간을 '화가는 오로지 그림으로 존재한다'는 신념으로 지냈던 것일까? 71세의 노화가는 제2차 세계대전이 일어난 해에 아내와 결별했다. 아내는 7년 전부터 집안일을 도와온 모델 리디아 델렉토르스카야와의 마찰과 갈등을 견딜 수 없었던 것이다. 29세의 리디아는 러시아 톰스크 출신으로, 러시아 내전으로 부모를 잃고 파리로 흘러든 미모의 여성이었다. 그녀는 드로잉과 초상화를 비롯하여 〈핑크 누드〉, 〈나뭇잎을 배경으로 안락의자에 앉아 있는 누드〉, 〈기대 앉은 누드〉 등 많은 작품의 주인공이 되었다. 마티스는 브라질 여행 계획을 취소하고 다시 붓을 잡았다.

마티스가 더욱 부지런히 서둘러야 했던 이유는 또 있었다. 그의 몸에서 악성 종양이 발견된 것이었다. 마티스는 십이지장암 수술을 받으며 의사에게 "작업을 마무리할 수 있게 3, 4년만 더 살게 해 주게"라고 간청했다.

헤어진 아내 파레르와 딸 마르그리트가 레지스탕스 운동에 가담했다가 독일 게슈타포에 체포되었다는 소식이 전해졌다. 아내는 징역 6개월, 딸은 탈옥했다가 다시 붙잡혔다고 했다.

전쟁이 끝나자 마티스는 파리로 갔다. 연달아 전시회가 열렸고, 신문과 잡지가 그의 작업을 주목했다. 마티스는 한 인터뷰에서 이렇게 말했다.

"화가는 스스로에게 물어야 한다. '나는 무엇을 원하는가?' 그 질문에 답하기 위해서는 탐구를 계속해야 한다. 만일 그가 스스로를 속이지 않고 진지하게 탐구할 수만 있다면 나이가 들어서도 젊었을 때와 똑같이 일에 대한 열정과 배움에 대한 의지를 간직하게 될 것이다."

몸은 석양을 향해 가고 있었으나 열정은 청춘 그대로였다. 78세의

고난이라는 가능성

'가위로 그린 소묘'라고 불리는 콜라주 기법의 명작 〈푸른 누드 2〉. 세상을 떠나기 2년 전인 1952년 83세에 만든 작품이다

대가는 피카소를 중심으로 한 추상화가 대세를 이루는 것에 위기를 느꼈다.

"내 예술이 아주 새로운 방향을 취하는 것도 불가능하다고 생각하지는 않는다."

1947년에 나온 인생과 예술에 대한 생각을 담은 책 〈재즈〉에 화려한 원색의 그림이 실렸다. 여기에 이용한 방법을 그는 '가위로 그린 소묘'라고 불렀다. 어릴 적의 그림 공부처럼 색종이를 가위로 잘라 풀로 붙이는 방법이었다. 책의 제목을 〈재즈〉로 한 것에 대해 마티스는 '재즈

에는 즉흥의 재능, 삶의 재능, 청중과 조화하는 재능 등 훌륭한 특성들
이 많기 때문'이라고 했다. 그는 신문지, 인쇄물, 벽지, 헝겊 등을 화판
에 붙이는 콜라주 기법에 재미를 붙였다. 지금도 사랑 받는 〈푸른 누
드〉 연작 같은 최고의 명작들이 이 방법으로 만들어졌다.

　　도미니코 수도회에서 마티스의 별장이 있는 방스에 성당을 짓기로
했다. 자신을 간호해 준 자크 마리 수녀를 통해 도움을 청하는 전갈을
받았다. 마티스는 그것이 평생의 예술적 노력에 결실을 맺게 하는 계
시라 여겼다. 로제르 성당은 1948년에 설계를 시작해 1951년에 완공
되었는데, 80세의 마티스는 스테인드글라스, 십자가, 제단을 비롯해
미사복과 모든 성물들을 직접 디자인했다.
　　노년의 마티스는 휠체어와 침대 위에서 지내다시피 했다. 그가 여
행을 원하면 철도회사는 응접실과 침대칸이 따로 마련된 특별 차량을
내주었다.
　　관절염과 천식과 심장병이 노화가를 괴롭혔으나 모델, 간병인, 관리
인, 조수, 비서, 아내 역할까지 하는 리디아의 보살핌을 받으며 쉼 없
이 그림을 그렸다. 대담하고 완숙하며 평화로운 작품들이 나왔다. 마
티스는 침대에 누운 채 긴 장대 끝에 목탄과 크레용을 매달고 그림을
그리기도 했다. 이로써 마티스는 '1950년대 초의 가장 젊은 화가'가 되
었다. 1952년, 그는 고향 캉브레지에 작품 100점을 기증했다.

　　"나는 50여 년 간 하루 12시간씩 그림을 그렸다."

휠체어를 타야 하는 몸이지만 창조의 열정은 식지 않았다. 침대 위에서 종이를 가위로 잘라 작품을 만드는 노화가

1954년 11월 3일, 85년 동안 뜨겁고 성실하게 뛰었던 마티스의 심장이 멈추었다. 딸 마르그리트와 마지막 반려자 리디아가 곁을 지켰다. 화실 마루 위에는 미국의 거부 넬슨 록펠러의 부인으로부터 주문받은 교회 유리창 작업의 모델로 쓰려던 장미 다발이 놓여 있었고, 천장에는 웃고 있는 손자들의 얼굴이 커다랗게 그려져 있었다. 마르그리트는 "아버지는 죽는 순간까지 그림을 그렸다"라고 말했다.

리디아는 소중히 기록해 온 사진과 자료들을 가지고 책을 썼고, 선물로 받은 그림들을 조국 러시아에 기증한 뒤 1998년 세상을 떠났다.

┇ 하루는 그저 보내는 것이 아니라 채우는 것

연습은 가장 훌륭한 교사라고 했던가? 우리가 그 이름을 잘 아는 스위스의 교육개혁가 페스탈로치는 인격조차도 연습을 통해 다듬을 수 있다고 했다. 색채의 마술사 마티스의 그림들은 그렇듯 부단한 탐구 끝에 태어났다.

마티스는 일도 생활도 계획을 가지고 규칙적으로 실행했다. 새벽 5시에 일어났던 것은 햇빛을 많이 받기 위해서였다. 술도 포도주든 맥주든 한 잔 정도로 끝냈다. 지나침은 모자람과 다르지 않다는 것을 잘 알고 있었다. 저녁 식사 초대에 갔을 때, 마티스가 음식을 먹지 않는 것을 보고 친구가 왜 그러느냐고 묻자 "배가 고플 때 먹는 음식이 진미"라고 답했다고 한다. 어린 시절, 자신의 형편없는 바이올린 솜씨에 실망했을 때, "1년만 꾸준히 연습하면 원하는 수준만큼 올라설 수 있을 것"이라는 음악 선생의 충고에 따라 1년을 꾸준히 연습했다. 그래서 마티스는 바이올린을 평생의 취미로 삼을 수 있었다. 마티스는 이렇게 말했다.

"장미 한 송이를 그리는 일은 매우 어렵다. 장미 한 송이를 그리려면 지금까지 그려진 장미를 모두 잊어야 하기 때문이다."

자기 자신을 속이면 안 된다. 남이 아니라 가장 소중한 나의 정체성을 잃게 되기 때문이다. 자기 자신에게 연기를 보여서도 안 된다. 아무리 가까운 사람이라도 나만큼 나를 돕지는 못하기 때문이다. 애써

　　　　　　　　　　　　　　고난이라는 가능성

자기 자신을 방어하고 변명할 필요가 없다. 내가 나를 열심으로 도와가면 언젠가는 반드시 나만의 장미 한 송이를 얻게 될 것이다. 성실은 결코 낡은 단어가 아니다. 하늘 아래 나의 존재를 뚜렷이 인식하는 순간은, 바로 내가 무엇인가에 진심으로 몰입할 때다.

"좋은 활은 당기기 힘들고, 좋은 말은 타기 힘들다."

중국 노나라 때의 사상가 묵자(墨子)도 부단한 훈련만이 성취의 첫 번째 법칙이라고 했다.

피카소는 색을 가장 잘 쓰는 화가로 마티스를 꼽았다. 끊임없는 연습이 늦깎이 화가 마티스의 이름 앞에 '색채의 마술사'라는 수식어를 붙였다. 그는 젊은 화가에게 주고 싶은 충고로 "많이 그리되 너무 많이 생각하지 말라"고 말했고, 가장 창조적인 시기에 대해 '바로 지금'이라고 말했다. 하루는 흘려보내는 것이 아니라 가득 채우는 것이어야 한다. 마티스가 그랬듯이, 가득찬 하루는 어제의 불가능을 오늘의 가능으로 바꾸어놓고야 말 것이다.

Possibility

3장

포기를
모르는 삶은
창조적이다

온힘을 다해 그림만
그릴 수 있게 해 다오

몰입

빈센트 반 고흐

(Vincent van Gogh, 1853년 3월 30일~1890년 7월 29일)

네덜란드의 화가. 목사의 아들로 태어나 화랑, 서점, 교회에서 일하다가 26세 무렵 그림을 시작했다. 그리고 10년 동안 1,500여 점의 탁월한 명작을 남겼다. 강렬한 색채와 거친 필치로 세계인이 가장 사랑하는 화가로 꼽힌다. 동생 테오가 평생 보호자 역할을 했다.

만약 천국이 있다면, 지금 살고 있는 삶을 천국에서도 살고 싶을까? 대답하기 쉽고도 어려운 질문이다.

"내가 지금 아무런 가치가 없는 사람이라면 나는 나중에도 가치가
없는 사람일 것이다. 그러나 언젠가 사람들이 나에게서 어떤 가치
를 찾는다면 나는 지금 그만한 가치를 가지고 있을 것이다. 왜냐하

면 처음에는 이름 모르는 풀잎으로 여길지 몰라도 밀은 밀인 것이
다."

빈센트 반 고흐는 동생 테오 반 고흐에게 보낸 편지에서 이렇게 말
했다. 불행한 삶의 화신처럼 이야기되는 고흐. 지금은 그림 한 점이
수백억 원을 호가하지만, 생전에는 단 한 점밖에 팔지 못했던 슬픈 화
가다. 그는 평생을 존재의 이유에 대해 스스로 묻고 대답했다. 집요하
게 자신을 성찰하고 자기 일에 온 정신을 다 기울이면서 언젠가는 사
람들이 그 가치를 인정하게 되리라 믿었다. 그리고 자신의 믿음대로
고흐는 화가의 대명사가 되었다.

이글거리는 해와 해바라기와 밀밭과 나무, 그리고 별과 집과 얼굴
들……. 비록 성공의 단맛을 한 번도 느끼지 못하고 37년의 짧은 생을
살다가 세상을 떠났지만, 그의 이름과 그림은 모르는 사람이 없을 만
큼 빛나는 창조자로 남아 우리 곁에서 이글거리고 있다.

"천국에 가서도 그림을 그릴 수 있기를 바라는 것이 진정한 염원
이다."

가치 있는 꿈은 저항하게 마련이다. 그 저항은 그것을 극복하기 위
한 싸움에는 약이 된다. 그것을 거머쥐기 위해 꼭 필요한 것이 있다.
단단한 손이다. 고흐는 그런 다짐으로 그림을 그렸다. 모두가 늦었다
고 여길 법한 26세에.

! 고개 숙인 아들의 홀로서기

고흐는 네덜란드 남부 브라반트 지방에 있는 작은 마을 준데르트에서 아버지 테오도루스 반 고흐와 어머니 안나 코르넬리아 카르벤투스 사이에서 태어났다. 31세의 아버지는 개신교 목사였고, 34세의 어머니는 그림과 글에 소질이 있는 평범한 주부였다. 고흐가 태어난 3월 30일은 바로 1년 전 형이 태어난 날이기도 했다. 첫 아이를 잃은 부모는 둘째 아이에게 '빈센트 빌렘'이라는 이름을 그대로 물려주었다. 장남이 된 고흐 밑으로 5명의 남매가 줄줄이 태어났다. 평생 친구이자 보호자 역할까지 하는 둘째 동생 테오와는 4년 터울이었다.

어린 시절, 얌전한 성격의 고흐는 혼자서 교회 주변의 들판을 돌아다니고는 했다. 아이는 부모로부터 그리 포근한 사랑을 받지는 못했다. 어머니는 첫 아이를 잃은 슬픔을 지우지 못하고 지내는 데다가 아버지는 엄격한 도덕률로 무장된 목사였던 것이다. 7세 때 1년 동안 학교에 다닌 아이는 아버지의 뜻에 따라 집에서 교육을 받았다.

1864년 10월 1일, 11세의 소년은 제벤베르헨의 기숙학교에 입학했다. 가족과 떨어져 지내야 하는 일이 감수성 예민한 소년에게는 추방으로 여겨졌다. 혼자 외롭게 지내던 소년은 15세가 되던 1868년 3월에 갑자기 학업을 중단해야 했다. 집안 형편이 어려워져서 더 이상 학교를 다닐 수 없게 된 것이다. 소년의 미래는 자신의 의지와 상관없이 자동 보류되었다. 그러나 크게 낙담하지 않았다. 구름이 덮였다고 해서 반드시 폭풍우가 몰아치는 것은 아니었다.

기숙학교에 들어가 가족과 떨어져 지내던 13세 때(1866년)

1869년 7월, 16세의 고흐는 화상인 큰아버지 '센트 삼촌'의 소개로 파리에 본점을 둔 구필화랑의 헤이그 지점에 들어갔다. 고흐의 삼촌은 10명인데, 대개가 목사 아니면 화상이었다. 화랑에서 복제화를 판매하던 소년은 부지런하고 세심한 사원이 되었다. 3년 뒤에는 동생 테오도 이 화랑에 취업했다. 이로써 두 형제는 미술과 운명적인 인연을 맺게 된 셈이었다. 고흐의 생에서 가장 밝고 행복한 시절이었다. 1873년 1월에 테오는 구필화랑의 브뤼셀 지점으로 갔고, 고흐는 6월에 런던 지점으로 자리를 옮겼다. 두 형제 사이에 편지 왕래가 시작되었다.

외로운 청년은 템스 강변을 산책하거나 연필로 부근 풍경을 긁적거렸다. 20세에 이른 즈음 고흐는 심한 감정적 변화를 겪었다. 하숙집 딸 유제니에게 사랑한다고 고백했다가 거절당하자 직업에 대한 회의까지 들었다. 남의 미술품을 놓고 장사를 하는 자신의 모습이 싫어졌던 것이다. 센트 삼촌은 고흐를 파리 지점으로 보냈으나 방황은 그치지 않았다. 상사의 눈에 그는 태만했고 고객에게 불친절했으며 곧잘

대들기나 하는 문제 사원이었다. 결국 1876년 4월 1일에 구필화랑에서 해고되었다.

해고는 23세의 청년에게 해방감을 주면서 마음 둘 곳을 찾게 만들었다. '그리스도를 믿으면 낡은 것은 사라지고 새것이 나타난다'는 성서의 말이 마음으로 다가왔다. 런던으로 간 청년은 목사가 운영하는 램스게이트의 학교에서 숙식만 제공받는 조건으로 자격증 없이 학생들을 가르쳤다. 성탄절을 맞아 집으로 갔으나 고흐는 가족들로부터 환영받지 못했다. 부모가 자식이 그저 밥벌이나 잘하게 되기를 바라는 것은 그때도 다르지 않았다. 별난 짓을 할 때는 야단이다가 특별하게 되었을 때 비로소 눈물의 박수를 보내는 것이 부모의 속성인 모양이다. 큰아버지가 서점 점원으로 일자리를 마련해 주었지만, 청년은 타인을 위해 봉사하는 일이 자신의 사명이라는 생각이 들었다.

1877년 5월, 부모는 신학 공부를 하겠다는 장남을 암스테르담의 '얀 삼촌' 집으로 보냈다. 그러나 1년 뒤 그는 신학대학 입학을 포기해버렸다. 시험을 통과하지 못한 이유도 있지만, 타인을 위해 봉사하는 데 그리스어와 라틴어가 무슨 소용이 있겠느냐 싶었다. 근엄한 목자는 되고 싶지 않았던 청년은 고통 받는 자들의 편에 서는 것이 성직자의 진정한 역할이라 믿었다.

부모는 집으로 돌아온 장남을 질책했다. 어머니는 무엇이든 어긋나게 간다고 나무랐고, 아버지는 어려운 길만 택하려 든다고 꾸짖었다. 그들은 고개 숙인 아들의 모습을 보는 것이 고통스럽다고 했다. 부모와 자식 사이가 많이 벌어졌다. 이 둘의 갈등과 대립은 시간과 국적을

탄광 지대에서 광부들과 생활하던
26세 무렵에 그린 〈석탄 자루를 나
르는 여인들〉

초월하는지, 지금 우리 주위에서도 흔히 일어나고 있다. 문제의 원인
은 지극히 단순하다. 젊은이는 늙어보지 않았다는 것과 늙은이는 젊
어본 기억을 쉽게 잊는다는 것이다.

　고흐는 벨기에 남서부의 탄광 지대 보리나주로 갔다. 거기에서 광
부의 가족들과 함께 생활하면서 위안을 주고 싶었다. 청년은 브뤼셀
전도사위원회의 부분적인 인정을 받고 평신도 복음전도사로 일했다.
광부들은 목숨을 담보로 최하류의 삶을 사는 계층이었다. 목자의 사
명을 성서 그대로 받아들인 청년은 그들과 하나가 되기 위해 맨발로
걷고, 건초 더미에서 잠을 자고, 마른 빵을 씹었다. 교단은 그런 고흐
의 행동이 교회의 품위를 떨어뜨린다며 전도 활동을 중단시켰다.

　이 시절 드디어 고흐의 스케치가 등장했다. 청년은 눈 쌓인 가시덤
불 울타리와 새벽 무렵의 희미한 그림자가 드리워진 오솔길을 따라
탄광으로 향하는 광부들을 스케치했다. 힘겹게 석탄 자루를 나르는
여인들의 모습도 그렸다. 그는 자신이 가진 것을 그들에게 모두 나누

　　　　　　　　　　　　　　　　　　　　고난이라는 가능성

어 주고는 그곳을 떠났다. 1879년 7월이었고, 26세였다.

⫶ 분명히 내 인생은 다르리라는 믿음

고흐는 그림을 통해 사람들에게 위안을 주는 것이 자신의 소명일지도 모른다고 생각했다. 그는 주머니에 10프랑을 넣고서 농민들의 모습을 그리는 화가 쥘 브르통을 만나기 위해 프랑스 국경을 넘어 70킬로미터를 걸어갔다. 미래에 대한 열정이 내부에서 용솟음쳤던 것기에, 들판에서 노숙을 하며 지내도 마음은 뜨뜻했다.

> "나는 생각했다. 나중에 후회하는 일이 생길지 몰라도 낙담에 가득
> 차서 놓아 버렸던 연필을 다시 들고 데생을 시작할 것이라고."

청년은 사람들과의 접촉을 끊고 그림을 그리기 시작했다. 동생 테오가 〈데생 교본〉과 〈목탄 연습〉 같은 책을 보내 주었다. 구필화랑 파리 지점의 유능한 화상이 되어 있던 테오는 형에게 생활비를 지원하겠노라고 약속했다. 고흐는 알려지지 않은 인물들을 그려서 세상에 남길 수 있다면 행복할 것이라고 생각했다.

1880년 10월, 고흐는 브뤼셀미술아카데미에 들어가 해부학과 원근법을 배웠다. 그러나 기교보다 도덕을 우선시하는 초보에게 학원의 교습법이 마음에 들 리 없었다. 청년은 사실주의적 기법을 따르고 싶지 않았다. 그는 혼자서 광부, 직조공, 농부 등 가진 것 없는 자들의 얼

굴과 그들의 일상을 대변하는 정물과 풍경을 그렸다. 책과 현실과 예술 사이에는 차이가 없다고 믿는 열혈 청년이었다.

1881년 4월, 고흐는 에텐에 있는 집으로 돌아갔다. 피가 끓는 28세, 그러나 그를 사랑해 주는 여자는 없었다. 고흐는 아이를 하나 둔 미망인인 사촌 케이에게 고백했다가 거절당했다. 그렇잖아도 못마땅하게 여기던 부모는 정신 나간 놈으로 취급했다. 청년은 그녀를 얼마나 사랑하는지 보여 준다며 촛불로 왼손을 지졌고, 아버지는 "꺼져!"라고 소리쳤다.

그해 성탄절 밤에 집에서 쫓겨난 고흐는 헤이그로 갔다. 거기에는 외가 쪽 친척이 되는 헤이그파 화가 안톤 모베가 있었다. 고흐에게 "대상에 너무 가까이 다가가지 말라"고 타이른 첫 스승이 되는 사람이었다. 모베는 "나는 예술가다"라는 정신을 가지라고 말했지만, 그 역시 '항상 완벽에 도달하도록 노력하라'라는 상투적인 훈계로 들렸다. 고흐는 예술에는 분명히 다른 무엇인가 있을 것이라고 믿었다. 이 '다른 무엇인가'가 고흐 미술의 최고 미학이 될 줄은 아무도 몰랐다. 그러나 청년은 모베의 조언대로 유화를 시작했다.

1882년 1월, 고흐는 '시엔'이라 불리는 연상의 창녀 클라시나 마리아 호르니크를 만났다. 한 아이를 둔 시엔은 얼굴이 얽었고, 알코올중독자였고, 매독 환자였고, 임신 중이었다. 고흐는 그녀와 함께 지냈다. 고개를 무릎 사이에 파묻은 채 쪼그려 앉은 그녀를 스케치 한 뒤에 아래 왼쪽에는 'Vincent'라고 조그맣게 쓰고, 오른쪽에는 'Sorrow'라고 크게 적었다. 유명한 그림 〈슬픔〉은 그렇게 탄생했다. 고흐가 시엔과 결

잠시 함께 지낸 연상의 창녀 시엔의 모습을 그린 〈슬픔〉

혼하겠다고 하자 동생 테오마저 펄쩍 뛰었다.

1883년 12월 30세, 드렌테와 암스테르담을 떠돌던 고흐는 누에넨의 집으로 들어갔다. 가족과의 화해는 기대하지도 않았다. 빈털터리였으므로 어쩔 수 없는 노릇이었다.

"부모님은 내가 집에 들어오는 것을 싫어한다. 젖은 발로 방 안을 뛰어다니고 시끄럽게 짖어대며 사람들을 괴롭히는 개 말이다. 그래도 개를 집 안에 두는 것은 그 개가 좋아서가 아니라 억지로 참기 때문이라는 것을 개도 안다. 나는 개 취급을 받는다는 사실을 인정하기로 했다. 나는 개로 남을 것이고, 가난할 것이고, 화가가 될 것이다."

주위의 시선에 아랑곳하지 않고 고흐는 2년 동안 그림만 그렸다. 가난한 사람들의 힘겹고 거친 일상이 100여 점의 소재와 주제가 되었다. 1885년 3월에 아버지가 말썽쟁이 장남을 두고 뇌졸중으로 갑자기 세상을 떠났다. 그해 말 국경 근처에 있는 벨기에의 안트베르펜으로 가서 다시 한 번 그림 수업을 시도하지만, 역시나 정규 교육은 그에게 걸맞지 않은 과정이었다.

1886년 2월 28일, 33세의 고흐는 파리에 있는 동생 테오에게 갔다. 형은 동생에게 돈도 벌고, 친구도 사귀고, 화가로 성공하고 싶다고 설명했다. 몽마르트르에서 작은 화랑을 운영하고 있던 테오는 형의 변한 모습이 반가웠다. 두 형제는 근처에 새 집을 얻어 함께 생활했다. 고흐는 테오의 소개로 유명한 화가 페르낭 코르몽의 화실을 찾았다. 거기에서 고흐는 모네, 드가, 피사로를 만났을 뿐 아니라 로트레크, 베르나르, 앙케탱, 쇠라, 시냐크, 그리고 생의 큰 부분을 차지하게 되는 고갱도 알게 되었다.

그해에 열린 마지막 인상주의 전시회에 27세의 쇠라가 〈그랑드자트 섬의 일요일 오후〉를 들고 나왔다. 인상주의 화가들의 그림은 큰 충격이었다. 그림에서 햇살과 공기가 만져졌다. 고흐는 베르나르와 시냐크를 따라 캔버스를 들고 야외로 나가고는 했다. 사실 그 이전까지만 해도 야외에 나가서 그림을 그린다는 것은 여간 번거로운 일이 아니었다. 화가가 안료를 개어서 가죽 주머니에 넣어 사용했으므로 여러 색의 물감과 화구를 챙기려면 손수레 하나는 가득 채울 정도였기 때문이다. 주석 튜브가 발명된 것이 1824년, 휴대하기 편리한 튜브형 물감이 보급된 것은 그 훨씬 이후였다. 인상주의 화가들의 그림에서 빛

고난이라는 가능성

이 강하게 느껴지는 것은 직접 야외에서 그림을 그렸던 이유가 크다. 우리말의 '인상'은 서로 다른 뜻이 있는데, 미술의 한 유파를 가리킬 때의 '인상(印象)'은 영어의 'impression'에 해당하는 말로 '어떤 대상에 대하여 마음속에 새겨지는 느낌'으로 이해하면 된다.

그림의 주제는 도시 부근으로 옮겨졌고, 색깔은 많이 밝아졌다. 최신 회화 경향에 자극을 받은 고흐는 무려 230점의 작품을 그려냈다. 그는 또 일본 그림의 매력도 발견했다. 1887년에 그린 〈탕기 영감의 초상〉의 배경은 온통 일본화로 채워져 있다. 탕기는 가난한 젊은 화가들이 자주 모이던 화방의 주인이었다. 비로소 삶과 일에서 기쁨이라는 것을 맛본 고흐는 동료들과 어울려 작업할 수 있는 예술가 공동체를 꿈꾸었다.

그런데 2년쯤 지나자 형제 사이에 문제가 불거졌다. 동생이 보기에 형은 온화하거나 난폭한, 양극의 인간이 존재하는 듯했다. 도시 생활에 싫증을 느낀 고흐에게 조울증이 찾아왔다. 담배와 술은 늘었고, 툭하면 사람들과 싸웠다. 고흐에게 화가들이란 걸핏하면 전시회를 열고 상이나 받으려 애쓰는 '혐오스러운 인간'일 따름이었다.

▌ 나태와 성실, 절망과 희망 사이의 노란빛

1888년 2월 19일, 35세. 고흐는 파리를 떠나 프로방스를 거쳐 아를로 갔다. 도시는 눈으로 덮여 있었지만, 어깨를 짓누르던 안개를 벗어나 환한 빛 아래에 선 기분이었다. 테오에게 보낸 편지에 "이곳은 너무도 아름답구나"라고 적었다.

　고흐는 잠시 동네 식당 겸 여관에 얹혀 지내다가 5월 1일에 테오가 보내 준 돈으로 방이 4개 있는 집을 얻었다. 라마르틴 광장에 있는 월세 15프랑짜리 집이었다. 고흐는 무서운 속도로 그림을 그려 나갔다. 대도시의 문명이 사라지고 잊었던 자연이 다시 말을 걸어오는 기분이었다. 자신의 감정을 고스란히 표현하기 위해 빠르고 격렬하게 붓을 움직였다. 블랙커피와 압생트가 다정한 파트너였다. 압생트는 향쑥이 주원료이며 정신착란이나 시각장애를 일으킨다고 해서 한때 판매가 금지되기도 한, 많은 예술가들이 즐겨 마신 초록빛의 독한 술이다. 캔버스는 프로방스의 햇살처럼 노란색으로 채워지고 있었다. 그리고 그의 몸은 그림이 늘어나는 것만큼이나 빠른 속도로 쇠약해져갔다.

　시립병원의 의사가 지나친 음주를 나무랐으나 결코 자신의 실패를 인정하지 못하는 고흐는 "노란 높은 음에 도달하기 위해 스스로를 좀 속일 필요가 있다"고 알 듯 말 듯한 대꾸를 했다. 그의 표현대로 '열심히 노력하다가 갑자기 나태해지고, 잘 참다가 조급해지고, 희망에 부풀었다가 절망에 빠지는 일'이 반복되었다. 고흐는 스스로에게 '그게 쉬운 일이라면 아무런 즐거움도 얻을 수 없을 거야'라고 위로하면서 미친 듯이 그림을 그렸다. 아를의 풍경뿐만 아니라 거기에서 알게 된 카페 알카자르의 주인 지누 부부와 쾌활한 우체부 룰랭 부부도 그렸다. 바람이 이젤을 뒤엎어도, 어둠이 사물의 흔적을 감추어도 그는 팔레트를 놓지 않았다. 노란 하늘과 태양이 있는 〈씨 뿌리는 사람〉, 노란 별들이 있는 〈밤의 카페〉, 노란 침대가 있는 〈아를의 침실〉이 이때 탄

아를에 집을 얻어 온통 노랗게 색칠한
〈노란 집〉(1888년)과 그 집의 사진

생했다. 여기에서 지낸 15개월 동안 그는 무려 200점이 넘는 그림을
완성했다.

> "별들이 오팔, 에메랄드, 루비, 사파이어 같은 보석처럼 박혀 있다.
> 별을 보면 꿈을 꾸게 된다. 지도 위의 도시나 마을을 나타내는 검
> 은 점을 보면 꿈꾸게 되는 것처럼."

'남부 인상파 화가들의 공동체'를 세우겠다며 고흐는 집을 노랗게 색
칠했다. 침대와 가구를 들이는 등 손님 맞을 준비를 철저히 했다. 그
런 뒤 파리의 친구 화가들을 초청했는데, 정작 합류한 것은 고갱뿐이
었다. 역시나 테오가 가난한 고갱에게 모든 경비를 대주었다. 튼튼한
고갱을 예민한 형 곁에 둔다면 마음이 좀 놓일 것 같았다.

그해 10월 22일 새벽, 40세의 고갱이 아를에 도착했다. 고갱은 야간
카페에서 날이 새기를 기다렸다가 노란 집으로 갔다. 두 사람은 짐 정

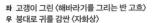
좌 고갱이 그린 〈해바라기를 그리는 반 고흐〉
우 붕대로 귀를 감싼 〈자화상〉

리를 한 뒤 산책을 하면서 하루를 보냈다.

이튿날부터 바로 작업에 들어갔다. 고갱이 해바라기 그림을 보고 감탄했다. 노란 집을 그림으로 가득 채우자고 약속한 둘은 같은 모델을 놓고 그림을 그렸고, 그린 그림을 서로 교환하는 등 글자 그대로 공동체의 이상을 실현하는 듯했다. 그러나 개인적인 사상을 개인적인 특성대로 표현해야만 하는 예술의 나라에 '공동'이라는 말은 어울릴 수 없었다. 막강한 개성들끼리는 외로움조차도 달래지지 않았다. 시간이 흐르면서 두 사람은 사사건건 다투었다. 고흐가 산만한 사색가였다면 고갱은 꼼꼼한 행동가였던 것이다. 그림과 여자와 돈 모두가 시비의 대상이었다. 그해 성탄절을 앞두고 대형 사고가 터졌다.

12월 22일, 고갱은 자신이 그린 〈해바라기를 그리는 반 고흐〉를 보여 주었다. 고흐는 "나를 닮기는 했는데 미친 모습이야"라고 말했다. 그날 저녁 두 사람은 카페에서 압생트를 마셨다. 취한 고흐가 갑자기 술잔을 던졌다. 고갱이 재빨리 피하고는 그를 감싸 안고 밖으로 나왔

고난이라는 가능성

다. 이튿날 술이 깬 고흐는 미안하다고 말했고, 고갱은 만일 그 잔에 맞았더라면 자신도 자제력을 잃고 목을 졸랐을지 모른다고 답했다. 23일 저녁, 고갱은 식사 후 빅토르 위고 광장으로 산책을 나왔다. 등 뒤에서 다급한 발소리가 들려 돌아보자 고흐가 면도칼을 들고 달려오고 있었다. 고갱의 당당한 모습에 기가 죽은 듯 고흐는 그 자리에 멈춰 서더니 고개를 푹 숙이고는 집 안으로 들어갔다. 불안한 마음에 고갱은 근처 여관에서 잠을 잤다. 그날 밤, 고흐는 면도칼로 자신의 왼쪽 귓불을 잘랐다. 잘린 것을 깨끗이 씻어 봉투에 넣은 뒤 정든 유곽으로 가서 익숙한 여자 라셸에게 건네고는 "이것을 잘 간직해서 나를 기억해 달라"고 말한 뒤 집으로 돌아갔다. 놀란 라셸은 이 '불쌍한 정신병자'를 경찰에 신고했다. 출동한 경찰은 자신의 침대에서 죽은 듯 자고 있는 고흐를 병원으로 옮겼다.

고갱의 증언과 당시 지역 신문의 보도로 알려진 이 사건의 전말은 그렇다. 지금도 그 동기와 이유는 다소 아리송하나, 고흐는 마치 요즘 뉴스에 나오는 사람들처럼 늘 "기억나지 않는다"고만 말했으므로 우리는 그저 붕대로 오른쪽 귀를 감싼(거울을 보고 그렸으니까) 슬픈 고흐의 자화상을 바라볼 뿐이다.

크리스마스 이브에 고갱은 아를을 떠났다. 이상적인 예술가의 집을 꾸미고 싶었던 고흐의 꿈은 결국 한 계절을 넘기지 못하고 깨지고 말았다. 파리에 도착한 고갱이 테오에게 전보를 쳤다. 깜짝 놀란 테오가 황급히 달려가서 성탄절을 형과 함께 병원에서 보냈다. 우체부 룰랭과 마을의 프레데리크 살 목사가 그를 보살폈다. 그로부터 한 달 뒤,

고흐는 테오에게 편지를 띄웠다.

'나를 정신병원에 가두든지, 아니면 온힘을 다해 그림을 그릴 수
있게 해 다오. 내가 미치지 않았다면 너에게 약속한 그림을 보낼
수 있는 날이 올 것이다. 돈은 꼭 갚겠다. 아니면 내 영혼을 너에게
주겠다.'

동생에 대한 미안함과 열등감은 실연과 실패와 실의로 가득 찬 36
년의 삶을 벼랑으로 몰아갔다. 주민들은 '붉은 머리의 미치광이'를 마
을에서 내쫓으라며 진정서를 냈다. 고흐는 생폴 정신병원으로 보내
졌고, 경찰은 노란 집의 폐쇄를 명령했다. 살 목사는 '자신에게만 해를
입히는 사람을 가둔다는 것은 잔인한 일'이라며 항의했다.

▋정신병원에서 요양원까지, 쉬지 않고 그리다

1889년 3월, 정신병원에서 나온 고흐는 회복을 갈망하면서 5월에
스스로 생레미 요양원에 들어갔다. 한 달 전 네덜란드 아가씨 요한나
봉헤르와 결혼한 테오의 요청으로 고흐에게 방 2개가 주어졌다. 그중
하나는 화실로 쓸 수 있도록 배려한 것이었다.

그는 쉬지 않고 그림을 그렸다. 자신이 감금되었던 정신병원의 모
습과 감독관도 그렸고, 요양원의 여러 풍경도 그렸다. 걸작 〈별이 빛
나는 밤〉을 비롯해서 '사이프러스' 연작과 '밀밭' 연작이 탄생했다. 아

생전에 팔린 유일한 그림
〈붉은 포도밭〉(1888년)

무도 눈여겨보지 않는 그림을 그리고 있었으나 고흐는 '하찮은 사람의 가슴속에 무엇이 있는지 작품들이 보여 주게 되리라'는 희망만큼은 저버리지 않았다. 많은 사람들이 왜 늦어도 너무 늦게 그의 가슴속을 발견하게 되었을까? 그의 그림으로 넉넉한 안식을 선물 받는 감상자의 한 사람으로서 송구스럽기만 하다.

　테오의 노력으로 그해 9월에 열린 앵데팡당전, 이듬해 1월에 열린 20인전과 3월에 열린 앵데팡당전에 고흐의 그림이 걸렸다. 앵데팡당전은 프랑스의 독립미술가협회 주최로 심사도 없고 상도 없이 열리는 전람회를 말한다. 아를에서 알게 된 젊은 화가 외젠 보흐의 누이 안네 보흐가 1888년에 그린 〈붉은 포도밭〉 한 점을 그 2년 뒤 400프랑에 샀다. 고흐가 1프랑으로 우유 1잔을 마셨다고 하니까 우유 400잔 값, 지금으로 치자면 한 50만 원쯤 할 것이다.

　발작은 점점 심해졌다. 그는 자신이 가진 유일한 기쁨, 그림 그리는 능력을 잃을까 두려웠다. 밥을 2인분씩 먹고 다른 환자들과의 접촉도 피했다.

1890년 5월 16일, 테오는 자신과 가까이 있고 싶다는 형을 파리 근교의 오베르쉬르와즈로 데려왔다. 거기에는 아마추어 화가이자 정신과 의사인 가셰 박사가 있었다. 고흐는 자신의 이름을 붙인 갓난 조카를 처음 보았다. 그는 라부 부부의 카페 겸 하숙집에 머물면서 마지막 남은 두 달 동안 생의 가장 빛나는 작품들을 창조한다. 〈가셰 박사의 초상〉, 〈오베르 교회〉, 〈사이프러스와 별이 있는 길〉, 〈까마귀가 나는 밀밭〉 등 무려 80점이 그려졌다.

7월 27일 오후, 고흐는 근처 밀밭으로 그림을 그리러 나간다고 했다. 한참 뒤 돌아온 고흐의 표정이 무척 고통스러워 보이자 하숙집 라부 부부가 놀라 왜 그러느냐고 물었다. 고흐는 자신의 가슴에 권총을 쏘았다고 말했다. 가셰 박사의 급박한 연락을 받고 테오가 달려왔다. 이대로 죽고 싶다는 형이 동생에게 마지막 말을 남겼다.

"슬픔은 영원히 계속 될 거야."

1890년 7월 29일 밤 1시 30분, 세상의 일반적 행복을 한 번도 누려본 일이 없는 불쌍한 고흐는 그대로 영원히 눈을 감고 말았다. 37년 4개월의 생. 테오는 형의 주머니에서 부치지 않은 편지를 발견했다.

1890년 5월에 그린 〈사이프러스와 별이 있는 길〉. 고흐는 생의 마지막 두 달 동안 빛나는 명작들을 창조했다

'그림들, 나는 그것을 위해 내 목숨을 걸었다. 그로 인해 내 이성까지도 반쯤 망가져버렸다.'

고흐는 자살했기 때문에 교회에서 장례식을 치를 수 없었다. 파리에서 화가 피사로와 베르나르와 라발, 화방 주인 탕기가 왔다. 의사 가셰 박사가 조사를 낭독했다.

"그는 정직한 인간이자 위대한 예술가였습니다. 그는 어느 누구보다도 그림을 사랑했습니다. 그림은 그를 영원히 살게 할 것입니다."

그들은 관을 노란 꽃으로 덮었고, 이젤과 붓을 그 곁에 나란히 놓았다. 그리고 카페에서 간략하게 장례를 치른 뒤 오베르 공동묘지에 그것들을 함께 묻었다. 테오는 조문객들에게 팔리지 않은, 팔릴 것 같지도 않은 형의 그림을 하나씩 나누어 주었다. 장례식에 참석하지 않은 고갱이 테오에게 위로의 편지를 보냈다.

9월에 테오는 신장염을 앓는 몸으로 자신의 아파트에서 고흐 기념전을 열었다. 첫 개인전인 셈이었다. 형을 잃은 충격 때문인지 테오의 건강이 급속히 나빠졌다. 아내 봉혜르가 33세의 젊은 남편을 급히 고국 네덜란드로 옮겼다. 그러나 테오는 1891년 1월 25일에 하늘나라로 가 버렸다. 형이 떠난 지 6개월 만이었다.

봉혜르는 시숙의 그림과 두 형제 사이에 오간 편지들을 정리했다.

그녀는 네덜란드 위트레흐트 묘지에서 외롭게 잠자던 남편을 1914년에 오베르의 형 곁에 나란히 눕혀 주었다. 20인회와 앵데팡당 화가들이 그해 2월과 3월에 고흐 회고전을 열었다.

⁂ 오늘 하지 않으면 영원히 할 수 없을지도 모른다

1888년 10월 24일에 쓴 고흐의 편지는 가슴을 먹먹하게 한다.

'언젠가는 내 그림이 물감 값보다 더 많은 가치를 지니고 있다는 것을 사람들이 알게 될 날이 올 것이다.'

고흐가 떠난 지 12년이 흐른 1901년, 아직까지 무명인 그의 네덜란드 준데르트 생가가 철거되었다. 그리고 오늘날 그의 스케치 한 장이 수십억 원, 유화 한 점이 수백억 원에 거래되고 있다. 고흐는 왜 그리도 시대를 앞서 갔는지, 그 당시 대중은 왜 그의 가치를 발견하지 못했는지 비통함마저 느껴진다. 때로는 알은체하지만 나 역시 그런 무감하고 몰지각한 대중의 한 사람이 아닐까?

이 고귀한 삶과 예술을 고스란히 담아낸 노래가 있다. 25세의 돈 매클레인은 1970년의 어느 가을 아침, 미국 매사추세츠 주의 작은 마을 아파트 베란다에서 고흐의 이야기와 그림을 보다가 충격을 받았다. 그는 곧 곁에 있던 종이 봉지를 주워 가사를 적은 뒤 기타를 들고 곡을 만들었다. 지금도 자주 라디오에서 흘러나오는 '별이 빛나는 밤'으로 시작되는 〈빈센트〉(Vincent). 이 노래는 곁에 온 아름다움을 알아차리지 못하고, 떠나보낸 뒤에야 아쉬워하는 우리의 무지를 돌아보게 한다.

> 이제 당신이 내게 말하려 애썼던 것을 알 것 같아요
> 깨어 있기 위해 당신이 얼마나 고통스러웠는지도
> 사람들을 자유롭게 하려고 당신이 얼마나 애썼는지도
> 그들은 들으려 하지 않았고 여전히 듣지 않고 있네요
> 어쩌면 그들은 이제 들으려고 할지도 몰라요
>
> 나는 당신에게 말해 줄 수 있었는데, 빈센트
> 이 세상은 당신 같이 아름다운 사람에게 어울리지 않다는 것을
>
> (중략)

고흐의 예술을 있게 한 것은 지독한 자기 몰입이었다. 그는 심리학자보다 더 정확히, 성직자보다 더 솔직히 자기 내면을 투시했다. 여느 화가와는 달리 무려 37점이라는 많은 자화상을 그렸다는 사실이 이를 뒷받침한다. 깊이 있게 파고 들어 인간과 사물을 관찰했고, 마음이 외치는 소리에 따라 그것들을 표현했다. 예술은 언제나 자신과 얼마나 철저히 대면하는가에 따라 그 승패가 좌우되는 법이다.

고흐는 800여 점의 유화와 700여 점의 데생을 남겼다. 그 많은 불멸의 그림들을 창조한 기간은 고작 10년에 불과하다. 그런데 지금, 시간이 없다고? 돈이 없다고? 때가 아니라고? 그렇지 않을 것이다. 절대로

많은 시간과 많은 돈이 명작을 만들어 내지는 않는다.

피카소의 "하지 않고 죽어도 좋을 일만 내일로 미루어라"라는 말을 떠올리면 어쩐지 소름이 돋는다. 그저 물에 물 탄 듯, 변명하고 핑계하고 위무하며 하루하루를 보내는 내가 나에게 너무 미안해진다.

오늘 하지 않으면 영원히 할 수 없을지도 모른다. 지금 이 시간은 두 번 다시 돌아오지 않을 것이기 때문에. 지금 이 시간이 우리 생의 가장 젊은 순간이기 때문에.

후회하지 않고
나아가는 용기

약진

에디트 피아프
(Édith Piaf, 1915년 12월 19일~1963년 10월 11일)

프랑스의 가수·배우. 프랑스 가요 사상 가장 큰 발자취를 남긴 '샹송의 여왕'으로 꼽힌
다. 어머니 없이 자랐으며 떠돌이 아버지의 손에 이끌려 어린 시절부터 거리에서 노래
를 불렀다. 클럽에서 이름이 알려지면서 국민가수로 자리했다. 당대 여러 명사와 숱한
염문을 뿌렸다.

    사랑의 소중함은 아무리 강조해도 지나치지 않을 것이다. 믿음과
소망과 사랑 중에서도 사랑이 으뜸이라고 한다. 사랑은 모든 것을 이
룰 수 있게 하며, 깨끗한 석탄 부대가 없는 것처럼 더러운 사랑이란 없
다고 한다. 사랑은 오래 참고 친절하며, 시기하지 않고 자랑하지 않으
며, 교만하지 않고 무례하지 않으며, 불의를 보고 기뻐하지 않고 진리
를 보고 기뻐하며, 모든 것을 덮어 주고 모든 것을 견디게 한다고 한

고난이라는 가능성

다. 그렇게 소중한 사랑이지만, 아마도 '사랑'을 배운 기억은 없을 것이다. 석사와 박사에다 유학까지 마쳐도 사랑을 배워 오지는 않는다. 말 잘하는 법, 차 마시는 법, 살 빼는 법까지 다 돈을 내고 시간을 내서 배우는데 애써 사랑을 배우려 들지는 않는다. 그래서 인간은 때때로 사랑에 서투른지도 모르겠다.

고독과 절망과 가난과 광기. 이것은 찬란한 예술의 배경에 깔려 있는 공통의 요소라고 할 수 있다. 왜 그 뒷면에는 늘 그러한 고통의 낱말들이 널려 있는 것일까? 모든 탄생이 인고의 시간을 필요로 하는 것과 같이, 위대한 예술은 시련과 고통의 시간을 필요로 하기 때문이다. 인생은 짧고 예술은 길다고 하는데, 인생보다 더 긴 예술을 창조하는 일에 고독과 절망과 광기가 빠질 수 없는 것이다.

'세기의 연인'이라는 프랑스의 샹송 가수 에디트 피아프는 후회 없이 사랑했고, 아낌없이 노래를 불렀다. 20세기를 정리하면서 〈뉴스위크〉가 선정한 '20세기 100년의 스타' 가운데서도 특별한 대접을 받은 피아프의 생애야말로 고독과 절망과 광기 그 자체였다.

▌거리에서 노래 부르며 생을 이어 가던 소녀

1915년 12월 19일, 추위가 스멀스멀 살갗 속으로 파고드는 파리의 초겨울. 에디트 피아프는 쉰 거리의 트뇽 병원에서 태어났다. 가난한 노동자들이 모여 사는 벨빌 거리 72번지의 길 위에서 한 경찰의 외투에 싸여 태어났다는 일화는 그녀의 이미지에 맞추어져 각색된 이야기

사창가에서 자란 뒤 떠돌이 곡예사 아버지
를 따라 거리에서 노래하던 14세 때

인 듯하다. 34세의 아버지 루이알퐁스 가시옹은 떠돌이 곡예사였고, 20세의 어머니 아네트 지오바나 마이야르는 떠돌이 가수였다.

제1차 세계대전의 전선이 날로 확대되던 때였다. 무대를 찾아다니며 노래를 불러야 했던 어머니는 갓난아기를 친정어머니에게 맡기고는 집을 나가버렸다. 그녀는 알코올의존자였다. 1916년, 군대에 소집된 아버지는 피아프를 찾아와서 자기 어머니에게 건넨 뒤 전쟁터로 갔다. 피아프의 친할머니는 노르망디의 사창가에서 '마마 루이'로 통하는 포주였다. 피아프는 창녀들과 술꾼들 틈에서 영양실조의 유년기를 보내야 했다. 3세부터 7세까지 심한 각막염으로 앞을 못 보고 지낸 것이 어쩌면 다행인지도 몰랐다. 포도주가 섞인 우윳병을 빨던, 초등학교 1년이 학력의 전부인 여자아이.

1929년 14세, 아버지와 딸이 만났다. 소녀는 곡예사 아버지를 따라 프랑스 전역을 떠돌았다. 술에 취한 채 공연을 마친 아버지는 어린 딸에게 말했다.

고난이라는 가능성

"노래를 불러라. 쉬지 말고."

　소녀가 사람들 앞에서 처음 부른 노래는 프랑스 국가 〈라마르세예즈〉였다. 구경꾼들은 이 애처로운 아버지와 딸에게 돈을 던져 주고는 했다. 피는 속일 수가 없는 것인지 아이는 노래를 잘 불렀다. 그로부터 1년 뒤, 파리에 온 소녀는 아버지로부터 도망쳐 나왔다. 몽마르트르 근처 피갈 거리 안쪽의 싸구려 여인숙에 방을 얻었다. 소녀는 오래도록 소중한 친구가 되는 3세 아래의 시몬느 베르토와 함께 거리에서 노래를 부르며 가련한 목숨을 이어갔다. 애초에 가정도 가족도 아무런 의미가 없던 소녀였다.

　16세의 소녀는 사랑에 빠졌다. 신문배달부 루이 듀퐁이라는 소년이었다. 17세의 피아프는 딸 마르셀을 낳았다. 그들의 사랑은 오래가지 못했다. 소년은 갓난아기를 버려 두고 거리를 떠도는 소녀가 못마땅했고, 소녀는 돈도 못 버는 소년이 못마땅했다. 운명의 대물림 같은 슬픈 삶이었다. 아이가 2년 5개월 만에 뇌막염으로 죽었다. 아직 어리기만 한 엄마는 죽은 딸아이의 시신을 묻기 위한 돈 10프랑을 얻으려고 남자를 유혹해야 했다.

▌ 전쟁의 불길 속에서도 울려 퍼진 목소리

　부랑의 세월을 보내던 1935년이었다. 유흥가 피갈의 모퉁이를 돌던 루이 르플레의 귀에 애절한 노랫소리가 들려왔다. 그는 샹젤리제 거

사람들은 폭발적인 가창력에 감동했고, 그녀의 노래는 곧 프랑스의 목소리가 되었다

리에 있는 클럽 제르니의 사장이었다. 키 142센티미터의 조그마한 아가씨가 내는 목소리를 예사롭지 않게 들었다.

르플레는 그녀에게 프랑스 말과 이탈리아 말이 뒤섞인 본명 '에디트 지오바나 가시옹' 대신 '라몸 피아프'라는 이름을 지어 주었다. '어린 참새' 또는 '작은 참새'라는 뜻이었다. 에디트에게 까만 드레스를 입혔고, 이 검은 옷은 그녀의 상징이 되었다. 첫 무대는 성공적이었다. 손님들은 피아프의 폭발적인 가창력에 호응했다. 르플레는 그녀를 오프닝 무대에 세웠고, 녹음 작업도 했다. 또 배우 모리스 슈발리에 등 유명 인사들의 모임에 데리고 나가 노래를 부르게 했다.

그러나 희망도 잠시, 1936년 4월 6일 르플레가 살해당하면서 피아프는 살인 혐의까지 받게 되었다. 폭력배의 범행임이 밝혀져서 무혐의로 풀려났으나, 피아프는 다시 거리로 내몰려야 했다.

정처를 잃은 피아프에게 시인이자 작사가인 레이몽 아소와 작곡가 마르그리트 모노가 다가왔다. 클럽에서 눈여겨보았던 그녀의 재능을

고난이라는 가능성

예술계의 거물 시인 장 콕토가 그린 에디트 피아프

잊지 못했던 것이다. 그들은 조그만 여가수의 이름을 '에디트 피아프'로 바꾸고는 먼저 글부터 가르쳤다. 그리고 그녀의 슬픈 이야기를 노래로 만들었다. 피아프는 애잔하게 떨리는 목소리에다 처절한 감정을 고스란히 담아냈다. 40여 곡이 녹음되었고, 그 노래들은 빠르게 사람들의 귀에 익숙해져갔다.

피아프의 이름이 널리 퍼지면서 또 한 명의 남자가 운명처럼 찾아왔다. 시인·소설가·극작가·화가·영화배우·영화감독 등 '천의 얼굴'로 일컬어지던 장 콕토가 그녀에게 다가온 것이다. 1940년, 프랑스 문화예술계의 거물인 51세의 장 콕토는 피아프를 위해 극본을 썼고, 이로써 그녀는 배우로서도 인정을 받게 되었다. 이후 두 사람은 26년의 나이 차이에도 불구하고 평생 좋은 친구로 지내게 된다. 그는 피아프를 이렇게 정의했다.

좌 피아프는 노동자 출신의 이브 몽탕을 대스타로 만들었고 〈장밋빛 인생〉을 바쳤다
우 〈장밋빛 인생〉을 홍보하는 콜롬비아 레코드사의 포스터

"나는 피아프보다 영혼을 아끼지 않는 사람을 본 적이 없다."

그녀의 노래는 프랑스의 목소리가 되었다. 세상은 다시 제2차 세계 대전의 불길 속에 휩싸였으나 피아프의 노래는 끊이지 않았다. 독일 점령 아래에서도 파리의 극장과 클럽과 카바레는 문을 열었다. 그녀에게 무대는 무대일 따름이었다. 독일군 장성들을 감동시키기도 했고, 전쟁 포로들을 위해 노래 부르며 탈출을 돕기도 했다.

어린 시절에 사랑을 받지 못하고 자란 탓인지, 피아프는 남자 없이 지낼 수가 없는 여자였다. 잘나가는 인사들이 그녀 앞에 줄을 섰고, 그녀의 침실에는 늘 남자가 있었다. 1944년 여름, 피아프는 카바레 물랭 루주의 무대에서 한 무명의 가수를 만났다. 이탈리아에서 온 이발사 및 부두 노동자 출신의 이브 몽탕이었다. 29세의 피아프는 이 잘생긴 23세의 청년을 곧 자기 남자로 만들었다. 피아프는 이브 몽탕에게 말했다.

고난이라는 가능성

"당신의 의상도 몸짓도 노래도 모두 촌스러워. 나를 믿어 준다면
당신은 훌륭한 가수가 될 수 있어."

이미 피아프는 프랑스 최고의 연예인이었고, 그 영향력으로 이브 몽
탕은 가수 겸 배우로 우뚝 설 수 있었다. 피아프의 예견대로 이브 몽
탕은 1년 만에 대스타가 되었다. 사랑싸움을 거듭하던 두 사람은 결국
상처를 안은 채 헤어졌다. 더 이상 자신의 존재가 필요치 않을 거라 판
단한 피아프는 어느 날 밤 방문을 두드리는 남자에게 "이브라면 돌아
가"라고 말했다.

오늘날까지 수없이 편곡되어 불리는 명곡 〈장밋빛 인생〉(La Vie en
rose)은 자신이 떠나보낸 연인 이브 몽탕을 위한 노래였다.

그가 나를 품에 안고 가만히 내게 속삭일 때
나에게는 장밋빛 인생이 보이지요
그가 나에게 사랑의 말을 속삭일 때
언제나 같은 말이어도 나의 정신은 아득해지고 말아요
나의 마음속에 행복이 들어온 거예요
그 까닭을 나는 잘 알고 있어요
나를 위한 그, 그를 위한 나라고 그는 내게 말했고
목숨을 걸고 맹세도 해 주었지요

사랑을 잃고 다시 사랑을 노래하다

그녀의 명성은 멀리 아메리카 대륙까지 퍼져 나갔다. 1947년, 미국 투어가 시작되었다. 피아프가 처음 무대에 섰을 때, 관중들은 실망감을 감추지 못했다. 프랑스 최고의 연예인이라는 여성이 너무 초라해 보였던 것이다. 그러나 노래가 시작되자 객석은 이내 찬물을 끼얹은 듯 조용해졌다. 검은 드레스를 입은 조그마한 체구에서 터져 나오는 절창에 모두 넋을 잃었다. 피아프는 최고의 TV 토크쇼 〈에드 설리번 쇼〉에 8회 출연했고, 최고의 무대 카네기홀에서 2회 공연을 가졌다.

32세의 피아프는 31세의 권투선수 마르셀 세르당을 알게 되었다. 세르당은 세 아이를 둔 유부남이었으나 1947년 가을, 두 사람은 사랑에 빠졌다. '모로코의 폭격기'로 불린 세르당은 미국의 철권 토니 제일을 KO로 눕히고 세계 미들급 챔피언에 오른 프랑스의 국민적 영웅이었다.

"내 시합을 보러 와요."

"권투 시합은 무서워서 못 보겠어요."

"에이, 나는 무서워도 당신 공연을 보는데."

두 사람은 공연과 시합으로 바쁜 나날을 보내고 있었지만 서로에게 매우 헌신적이었다. 수많은 편지로 아쉬움을 채우던 이들의 사랑은 결국 비극으로 끝나고 말았다. 미국 순회 공연 중이던 피아프는 세르당에게 빨리 뉴욕의 자기 곁으로 와달라고 졸랐다. 세르당은 1차 방어

고난이라는 가능성

'단 하나뿐인 진실한 사랑'이라고 추억한 마르
셀 세르당과 함께

에 실패한 뒤 재대결을 위해 훈련 중이었다. 1949년 10월 27일 밤 9시,
그는 배편으로 가려던 계획을 바꾸어 파리 오를리 공항에서 뉴욕으로
가는 에어프랑스에 올랐다. 그러나 48명을 태운 록히드 L-749기는 5
시간 뒤 중간 기착지인 포르투갈의 아조레스제도 산타마리아 공항을
눈앞에 두고 추락하고 말았다.

피아프는 자신이 세르당을 죽게 했다며 자학했다. 그 충격으로 공
연도 거부하고 며칠을 방 안에 박혀 있던 피아프는 삭발을 한 채 다시
무대에 올랐다. 그리고 〈사랑의 찬가〉(Hymne à l'amour)를 불렀다.

당신이 원하신다면 하늘의 달도 따고 보물도 훔치러 가겠어요
당신이 원하신다면 조국도 버리고 친구도 버리겠어요

만약 당신이 나를 사랑해 준다면

사람들이 아무리 비웃더라도 나는 무엇이든 다 해내겠어요

작별의 인사도 없이 미완으로 끝나버렸기 때문일까? 피아프는 세르
당을 두고 '일생의 단 하나뿐인 진실한 사랑'이라고 추억했다. 피아프
와 세르당이 주고받은 편지는 훗날 책으로 출간되었는데, 프랑스에서
는 한때 밸런타인데이에 초콜릿보다 더 많이 팔렸다고 한다.

1951년, 피아프는 자신이 키우고 있는 가수 샤를 아즈나부르와 함
께 차를 타고 가다가 팔과 갈비뼈가 부러지는 교통사고를 당했다. 술
과 모르핀에 익숙해지던 피아프에게 가수 자크 필스가 다가왔다. 두
사람은 미국 순회공연 중이던 1952년 6월에 결혼식을 올렸다. 가수 자
클린 보아에의 아버지이기도 한 그는 피아프의 재활에 안간힘을 다했
다. 그러나 이 만남도 4년을 넘기지 못했다.

1958년 9월, 또 한 번의 자동차 사고를 당한 피아프의 병상을 지켜
준 이는 가수 조르주 무스타키였다.

▍아픔이든 슬픔이든 당당히 맞서다

당시 미국의 톱스타 프랭크 시나트라 다음으로 많은 돈을 벌었다던
피아프는 점점 알코올과 마약에 찌들어갔다. 그뿐만 아니라 잦은 사
고와 불면, 폐렴, 수술, 자살 미수 등으로 그녀의 몸은 만신창이가 되
고 있었다. 그러나 그녀는 노래를 멈추지 않았다. 뉴욕의 카네기홀에

서 가진 공연은 7분간의 기립박수를 받을 정도로 대성공이었고, 그녀의 레코드는 기록에 기록을 거듭했다. '더 이상 노래하는 것은 자살 행위'라는 의사의 경고에 그녀는 '노래는 내 생명'이라고 맞받았다.

1960년 어느 날, 31세의 작곡가 샤를 뒤몽이 악보를 들고 피아프를 찾아왔다. 비서가 그를 돌려보내려 했을 때, 어떤 운명 같은 것을 느꼈는지 피아프가 불러 세웠다. 그러고는 노래를 불러 보라 했고, 뒤몽은 피아노를 치며 노래를 불렀다. 피아프는 56세의 작사가 미셸 보케르의 글이 붙은 악보를 받아 들며 소리쳤다.

"지금까지 기다려온 노래야! 바로 내 이야기야!"

그녀는 마치 자신의 생을 고스란히 담고 있는 듯한 노래 〈아니, 나는 아무것도 후회하지 않아〉(Non, je ne regrette rien)를 처절하게 노래했다.

아니, 나는 그 무엇도

아니, 나는 아무것도 후회하지 않아

사람들이 내게 주었던 행복이든 불행이든

그런 것들은 모두 나와 상관이 없어

대가를 치렀고 쓸려갔고 잊혀졌어

나는 과거에 마음 쓰지 않아

나는 처음부터 다시 시작할 거야

47세의 피아프와 26세의 미용사 출신 테오 사라포의 결혼식

　영양실조에다 부랑의 어린 시절을 보낸 탓인지 피아프는 나이보다 훨씬 늙어 보였다. 1961년 겨울, 생의 촛불이 희미해져가던 46세의 피아프 앞에 가수가 되고 싶은 25세의 청년이 나타났다. 그리스 미용사 출신의 테오 사라포였다. 피아프는 짐이 되고 싶지 않다며 사라포의 프러포즈를 거부했다. 그러나 1962년 10월 9일, 두 사람은 수많은 팬들의 축복을 받으며 결혼식을 올렸다.

　"사랑은 경이롭고 신비한 거야. 사랑은 나에게 있어 노래를 부르게 해 주는 힘이지. 노래 없는 사랑과 사랑 없는 노래는 존재하지 않아."

　두 사람은 함께 〈사랑이란 그런 거지〉(À quoi ça sert l'amour)라는 노래를 부름으로써 사라포도 가수 겸 배우로 나서게 되었다. 이들을 바라

　　　　　　　　　　　　　　　　　　　고난이라는 가능성

보는 시선은 그리 곱지 않았다. 사람들은 사라포가 피아프의 명성과 돈 때문에 결혼한 거라고 손가락질했다.

　피아프는 몸무게가 33킬로그램밖에 되지 않는 상태에서도 유럽 투어를 계속했다. 노래를 부르다가 피를 토하고, 응급실로 실려 가기도 했다. 사라포와 함께 가진 파리 올림피아 뮤직홀 공연 때는 목소리조차 내기 힘들었다. 무대에서 안겨 내려올 때 그녀는 "무대로 데려가 줘! 노래를 해야만 해!" 하며 몸부림쳤다.

　리비에라 해안에서 요양 중이던 그녀는 젊은 남편에게 보챘다.

"미국으로 가자. 케네디 대통령 앞에서 멋지게 노래 부르고 싶어."

　1963년 초, 카바레 보비노에서 사라포와 함께 노래를 불렀다. 그리고 마지막이 된 노래 〈베를린의 남자〉(L'homme de Berlin)도 녹음했다. 깃털처럼 가벼웠던 그녀는 더 이상 버티지 못했다. 피아프는 강철보다 강인했으나 간암을 이길 수는 없었다.

　1963년 10월 11일, 칸의 집에서 피아프는 48세의 나이로 숨을 거두었다. 결혼식을 올린 지 꼭 1년 만이었다. 젊은 남편 사라포와 오랜 친구인 시몬느 베르토가 그녀의 끝을 지켜 주었다.

　그녀의 작은 몸은 수만 명의 조문객이 지켜보는 가운데 페르 라셰즈 공동묘지에 묻혔다. 파리의 교통이 통제되기는 제2차 세계대전 이후 처음이었다. 사라포에 대한 비난의 오해가 풀린 것은 그로부터 7년 뒤였다. 1970년 8월 28일, 사라포가 오토바이 사고로 세상을 떠났을 때,

비로소 그에게 남겨진 것은 피아프의 엄청난 빚뿐이었다는 사실을 알게 된 것이다. 사람들은 사라포를 피아프 곁에 묻어 준 뒤 묘비에 '사랑은 모든 것을 이긴다'라고 새겨 넣었다.

피아프의 사망 소식을 듣고 장 콕토는 혼잣말처럼 중얼거렸다.

"피아프는 방랑의 여로를 다한 배 같아. 피아프 이전에도 피아프는 없었고, 피아프 이후에도 피아프는 없을 거야."

그리고 몇 시간 뒤 74세의 장 콕토는 '그녀는 위대했다. 피아프와 같은 여성은 두 번 다시 태어나지 않을 것이다'라는 추도사를 끝내 읽어 주지 못하고 심장마비로 그녀의 뒤를 따라갔다.

❚ 고난을 겪지 않은 이는 세상의 한쪽 면만 본다

에디트 피아프의 생을 그린 영화 〈장밋빛 인생〉에 바닷가에 앉아 뜨개질을 하는 피아프와 기자의 대화가 나온다.

- 현명한 삶을 사는 것에 동의하세요?

"이미 그렇게 살았는걸."

- 가장 믿을 만한 친구는요?

"진정한 친구는 다 믿을 만하지."

- 노래를 못 하시게 되면?

"오, 더 이상 살 수 없겠지."

- 죽음이 두려우세요?

"외로움보다는 덜 무서워."

- 기도를 하세요?

"그럼, 난 사랑을 믿거든."

- 일을 하시면서 가장 좋았던 기억은요?

"매번 무대 커튼이 올라갈 때."

- 여자로서 가장 좋은 기억은요?

"첫 키스."

- 밤을 좋아하세요?

"그래, 많은 불빛과 함께라면."

- 새벽은요?

"피아노와 친구들이 있으면 좋지."

- 저녁은요?

"그건 우리에겐 새벽이거든."

- 여성들에게 조언을 주신다면 무슨 말씀을 하시겠어요?

"사랑."

- 젊은 여성들에게는요?

"사랑."

- 어린이들에게는요?

"사랑."

- 누구 옷을 뜨시는 거죠?

"내 스웨터를 입을 사람."

김치찌개를 잘 끓이는 방법이 있다. 육수를 우려 낸 다음 맛있는 김치를 썰어 넣고 갖은 양념을 알맞게 넣어 적당한 불에 끓이면 된다. 축구공을 잘 차는 방법이 있다. 디딤발을 공 옆에 놓고 무릎을 구부린 다음 차는 발을 뒤로 빼서 발목을 펴고 공을 찬 뒤 양팔을 벌려 몸의 중심을 바로잡으면 된다. 자, 이제 다 익혔으니 주방으로 가서 김치찌개를 만들고, 운동장으로 가서 축구공을 차 보자. 과연 김치찌개가 맛있게 나오고, 축구공이 멋있게 날아갈까? 아닐 것이다. 방법을 안다고 해서 곧바로 목적이 달성되지는 않는다.

삶이 그러하고 사랑이 그러하다. 마음을 먹은 대로 잘 살고 잘 사랑하기 위해서는 많은 공부와 훈련이 뒤따라야 한다. 그런데 삶과 사랑은 가르치는 곳도 없을뿐더러 애써 배우려는 사람도 없다. 혼자 학습해야 한다. 그러므로 인문(人文)이 필요하다. 인문이란 인류의 문화, 인류의 질서를 익히는 공부이기 때문이다. 그 속에 인간을 생각하는 휴머니즘이 들어 있다. "인문의 시대는 끝났다"라거나 "인문을 배워서 무엇하나?"라고 말하는 이들도 있다. 그러나 말 잘하는 법, 차 마시는 법, 살 빼는 법 따위를 돈 내고 배우는 것도 사실은 좀 더 인간답게 살기 위한 노력의 하나일 것이다.

"나는 그레타 가르보가 아니야. 너희들이 그것을 말하지 않아도 나는 알아."

　　　　　　　　　　　고난이라는 가능성

그레타 가르보는 이발소에서 머리 감기는 일을 하다가 '세계에서 가장 섹시한 배우'가 된 인물이다. 초등학교 1년 중퇴, 키 142센티미터, 부랑의 미혼모였으나 에디트 피아프는 20세기를 대표하는 대스타가 되었다. 보잘것없는 몸에 대한 열등감도 그녀에게는 아무런 장애가 되지 않았다. 누구든지 더 이상 자신을 바라지 않는다 싶으면 미련 없이 물러났다. 그러나 스스로를 버리지는 않았다. 또다시 사랑했고 또다시 시작했다. 그녀는 늘 지금부터라고 생각했다.

전쟁, 부상, 탈주, 파산, 피소, 투옥으로 이어진 삶에서 58세에 이르러 《돈키호테》라는 대작을 써낸 스페인의 소설가 세르반테스는 "배고픔은 세상에서 가장 훌륭한 소스"라고 했다. 선뜻 받아들이고 싶지 않을 수도 있다. 그러나 한 번이라도 허겁지겁 음식을 삼켜 본 이라면 나보다 더 독한 선험자의 경구에 고개가 끄덕여질 것이다.

고독과 절망과 가난과 광기. 이것들은 삶의 어깨를 짓누르는 무거운 짐으로 여겨진다. 그러나 그 무거운 짐이 우리를 키우는 대단한 힘이 되기도 한다. 고난을 겪지 않은 사람은 세상의 한쪽 면만 볼 수밖에 없으므로 그것밖에 알지 못한다. 고난은 사람을 겸손하게 하고 성숙하게 해서 마침내 현명한 인간으로 만드는 고마운 짐이다.

짧은 다리로도 파리를
사로잡을 수 있었던 이유

―――――― 희망 ――――――

툴루즈 로트레크
(Henri de Toulouse-Lautrec, 1864년 11월 24일~1901년 9월 9일)

프랑스의 화가. 귀족 집안 출신이나 병약한 소년 시절 사고로 다리에 장애를 입은 뒤
미술에 열중했다. 깊은 통찰력과 개성 넘치는 감각으로 인물들의 심리까지 화폭에 담
아냈다. 파리의 번화가를 중심으로 활동하면서 포스터 작업을 당당히 회화의 한 영역
으로 끌어올렸다.

몸의 어디가 고장 났다면, 거기가 고장 난 것이지 사람 자체가 고장
난 것은 아니다. 정말 주의를 기울여야 할 것은 '마음의 고장'이다. 손
톱 밑에 박힌 조그만 가시는 금세 느낄 수 있지만, 마음에 박힌 대못은
얼른 알아차릴 수 없다. 몸의 장애는 불편할 따름이나, 비뚤어진 마음
으로 사물을 보기 시작하면 대상도 비뚤어져 있다고 생각하게 된다.

몸이 불편한 사람은 그렇지 않은 사람보다 자기의 영혼에 더 가까이

고난이라는 가능성

갈 수 있다고 한다. 자신을 바라보는 시간이 그만큼 많아지기 때문이다. 무지(無知)에 대한 자각이 진리 탐구의 출발인 것처럼, 자신에 대한 바른 이해는 모든 창조의 바탕이 된다. 때로 육체의 장애를 가진 사람이 큰일을 해내는 것도 자기 내면에 몰두하는 시간을 좀 더 많이 가지는 까닭이다.

아픔을 견디는 사람은 그만큼 깊고 강하게 큰다. 태풍과 홍수가 없다면 바다와 강은 썩어버릴지도 모른다. 자연이 바다를 뒤엎고 강물을 넘치게 함으로써 그 싱싱함이 유지된다. 그러므로 태풍과 홍수를 이긴 사람이 많은 물고기와 곡식을 얻는다. 그처럼 마음의 풍파를 이긴 사람의 바구니는 지혜로 가득 찰 것이다.

'물랑 루즈의 화가'로 일컬어지는 툴루즈 로트레크는 다리가 심하게 짧았다. 그러나 그는 불편한 몸으로 프랑스 파리의 미술계를 휘저었으며, 그가 남긴 그림은 지금도 우리를 감동시키고 있다. 몸의 결함은 분명 그를 편하지 않게 했겠지만, 그의 영혼까지는 간섭할 수 없었다. 육체의 장애는 결코 의지의 장애가 될 수 없었던 것이다. 그는 자신을 이겨낸 극기의 아이콘이었다.

╏ 병약한 아이가 스스로 찾아 낸 재능

로트레크는 프랑스 왕가와 이어지는 귀족 가문의 장남으로 태어났다. 프랑스 남부의 유서 깊은 도시 알비는 툴루즈 가문이 가진 영지의 중심지였다. 1864년 11월 24일 오전 6시, 거대한 보스크 성 위로 폭풍

우가 몰아쳤으나 가족들은 아이의 출생이 기쁘기만 했다. 부모의 성
명은 외우기 힘들 정도로 길었다. 백작인 아버지는 '알퐁스 샤를 마리
드 툴루즈 로트레크 몽파'였고, 어머니는 '아델 조에 마리 마르케트 타
피에 드 셀레랑'이었다. 명문의 후예들이었다. 전통에 따라 아이의 성
명은 자랑하고 싶은 조상의 이름을 줄줄이 갖다 붙인 '앙리 마리 레이
몽 드 툴루즈 로트레크 몽파'로 지어졌다.

작은 보석이라는 뜻의 '프티 비주'로 불린 아이는 부모의 기대와는
달리 어려서부터 허약했다. 아버지와 어머니는 이종사촌 사이였으므
로 근친결혼에 따른 유전적 결함이 있는 듯했다. 그래서 그랬는지 3년
뒤 태어난 둘째 아들 리샤르는 1년도 못 되어 죽었다. 순수한 혈통을
이어간다는 뜻에서 가까운 친척끼리도 결혼하던 시절이었다.

아이는 대저택의 호화로운 환경 속에서 자랐다. 승마와 사냥을 즐
기던 아버지는 아들이 대를 이어 멋진 백작이 되기를 바랐다. 그러나
가정의 행복은 둘째 아들이 죽으면서 깨어지고 말았다. 부부는 별거
에 들어갔고, 로트레크는 4세 때부터 아버지와 떨어져 어머니와 함께
지냈다. 어머니 역시 귀족의 딸이었으므로 부족한 것은 없었다. 아이
는 포도밭이 펼쳐진 지중해 인근 나르본의 셀레랑 성에서 지냈다.

8세 때, 어머니는 아이를 파리로 데려가서 리세 퐁탄 국립학교에 입
학시켰다. 병약한 아이는 그림 그리기를 좋아했다. 샤를 삼촌이 아마
추어 화가여서 일찍이 그림과 친해질 수 있었다. 연습장에다 스케치
도 하고 만화도 그렸다.

로트레크의 몸에 이상 징후가 나타나기 시작한 것은 10세 무렵이었

고난이라는 가능성

다. 어머니는 걷는 것조차 힘들어하는 아들을 의사에게 데려갔으나 특별한 병명은 나오지 않았다. 3년째 되던 1874년, 소년은 다시 고향 알비로 돌아갔다. 건강 때문에 학교를 계속 다닐 수가 없었다.

어머니는 아들에게 개인 교습을 시키면서 치료를 위해 병원과 온천을 드나들었다. 그러나 나아질 기미는 보이지 않았다. 모든 생물은 자기가 살아야 하는 곳에 적응하려는 본성이 있다. 나뭇가지가 햇빛을 향하는 것처럼 배가 고프면 밥을 향하게 되어 있는 것이다. 지나치게 간섭하거나 방해하지 않으면 어린아이라 할지라도 살기 위해 스스로 즐거움을 찾게 된다. 어린 로트레크는 그림에서 작은 기쁨을 찾고 있었다.

1878년 5월, 14세, 의자에서 일어서다가 미끄러져 소년의 왼쪽 다리가 부러졌다. 그리고 이듬해 8월, 산책을 하다가 마른 웅덩이에 빠지는 바람에 오른쪽 다리마저 부러졌다. 그로부터 두 다리는 기형인 상태로 성장을 멈추고 말았다. 집안의 아이들이 키를 재던 복도 벽의 눈금은 152센티미터에서 정지했다.

소년은 엉덩이를 흔들며 마치 오리처럼 뒤뚱거려야 하는 자신이 싫었다. 몸을 마음대로 쓸 수 없는 소년은 그림 속으로 숨어 들어갔다. 그것이 유일한 낙이었고, 자기 구원이었다. 아버지와 함께 보냈던 추억들을 그림으로 그렸다. 말과 매, 승마와 사냥이 그림의 소재가 되었다. 그림 솜씨는 눈에 띄게 늘어갔다. 그것밖에는 달리 할 것이 없었으므로.

어머니는 아이가 그림에 재능이 있다는 것을 알아차리고 밀어주기

그림을 그리는 것밖에는 달리 할 수 있는 일이 없던 18세 때 그린 유화 〈셀레랑의 청년〉(1882년)

로 작정했다. 그러나 아버지는 못마땅하게 여겼다. 취미로 그림을 그린다면 모를까, 직업 화가는 절대로 용납할 수 없었다. 더 이상 승마와 사냥과 운동을 즐기는 귀족으로서의 삶을 살 수 없게 된 아들을 바라보는 아버지의 실망감도 크기는 했을 것이다. 아버지는 아들에게 작위 상속권마저 물려주지 않았고, 훗날 아들이 죽은 뒤에도 "마치 학생이 그린 듯 미숙하고 외설스러운, 낙서 같은 것들을 나는 찬양하고 싶지 않다"면서 화가로서의 업적을 인정하려 들지 않았다.

﹟ 결실을 위해서라면 동정 따위는 무시할 것

어머니는 아들을 데리고 파리로 갔다. 화가가 되려면 전문적인 기

고난이라는 가능성

법을 익히는 훈련 과정이 필요할 듯했다. 프랑스가 튀니지를 점령한 데 이어서, 유럽 강국들이 아프리카 지도 위에 선을 긋기 시작했다. 이른바 '좋은 시대'라는 의미의, 유럽 역사에서 가장 태평한 '벨 에포크'가 열리고 있었다.

17세, 상반신은 다 자랐는데 다리는 아이 적 그대로였다. 코와 입술도 눈에 띄게 두터웠다. 1881년 7월에 대학 입학 자격시험에 낙방하고 11월에 다시 응시해 합격했으나 그는 아예 화가가 되기로 결심했다. 어머니는 좋다고 했다. 미래 같은 것은 미래의 문제였다. 장애를 가진 아들이 마음을 붙이고 무엇에 몰두할 수 있다면, 그래서 행복을 찾을 수 있다면 다행일 것 같았다.

처음에는 아버지의 지인인 화가 르네 프랭스토에게서 그림을 배웠다. 주로 승마나 운동과 관련된 그림을 그리는 사람이었다. 로트레크는 청각 장애를 가진 이 37세의 화가로부터 불운을 뛰어넘는 의지를 먼저 배웠다. 두 사람은 서커스 구경을 다니기도 했다.

"예술이 너를 자유롭게 할 거야."

1882년 3월, 18세 때 그는 본격적인 그림 수업을 위해 정부 공식 초상화가인 레옹 보나의 화실에 들어갔다. 로트레크는 묵묵히 엄한 데생 훈련을 받았다. 소설가 빅토르 위고의 초상화를 그리기도 한 '백만 장자의 화가' 보나는 사람의 모습을 마치 사진처럼 정밀하게 뽑아내는 사람이었다. 살롱전 심사위원인 49세의 그는 칭찬에 무척 인색했다.

19세 때 그린 어머니의 초상 〈아델조에
툴루즈 로트레크 백작 부인〉(1883년).
몸이 불편한 아들 때문에 마음고생이
많은 듯한 표정이다

"네 그림은 나쁘지 않아. 그러나 그리는 방식은 형편없어."

6개월 뒤 로트레크는 페르낭 코르몽의 문하생으로 들어갔다. 인상
파의 아버지로 기록되는 마네가 51세의 나이에 세상을 떠난 해였다.
하느님을 거부한 사내가 돌도끼를 찬 채 지칠 대로 지친 무리들을 이
끄는 그림 〈카인〉으로 유명한 코르몽. 새로운 것을 원하는 미술학도
들이 들어가 한 번쯤 배우고 싶어하는 화실이었다. 코르몽은 친절하
게 격려했고, 청년의 모습을 갖춘 로트레크는 혹독하게 수련했다. 청
년의 가슴속에는 세상에 없는 것을 만들어 내겠다는 창조의 열정이
들끓고 있었다. 아들은 찻잔을 내려다보며 우두커니 앉아 있는 어머
니의 초상을 그렸다.

고난이라는 가능성

파리의 젊은 화가들은 앞다투듯이 독자적인 화풍을 이룩하고 있었다. 마네와 친구 사이인 드가의 그림도, 무역 열풍을 타고 들어오는 일본의 상품 포장지에 찍힌 판화도 청년의 눈길을 사로잡았다. 그 무렵, 부적절한 짓을 일삼는 남편과 멀리 떨어지고 싶은 어머니가 말로메 성을 사들였다. 이후 어머니는 휴가철이면 아들을 불러 같이 지내고는 했다.

1886년 4월, 코르몽의 화실에서 고흐와 로트레크의 만남이 이루어졌다. 화가로 성공하겠다고 찾아온 형 고흐를 화상인 동생 테오가 코르몽 화실로 데려온 것이었다. 아픈 사람이 아픈 사람의 심정을 헤아린다. 23세의 로트레크는 34세의 깡마른 고흐의 옆모습을 파스텔로 그렸다. 이들은 같은 화실에서 만난 26세의 화가 루이 앙크탱과 어울려 전시회를 갖기도 했다. 아직 자신이 없었던지, 아니면 본명을 쓰지 못하게 한 아버지의 명령을 따랐던 것인지 철자를 뒤바꾼 '트레클로'

라는 가명으로 '지리멸렬 예술전' 등의 전시회에 참가했다.

'미술 낙제생 앙리 드 툴루즈 로트레크'라는 명함을 가지고 다니던 키 작은 청년에게 사랑의 감정이 꿈틀거렸다. 그는 코르몽 화실의 어린 모델 마리 샤를레를 좋아했고, 모델 겸 화가인 쉬잔 발라동을 사랑했다. 사생아로 자란 21세의 쉬잔 발라동은 혼자서 3세의 아들 모리스 위트릴로를 키우고 있었다. 2년을 함께 지냈으나 발라동의 자살 소동 이후 헤어지고 말았다. 격렬한 사랑은 마치 손바닥 위의 물과 같아서 힘껏 움켜쥐면 손가락 사이로 모두 빠져나가 버리는 법. 발라동과 그녀의 아들 위트릴로 역시 미술사에 남아 있는 화가들이다. 위트릴로는 30년 뒤 화가 모딜리아니의 친구가 된다.

"살찌고 멋지게 모양을 낸 사람들은 무섭지 않다. 핏기 없고 야윈 저 녀석들이 무섭다."

《영웅전》으로 유명한 그리스의 전기작가 플루타르코스의 말이다. 청년은 자신이 생각하는 것이면 무엇이든 표현할 수 있는 방법을 익혔다. 이제 거리낄 것이 없었다. 남에게 잘 보일 필요도 없었으므로 누구의 눈치도 볼 이유가 없었다. 신체적 장애는 오히려 그에게 많은 자유를 허락했다. 마음대로 살고 싶었고, 마음대로 그리고 싶었다. 권력을 위해 몸을 굽히는 인간들처럼 남의 눈치나 살피다가 세상을 하직하기는 싫었다.

5년간의 학습을 마친 23세의 청년은 몽마르트르에 정착했다. 언덕 위 허름한 동네에 가난한 예술가들이 모여 있고, 그 아래 몽파르나스 거리에 카페와 무도장이 하나둘 늘어나고 있었다. 50대의 드가, 40대의 르누아르, 30대의 고흐가 그림을 그리는 곳이었다.

로트레크는 할머니에게 편지를 썼다.

> '어쩔 수 없이 보헤미안의 삶을 살고 있어요. 이런 분위기에 적응하기 위해 많이 노력했답니다. 사람들의 동정을 받는다는 것은 불쾌하지만, 작은 결실이라도 얻으려면 그런 동정 따위는 무시해야겠지요.'

보헤미안—속세의 관습을 무시하고 자유분방한 삶을 사는 예술가. 몽파르나스 거리는 빠르게 유흥가로 변해갔다. 고독한 로트레크에게 그곳은 신나는 놀이동산이었다. 지위, 인습, 인품 따위는 용도 폐기된 곳이었다. 귀족들도 서민들과 나란히 걷고 춤출 수 있는 자유 구역이었다. 대가를 지불하기만 하면 즐거움이 주어졌다. 1885년에 카바레 미를리통이 문을 연 데 이어 1889년의 만국박람회에 맞추어 에펠탑이 세워졌고, 빨간 풍차를 상징물로 내세운 카바레 물랭루주가 개장했다. 심사도 없고 상도 없는 앵데팡당전에 출품한 그해, 고흐의 동생 테오가 로트레크의 그림을 사들였다.

가수이자 카바레 미를리통의 주인 아리스티드 브뤼앙의 포스터. 로트레크의 그림을 높이 사 그를 몽파르나스의 문화 속으로 이끌었다

▮ 작은 괴로움은 재미있는 일화일 뿐

콤플렉스는 약점이 아니다. 뒤집어버리면 오히려 장점일 수도 있다. 왜냐하면 남이 지니지 못한 것을 내가 가지고 있기 때문이다. 그러므로 '콤플렉스는 나의 힘'이라 생각하면 정말 힘이 불끈 솟는다. 하지만 콤플렉스를 의식하고 있는 이가 낯선 무리와 화합하는 일은 그리 만만하지 않다.

로트레크도 처음에는 두려웠을지 모른다. 빈약한 몸으로 튼튼한 육체들이 들끓는 유흥가 속에 스며들기란 그리 쉽지 않았을 것이다. 그러나 로트레크에게 좋은 사람이 다가왔다. 카바레 미를리통의 주인인 샹송 가수 아리스티드 브뤼앙이었다. 검은 벨벳 재킷에 빨간색의 긴 스카프 차림을 즐기는 몽마르트르의 스타. 로트레크의 그림을 높이

고난이라는 가능성

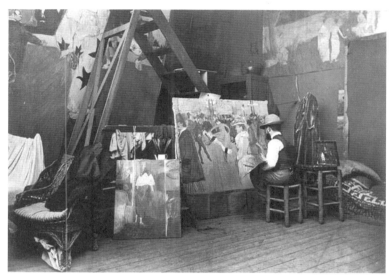

아틀리에에서 〈물랑 루즈에서 온 새로 온 소녀들의 춤 연습〉을 그리는 25세 무렵의 로트레크

산 그는 자신의 카바레에서 전시회를 열도록 배려했고, 자신이 발행하는 미술 잡지 〈미를리통〉에도 그림을 실었다. 이로써 청년은 유흥가의 자유분방한 분위기 속으로 빠르게 흡수될 수 있었다. 끊이지 않는 노래와 춤, 거침없는 여자들의 삶은 불행한 귀족 로트레크로 하여금 수채화 275점, 유화 737점, 드로잉 4784점. 판화와 포스터 369점을 남기게 했다.

예술이란 사람이 사람 사는 이야기를 여러 방법으로 표현하는 일이다. 문학은 언어로, 음악은 소리로, 미술은 색채로 사람 사는 이야기가 표현된다. 풍경화나 정물화라 하더라도 그 속에는 사람의 이야기가 들어 있게 마련이다. 로트레크는 사람을 그렸다. 그것도 사연이 너무 많을 듯한 사람들의 감추어진 모습들을. 털어놓고 싶은 이야기가 많

다는 것은 단 한 번 주어진 삶을 그만큼 열심히 살았다는 증거가 되기
도 한다.

"풍경은 액세서리 외에 다른 것이 될 수 없다. 얼굴이 중요하다."

그의 화실은 늘 온갖 잡동사니로 가득했다. 옷, 신발, 장신구, 그릇,
인형, 사진, 악보, 가발 등 만물상을 연상케 할 정도로 어지러웠다. 가
정부에게도 그 물건들을 옮기거나 치우지 못하게 했다. 모두가 귀중
한 소재였던 것이다. 그는 자기만의 세계에서 자기만의 그림을 그렸
다. 구상하고 스케치하는 데 많은 시간을 들이지 않았다. 그리고 싶은
때의 감정을 고스란히 담기 위해 단숨에 그림을 완성시켰다.

몽파르나스의 화려한 밤공기는 불편한 몸의 답답한 영혼을 해방시
켰다. 그는 어둠이 내리면 술집을 찾았으며, 지정석이 된 맨 앞줄의 테
이블에 앉아 스케치북을 펼쳤다. 거기에서 술을 마시고, 친구들과 이
야기하고, 무희들과 농담을 주고받았다. 손님들은 이상한 눈길로 쳐
다보았으나 이미 익숙해진 지 오래여서 아무렇지도 않았다.

술집에서 그는 인기가 좋았다. 큰 괴로움을 겪은 사람에게 자잘한
괴로움은 그저 재미있는 일화에 지나지 않는다. 그러므로 그는 무척
밝았다. 부잣집 아들이었으므로 술값을 치르는 데도 문제가 없었다.
밤마다 눈앞에서 기막힌 드라마가 펼쳐졌고, 그는 순간적으로 드러나
는 인간들의 내면을 놓치지 않았다. 술집 안에는 두 가지의 인간형이
있었다. 술에 취한 사람, 술에 취하지 않은 사람. 본능을 따르려는 사

고난이라는 가능성

람, 본능을 감추려는 사람. 적나라한 모습들이 연출 없이 공연되는 그곳은 소재의 보물창고나 다름없었다.

로트레크는 사람들 속에서 고독과 불안과 우울과 허무를 보았고, 그것을 그대로 그렸다. 배경의 세밀한 묘사 따위는 군더더기에 불과했으므로 윤곽선만 가지고도 요점에 도달할 수 있었다. 그것이 그의 그림을 한참이나 들여다보게 하는 이유이기도 하다.

1888년에 이어 1890년에 브뤼셀에서 열린 아방가르드 작가 20인전에 참가했다. 오프닝 파티에서 2세 아래의 화가 앙리 드 그루가 고흐의 작품을 비난하자 로트레크는 결투를 신청한 일도 있었다. 그해 7월 6일, 로트레크는 고흐를 자신의 집으로 초대해 함께 시간을 보냈다. 그러나 23일 뒤 고흐가 세상을 버렸다는 소식이 들려왔다.

로트레크를 유명하게 만든 것은 포스터였다. 그가 포스터를 제작하게 된 데는 두 가지 이유가 있었다. 시대가 광고를 필요로 하는 것, 원색 판화 기법이 개발된 것. 늘어나고 있는 카바레와 극장들은 자신의 존재를 고객에게 알려야 했으므로 홍보물이 필요했다. 로트레크는 원색 석판화 기법을 포스터 제작에 이용했다. 석판화(石版畵)는 물과 기름이 섞이지 않는 성질을 이용해 석판에다 그림을 그려 찍어내는 평판화의 일종이다. 지금은 알루미늄판이나 아연판 등도 쓰지만, 처음에는 석회석을 이용했기 때문에 붙여진 이름이다.

1891년, 그는 카바레 물랑 루즈의 포스터를 만들었다. 명작으로 남게 된 〈물랑 루즈의 라 굴뤼〉는 파리 곳곳에 나붙었고, 이로써 27세의

로트레크를 유명하게 만든 포스터 《물랑 루즈의 라굴뤼》(1891년). 포스터 작업은 전시실에 갇혀 있던 미술이 거리로 나오게 했다

고난이라는 가능성

키 작은 화가는 갑자기 유명해졌다. 전시실에 갇혀 있던 미술이 거리로 나오게 된 중요한 사건이었다. 이후 그는 10년 동안 가수와 무희들을 담은 포스터를 꾸준히 제작했다.

로트레크는 친구와 함께 아파트로 거처를 옮겼다. 어머니는 늘 그림자처럼 빈약한 아들의 뒤를 보살폈다. 몽마르트르는 모든 예술가들에게 찬양의 대상은 아니었다. '공쿠르문학상'으로 유명한 소설가 에드몽 드 공쿠르나 '드레퓌스사건'으로 유명한 소설가 에밀 졸라 같은 인사들은 그곳을 저속하고 천한 장소라고 비난하기도 했다. 자기들도 〈매춘부 엘리사〉, 〈나나〉 등 사창가의 이야기를 소설로 썼으면서.

▍어둠 속에서 더욱 빛나는 자유와 창조 정신

몽파르나스의 유흥가는 로트레크에게 창조와 파괴를 동시에 던져주었다. 신체의 장애를 감싸주기도 했지만, 그 신체를 파멸로 이끌기도 했던 것이다. 친구와 함께 런던을 여행한 30세의 로트레크는 아예 사창가에 진을 쳤다. 카바레보다 더 진한 공간이었다.

날마다 무희나 가수뿐만 아니라 창녀들과도 거리낌 없이 지냈다. 접대부와 손님의 관계를 넘어 우정을 나누는 사이가 되었다. 로트레크는 그들을 자신의 작품 속에 담았다. 그로써 파리 유흥가를 주름잡던 굴뤼, 아브릴, 길베르, 벨포르, 밀통, 발랑탱, 랑데르 같은 이름들이 미술사에 영원히 남게 되었다.

사창가는 로트레크의 집이나 다름없었다. 아무데서나 이젤을 놓고 자유롭게 그림을 그릴 수 있었다. 여자들은 침실이든 욕실이든 탈의실이든 대기실이든 로트레크가 원한다면 기꺼이 포즈를 취했다. 그녀들에게 로트레크는 거들먹거리는 손님이 아니라 자신들을 이해하며 좋은 와인과 맛있는 음식을 사 주는 따뜻한 친구였다.

로트레크의 그림은 그렇게 자서전이 되어갔다. 그의 작품이 인상주의 그림과 구별되는 것은, 인상주의 화가들이 밝은 야외를 택했다면 로트레크는 컴컴한 실내를 택했다는 점이다. 로트레크는 그렇게 어둠 속의 사람들, 아카데미즘이 경멸하는 모습을 거침없이 그려나갔다. 모르는 사람들은 그가 만날 그렇게 놀면서 언제 그림을 그리는지 의아해했다.

그러는 사이 로트레크의 몸은 점점 망가지고 있었다. 그는 술이면 종류를 가리지 않았다. 와인, 샴페인, 브랜디, 럼, 그리고 《악의 꽃》의 시인 보들레르가 창작을 위한 환상에 유용하다며 좋아했던 독주 압생트 등등. 친구들과 가진 1895년 2월의 파티에 로트레크는 빡빡머리에다 두 줄기 턱수염을 한 바텐더 모습으로 나타나 밤새도록 폭탄주를 만들어 나르기도 했다. 그래서 그는 칵테일의 개발과 보급의 일등 공신으로 꼽히기도 한다.

석판화 모음집 〈여자들〉을 펴낸 로트레크는 몸과 마음을 추스르기로 했다. 1897년 5월에 몽마르트르 언덕 위의 새 화실로 이사했다. 나무가 있고 정원으로 난 창문이 딸린 집이었다. 그는 그곳에서 평온히 지내고 싶어했다.

로트레크는 87점의 작품을 이전 작업실에 두고 왔는데, 새 주인이 낡은 벽을 바르는 데 써버렸다. 아마 지금쯤 수백억 원에 이를지도 모르는 그의 작품들은 그렇게 영원히 사라지고 말았다.

1898년 5월, 런던에서 개인전을 열었으나 실패였다. 출판업자이자 화상인 나탕송의 초청으로 네덜란드에 머물 때 가벼운 발작 증세가 나타났다. 그 뒤로 건강이 급속도로 나빠졌다. 화를 잘 내는가 하면 백치처럼 멍하게 있기도 했다. 누군가 자신을 공격할 거라는 환상에 지팡이를 쥔 채 잠들었으며, 벽을 기어오르는 거미를 향해 총을 쏘았다. 알코올 중독에 따른 정신착란이었다. 매독균도 그를 괴롭혔다.

어머니는 망가진 아들과 함께 요양소로 갔다. 그러나 친정어머니 루이즈를 간호하기 위해 곧 아들 곁을 떠나야 했다. 외롭고 불안한 로트레크는 또 술을 마셔댔고, 대부분의 시간을 집 밖에서 보냈다. 그러나 만취 상태에서도 그는 마부에게 포스터를 찍는 작업실로 데려가 달라고 부탁하는 화가였다.

1899년 3월, 어머니는 사람을 불러 화실에서 나오는 35세의 아들을 납치하다시피 데려가 세므레뉴 박사의 병원에 입원시켰다. 병원에 있는 동안 술을 못 마시게 되자 몸이 다소 회복되는 듯 보였다. 그는 의사에게 자신이 건강하다는 것을 증명하기 위해 서커스 그림을 그려 보였고, 3개월 만에 퇴원할 수 있었다. 그리고 그는 만나는 사람들마다 이렇게 말했다.

"나는 그림으로 자유를 샀어."

ᆞ 불운에게도 역할이 있다

아무것도 모르던 어린 시절로 돌아가고 싶었을까? 로트레크의 그림에 다시 동물들이 등장했다. 말, 개, 새, 달팽이 등 아이 때 즐겨 그렸던 대상이었다. 동물원 새장 앞에서 어머니에게 말했던 "나처럼 몸을 흔들며 걸어. 정말 놀랍지 않아?"라는 문장이 가슴속에서 솟구쳤다. 어머니는 아들을 집안 사람인 해군 제독 출신 폴 비오에게 맡겼다. 로트레크는 파리를 떠나 어머니의 저택들이 있는 보르도, 아르카송, 말로메에서 지냈다. 그러나 건강은 좀체 나아지지 않았다. 그는 어머니에게 편지를 썼다.

'힘이 없어요. 그래서 그림 그리기가 어려워요.'

세기가 바뀐 1900년, 그림을 향한 그의 의지는 세월도 꺾지 못했다. 만국박람회의 포스터 부문 심사위원이 되면서 아파트와 화실을 같이 얻었다. 다시 시작하고 싶었다. 그러나 10월, 가뜩이나 성치 않은 다리에 마비 증세까지 덮쳤다. 더 이상 버틸 자신이 없었다. 이듬해 4월, 로트레크는 파리에 들러 자신의 물건들을 정리한 뒤 유언서를 작성했다. 경매에서 그의 그림 값은 점점 높아가고 있었다. 8월 15일, 비오와 함께 토사에 머물고 있을 때 하반신이 아주 마비되어버렸다. 어머니는 가련한 아들을 자신의 말로메 성으로 데려왔다.

"어머니, 어머니만 있군요. 죽는 게 너무 힘들어요."

늘 자신의 그림 한쪽에 조그맣게 앉아 있기만 하던 화가의
〈거울 앞의 자화상〉(1883년)

어머니의 간절한 기도에도 로트레크는 1901년 9월 9일 새벽 2시에 눈을 감고 말았다. 창밖은 태어날 때처럼 폭풍우가 몰아치고 있었다. 37년을 미처 채우지 못한 나이였다. 그러나 참 아낌없이 지낸 빛나는 세월이었다.

"술에 취해 넘어져도 괜찮아. 나는 늘 땅에 붙어 있으니까."

몹시 불편한 다리로 파리를 휘젓고 다닌 사내, 늘 밝고 재미있던 사내, 귀족이면서도 편견이 없었던 사내, 자신의 그림 속 구석 자리에 조그맣게 놓여 있던 사내는 그렇게 떠났다. 하반신은 탁자로 가리고 역광의 어두운 얼굴을 한 단 하나의 자화상을 남기고, 바닷가에서 엉덩이를 까고 환하게 웃는 사진을 남기고, 그리고 바라보면 바라볼수록 마음 아파오는 그림들을 남기고서.

1922년, 어머니 아델 백작부인은 자신의 분신과도 같은 아들의 작품들을 고향 알비 시에 기증했다. 그리고 그해 타른 강변에 서 있는 베르비 궁전에 '툴루즈 로트레크 미술관'이 문을 열었다.

가끔은 자신이 불운하다고 느껴질 때가 있다. 누구나 그럴 때가 있는 것은 누구나 사람이기 때문이다. 영혼이 있기에 불운을 생각할 수 있는 것이다. 아무리 아름답고 훌륭한 육체라 하더라도 거기에 정신이 없다면 짐승에 불과할지 모른다. 불운하다는 생각을 뒤집으면 마음이 좀 누그러진다. 늘 행운일 수 있을까? 그럴 수는 없다. 하루가 늘 새벽일 수 없듯이 삶이 늘 행운일 수는 없는 것이다.

"내 다리가 조금만 더 길었더라도 나는 그림을 그리지 않았을 것
이다."

로트레크도 여느 사람들처럼 걷고 뛰고 달리고 싶었을 터이다. 그는 자신의 의지와 아무런 상관없이 주어진 육체의 결함을 '틀린 것'이 아니라 '다른 것'이라 믿었고, 그 남다른 힘을 그림에 쏟아부었다. 많이 싫고, 많이 불편하고, 많이 힘들었을 것이다. 그는 위대한 화가이기 이전에 위대한 인간이었다.

태풍과 홍수가 나름의 역할을 하듯이, 불운에게도 나름의 역할이 있다. 사람을 단련시키는 사명을 가지고 있는 것이다. 그러므로 그것을 잘 활용하면 된다. 적의 첩자를 역이용해 승리를 꾀하는 것도 좋은 전

술의 하나라고 했다. 믿기는 하지만 큰 스승이라 받아들이면서, 순조롭지 못한 운명에 씩씩하게 가슴을 열어 보일 일이다. '옷걸이, 커피포트, 몽마르트르 귀신'이라는 별명으로 통했던 로트레크가 그랬듯이, 마음이 아프더라도 지금은 초라한 내 명함을 당당히 내밀 일이다. 어리석은 이는 환경의 지배를 받지만 현명한 이는 환경을 지배한다고 했다. 빛나는 시간은 믿고 나아가는 자의 몫이다.

　병상에 누워 본 사람은 안다. 하고 싶고, 해야 할 일이 얼마나 많은지를. 할 수 있을 때 하는 것은 누구나 할 수 있는 사소한 일일지 모른다. 하기 어려울 때, 할 수 없다고 생각될 때 하는 것이야말로 진짜 값진 일이다. 물론 쉽지는 않을 것이다. 그러나 겁낼 이유가 없다. 하다가 그만두더라도 한 만큼은 남지 않겠는가?

악마도 겁내지 않은
거룩한 재능

━━━━━━ 극복 ━━━━━━

니콜로 파가니니
(Niccolo Paganini, 1782년 10월 27일~1840년 5월 27일)

이탈리아의 바이올린 연주자·작곡가. 어린 시절 부두 노동자인 아버지의 손에 이끌려
바이올린을 켜기 시작했다. 아름답고 화려한 기법으로 바이올린 연주에 변혁을 일으
키며 대단한 인기를 끌었다. 초인적인 기교와 유명세로 '악마의 바이올리니스트'라 불
리기도 했다.

음악을 좋아하는 사람치고 사악한 사람은 별로 없다. 조화를 바탕
으로 하는 음악은 영혼을 정화시키는 우아한 힘을 지니고 있기 때문
이다. 그것은 우리를 머리 아픈 현실로부터 초월하게 만들고, 내면으
로 침잠하게 만든다. 국가와 민족을 뛰어넘는 유일한 세계 공통어가
음악이다.

악마란 '요사스럽고 못된 짓을 하여 사람을 망하게 하는 나쁜 귀신'

을 뜻한다. 기독교에서는 악마를 가리켜 '사탄'이라고 하는데, 이는 곧 적대자로서 하느님과 대립하는 악을 인격화하여 이르는 말이다. 살아서는 물론이고 죽어서까지 오랫동안 '악마'라는 소리를 들어야 했던 음악가가 있다. 바로 위대한 바이올리니스트 니콜로 파가니니다. 소설가 도스토옙스키는《카라마조프의 형제들》에서 이렇게 말했다.

> 만약 악마가 존재하지 않는다면 결국 인간이 그것을 만들어 낸 것이 된다. 인간은 기어코 자기 모습을 닮은 악마를 만들어 냈을 것이다.

마음속에 온전히 선(善)만을 품고 있는 사람은 드물다. 정도의 차이가 있을 뿐 누구나 얼마쯤은 악의 요소를 안고 살아간다. 태어날 때는 악했다가 후천적으로 선하게 된다는 성악설과, 태어날 때는 선했다가 후천적으로 악하게 된다는 성선설은 아직 그 승부가 나지 않고 있다. 어쨌든 두 가지 다 인간에게 악의 요소가 깔려 있음을 전제로 하는 이론이다. 인류는 악을 지우기 위해 많은 노력을 기울여왔으나 악은 쉽게 지워지지 않았다. 문제는 외부의 악에 대해서는 싸우려들지만 내부의 악과는 싸우려들지 않는다는 데 있다. 훨씬 쉬운 상대는 자기 안의 악일 텐데도.

"너나 잘하세요!"라는 명대사를 남긴 영화 〈친절한 금자 씨〉의 극적인 장면에서는 꼭 바이올린의 선율이 흐른다. 애절하면서도 따뜻한 느낌의 이 바이올린 곡은 파가니니의 무반주 〈카프리치오 24번〉이다.

신기에 가까운 연주 기법으로 바이올린이 가진 특성을 고스란히 표현했다는 24개의 〈카프리치오〉는 바이올린을 전공하는 이들에게 하나의 교과서로 통하기도 한다. '카프리치오'는 '장난' 또는 '변덕'이라는 뜻을 가진 이탈리아어다. "나 떨고 있냐?"라는 명대사를 남긴 최고 시청률의 드라마 〈모래시계〉에서 '혜린의 테마'로 쓰인 쓸쓸한 선율도 파가니니의 〈바이올린 소나타 6번〉이다.

파가니니의 삶은 흔히 '광기'(狂氣)로 상징된다. 미친 듯한 기미의 삶이라니, 일상의 관점에서 보면 그는 불행하게 지냈다는 뜻으로 이해할 수도 있다. 그래서 그런지 그의 음악 속에는 유혹과 전율과 희열과 슬픔이 진하게 배어 있다. 같은 시대를 살았던 사람들은 그를 가리켜 이렇게 말했다.

"악마에게 영혼을 판 대가로 바이올린의 천재성을 얻어냈다."

남들이야 뭐라고 하든지 파가니니는 오로지 음악과 함께 살았고, 자신의 소망대로 인류를 구원할 수도 있는 소리들을 남기고 갔다. 죽음과 고통과 죄악에서 건져 내는 거창한 일만이 구원은 아니다. 어려움에 처한 사람을 구하는 일, 마음의 조그만 평화를 가져다주는 일 또한 구원인 것이다. 그렇다면 파가니니는 악마보다 천사에 더 가까운 사람이 아니었을까?

고난이라는 가능성

▌ 돈벌이로만 쓰인 아들의 삶

니콜로 파가니니는 1782년 10월 27일 이탈리아 제노바에서 6남매 중 셋째로 태어났다. 춥고 습한 지중해의 겨울이 시작되는 때였다. 당시 제노바는 몇몇 부유한 가문들을 위한 도시나 다름없었다. 그들은 내키는 대로 교회를 세우고 저택을 지었다. 한없이 낮은 삶이 마치 숨은 듯 골목 사이사이에 끼어 있었다.

가난한 아버지 안토니오는 부두에서 노동을 하거나 만돌린을 연주하며 생계를 유지했다. 가족은 '고양이 골목'이라고 불린 좁고 지저분한 거리의 낡은 집에서 살았다. 아이는 4세 무렵 죽을 고비를 넘긴다. 북부 이탈리아를 휩쓸던 홍역이 들이닥쳐 여동생 안젤라가 죽고 파가니니도 합병증으로 척수염까지 앓았다. 그러나 다행히 아이는 회복되었고, 어두컴컴한 집 안에서 아버지의 만돌린을 장난감처럼 가지고 놀고는 했다.

5세 때, 파가니니는 아버지로부터 만돌린을 배웠다. 솜씨가 예사롭지 않자 아버지는 바이올린을 켜게 했다. 훗날 파가니니는 아버지에 대해 '음악성이 없는 사람'이라고 했지만, 아들의 음악적 재능을 알아차릴 귀는 충분히 열려 있는 셈이었다. 아버지는 아이가 7세가 되던 때에 교회로 데려가 바이올린을 배우게 했던 것이다.

어머니 테레사는 글을 읽을 줄도 쓸 줄도 모르는 사람이었다. 어린 아들이 바이올린을 잡을 때면 민요를 불러 주며 따라 켜게 했다. 어느 날 어머니가 아들에게 말했다.

제노바 시청의 방탄유리 상자 속에 보관되어 있는 캐논 과르네리 바이올린

"꿈속에 하느님이 나타나 소원을 말해 보라고 하기에 네가 유명한
바이올리니스트가 되게 해 달라고 말씀드렸단다."

아이의 솜씨는 무서운 속도로 늘어갔다. 아버지는 그런 아들에게
하루 10시간씩 맹훈련을 시켰다. 게으름을 피운다 싶으면 때리기도
하고 밥도 주지 않았다. 그렇게 해서 1794년 5월 26일, 12세의 소년은
필리포네리 성당에서 첫 연주회를 가질 수 있었다.

1795년, 아버지와 아들은 더 나은 선생을 찾아 파르마로 갔다. 아이
의 연주를 들은 중년의 음악가 알레산드로 롤라는 그 자리에서 자기
가 가르치겠다고 나섰다. 천재성을 엿본 그는 아이를 자신의 제자 페
르디난도 파에르에게 보내 연주뿐만 아니라 작곡도 배우게 했다. 얼
마 뒤 파에르는 아이를 또 자신의 다른 스승 가스파로 기레티에게 보
냈다. 아이는 한 스승 아래 오래 머물지 못했다. 6개월이면 선생을 능
가해 버렸던 것이다. 바이올린이 커서 팔꿈치가 몸에 닿을 만큼 내려
잡을 수밖에 없던 아이였다. 7월 31일, 롤라는 아이를 위해 특별 콘서

트까지 열어 주었다.

아들의 재능이 인정을 받는 만큼 아버지의 야심도 점점 커져갔다. 아버지의 야심이란 아들이 어서 큰 교회의 바이올리니스트가 되어 안정된 수입을 올리게 하겠다는 것이었다. 파가니니는 뒷날 자신의 어린 시절을 이렇게 회상했다.

"아버지는 잠시도 나를 가만두지 않았다. 그보다 더 엄한 아버지는 상상할 수도 없다. 그렇게까지 할 필요가 없었다. 나 스스로가 바이올린에 충분히 매료되어 있었으니까."

15세 소년은 이미 자작곡을 연주할 정도의 수준에 이르러 있었다. 파가니니는 아버지와 함께 제노바와 파르마를 중심으로 순회 연주를 다녔다. 연주회가 거듭될수록 이름은 일대에 널리 퍼져갔다. 후견인을 자처하며 여행 경비를 대 주는 귀족도 있었다. 그는 혼자 연주 여행을 다니고 싶어 했으나 그의 아버지는 날이 갈수록 혹독하게 대했다.

1800년 18세, 리보르노에서 연주회를 가질 때 아들은 부모에게 돈을 보내기로 약속한 뒤 홀로서기에 성공했다. 제노바가 나폴레옹에 의해 프랑스 제국으로 합병되는 정치적 소용돌이 속에 휩싸였다. 프랑스 군대가 공연 무대를 폐쇄할 때에야 파가니니는 잠시 숨을 돌릴 수 있었다.

▮ 음악은 절대 양보할 수 없는 성역

1801년 9월 14일, 19세의 파가니니는 루카에 있는 산타크로체 성당의 대미사 연주회에 솔리스트로 섰다. 28분 동안 계속된 연주는 청중을 압도했다. 바이올린 하나로 온갖 동물의 소리를 모사하는가 하면, 오케스트라 전체를 흉내 내기도 했다. 지금까지 한 번도 들은 적이 없는 기교였다. 이로써 청년은 오케스트라의 수석 연주자로 자리 잡게 되었다.

자유인이 된 청년은 연애와 도박의 재미에 빠지기도 했다. 저당 잡힌 바이올린을 찾지 못해 연주를 할 수 없게 되었다는 사연을 듣고는 프랑스 상인이 자신의 과르네리 바이올린을 빌려준 일이 있었다. 연주에 감명 받은 그 부자는 귀한 명기를 파가니니에게 선물했다.

1805년 여름, 나폴레옹의 여동생 엘리자 바치오키가 군주가 되어 루카로 입성했다. 파가니니는 곧 궁정 바이올리니스트로 임명되었다. 28세의 엘리자는 파가니니의 연주를 듣고 실신한 최초의 여인이라는 기록을 남겼다. 청년은 36곡으로 된 바이올린과 기타를 위한 주명곡, 〈루카 소나타〉를 작곡했다.

'사랑의 장면'이라면서, 바이올린의 가운데 두 현은 풀고 1번 E현과 4번 현만으로 연주하는 것을 들은 엘리자는 한 개의 현만으로 멋진 연주를 들려줄 수 없겠느냐고 물었다. 마침 나폴레옹의 생일이 다가오고 있었으므로 파가니니는 G현을 위한 소나타를 쓴 뒤 〈나폴레옹〉이라는 제목을 달았다. 엘리자는 이 곡에 열렬한 갈채를 보냈고, 이로써 그는 G현을 가장 아끼게 되었다. 25세 무렵, 24개의 〈카프리치오〉를 완성했다. 로마의 한 출판업자에 의해 그의 생전에 유일하게 인쇄된 곡이기도 하다. 악보가 출판되었을 때 바이올리니스트들은 연주가 불가능한 곡이라고 고개를 저었다. 훗날 파리에서 출판 제의를 받은 적이 있으나 워낙 높은 인세를 요구하는 바람에 성사되지 못했다.

엘리자의 남편 펠릭스 바치오키에게 바이올린을 가르치기도 하고, 궁녀 마담 프라시네와 밀애를 나누기도 하던 파가니니는 1809년 12월에 궁에서 나왔다. 오빠 나폴레옹의 명을 자주 거부하여 엘리자의 세력이 약화되던 때였다.

1813년, 아직은 지방의 연주자이기만 하던 그에게 활동 무대를 넓힐 수 있는 기회가 왔다. 밀라노의 라스칼라 오케스트라 악장이자 음악원 교수로 있던 어린 시절의 스승 롤라로부터 초청을 받은 것이다. 라스칼라의 콘서트는 대성공이었다. 그리고 수십 회의 연주회를 거치면서 파가니니의 이름은 이탈리아 전역으로 퍼져갔다.

이듬해, 제노바에서 파가니니는 치명적인 사랑을 했다. 상대는 20세의 재봉사 안젤리나 카반나였다. 그는 카반나와 함께 파로마로 도망쳤는데, 두 달 뒤 임신 사실을 알게 되었다. 그녀의 부모는 파가니니를 고소했고, 파가니니는 결국 부녀자 유괴 혐의로 옥살이를 했다. 감옥에서도 바이올린을 놓지 않았던 그는 위자료를 지불한 뒤 풀려났고, 안젤리나는 1815년 6월에 여자아이를 사산했다.

이 사건에 대한 소문은 꼬리에 꼬리를 물고 부풀려졌다. '애인을 살해했다', '아내를 칼로 찔러 죽였다', '감옥에서 바이올린의 현들이 자살 도구로 쓰일 수 있어서 G현 하나만 허락되어 그것으로만 연습했다'는

화가 루이 불랑제가 그린 〈감옥 안의 니콜로 파가니니〉
(1831년)

등의 루머는 급기야 '애인의 창자로 G현을 만들었다'는 데까지 확대되었다. 양의 창자를 가공해서 현을 만들던 시절이었다. 이로써 그는 서서히 '악마의 바이올리니스트'가 되어갔다.

그러나 연주회는 성공에 성공을 거듭했고, 파가니니는 그만큼 더 야위고 있었다. 그와 자주 어울렸던 사람은 파가니니를 이렇게 묘사하기도 했다.

"소리가 악기에서 나는 것인지, 그의 몸 어디에선가 나는 것인지 분간하기 어렵다. 그가 벽난로 가까이에 있을 때면 혹시 불꽃 속으로 빨려 들어가지 않을까 염려될 정도였다."

빠른 손놀림, 절정의 기교, 화려한 퍼포먼스에 청중들은 깊이 빠져들었다. 파가니니에게는 오로지 음악밖에 없었다. 잘할 수 있는 것이

고난이라는 가능성

라고는 바이올린과 기타뿐이라고 스스로도 인식하고 있었다. 그러므로 음악과 함께 있을 때가 가장 편안하고 행복했다.

파가니니에게 있어서 음악은 절대로 양보할 수 없는 성역 같은 것이었다. 1816년 어느 날, 베로나의 관현악단 지휘자 발다브리니가 '다른 곡은 연주할 능력이 없어서 자기 레퍼토리만 연주하는 것'이라고 비아냥거렸다. 파가니니는 그의 악보를 펼친 뒤 활을 내려놓고는 등나무 가지를 꺼내 들었다. 이 정도 곡이라면 굳이 활을 쓸 필요가 있겠느냐는 복수였다.

⁞ '사탄의 자식'이라는 소문에도 거침없이 앞으로

1821년 겨울, 40세를 바라보는 파가니니의 건강이 눈에 띄게 나빠졌다. 밀라노의 의사 보르다가 "매독이 이 정도로 오래되었는데도 살아 있는 것이 신기하다"고 말할 정도였다. 그 의사는 수은 치료법을 썼는데, 이에 따른 부작용으로 경련을 동반하는 간염에다 대장염까지 겹쳤다. 이듬해 10월, 파가니니는 홀로 된 어머니와 함께 고향 제노바로 갔다.

오스트리아 출신의 의사 슈비처가 처방한 원기 보강 치료법이 도움을 주었다. 건강을 회복한 파가니니는 1824년에 가수 안토니아 비안키와 사랑에 빠졌다. 그리고 1825년 7월 23일에 유일한 혈육인 아들 아킬레스가 태어났다.

악마의 루머는 끈질기게 그를 괴롭혔다. 베니스에서 열린 한 연주회 전날 밤 만찬에서 그는 수군거리는 사람들에게 외쳤다.

"유령으로부터 이제 저를 구해 주십시오. 저는 오래전 한 여자를
사랑했을 뿐입니다."

그는 '사탄의 자식'이 아니라 평범한 '인간의 아들'이라는 것을 증명
하기 위해 '소중한 내 아들아!'로 시작되는 어머니의 편지를 공개하기
도 했다. 신문은 '그의 연주는 직접 들어보지 않은 사람은 상상조차 할
수 없다'고 호평하면서도 늘 그에 관한 해괴한 소문까지 빠뜨리지 않
고 실었다. 화제를 팔아야 생존할 수 있는 대중 매체의 속성은 예나 지
금이나 다를 바 없는 듯하다.

파가니니의 명성은 로마까지 퍼져 있었다. 유럽이 존경해 마지않는
독일의 작곡가 베토벤이 세상을 뜬 1827년, 교황 레오 12세는 파가니
니에게 '황금 박차의 기사' 작위를 내렸다. 초상화를 찍은 석판화가 불
티나게 팔렸고, 파가니니 빵, 파가니니 모자, 파가니니 장갑도 등장했
다. 그런 만큼 '안티'도 늘어갔다. 소문은 국경을 넘으면서 더욱 윤색
되어 베를린에서는 '사형선고를 받고 노예선을 탔다'는 데까지 과장되
었다.

1828년 4월, 파가니니는 비안키와 헤어지면서 많은 위자료를 지불
하고 아들 아킬레스의 양육권을 가져왔다. 그는 아들에게 아낌없는
정성을 바쳤다. 아랫니가 빠져버린 파가니니는 미리 유언장을 작성하

프랑스의 낭만파 화가 들라크루아가 그린 유화 〈니콜로 파가니니〉(1832년)

면서 아킬레스를 단독 상속인으로 지명했다. 그해 빈에서만 14회의 콘서트를 가졌다.

빈 연주회 때마다 빠지지 않고 참석한 31세의 슈베르트는 "나는 천사의 노래를 들었다"라고 평했다. 그리고 파가니니는 독일로 가서 베를린, 프랑크푸르트, 만하임, 라이프치히 등지를 쉬지 않고 돌았다. 멘델스존은 "그의 연주를 설명해 달라는 것은 너무 무리한 부탁이다"라고 말했고, 바르샤바 공연을 본 19세의 쇼팽은 피아노 독주곡 〈파가니니의 추억〉을 작곡했다. 라이프치히 대학교 법대생이던 19세의 슈만은 프랑크푸르트 공연을 보고 나서 음악가가 되기로 작정했다.

찬사의 소리만큼이나 비방의 소리도 커져갔다. 파가니니는 친구 제르미에게 보낸 편지에서 이렇게 토로했다.

'얼마나 많은 적들이 달려드는지 자네는 모를 걸세. 내가 누구에게 어떤 나쁜 짓을 한다고, 나를 알지도 못하는 사람들이 온갖 소리를 다 지껄인다네. 나는 그 앙갚음으로 연주회 입장료를 더 올려 받을 작정이야.'

그가 묵는 호텔은 끊어진 바이올린 줄 하나, 머리카락 하나라도 건지려는 여성 팬들로 북적였다. 80세를 맞은 인기 작가 괴테도 파가니니의 공연을 관람하지 않을 수 없었다. 그는 영락없이 《파우스트》 속의 악마 메피스토펠레스였다. 비싼 입장료를 내고 찾아오는 청중 가운데는 그가 정말 악마의 모습을 하고 있는지 눈으로 확인하고 싶은

고난이라는 가능성

이들도 있었다.

파가니니를 9개월 동안 쫓아다닌 여자가 있었다. 20세의 유부녀 헬레네였다. 유명 법조인의 딸이자 남작의 부인이었다. 두 사람은 안스바흐 근교의 호텔에서 사흘을 보냈다. 헬레네는 이혼한 뒤 파가니니에게 갔으나 두 사람의 관계는 오래 지속되지 않았다. 파가니니는 여자들과 길게 사귀지 못했다. 여자들은 음악을 좋아했지 인간을 좋아한 것이 아니었다.

48세가 된 파가니니의 모습은 점점 흉해지고 있었다. 윗니까지 빠져 몰골은 초췌하기 그지없었다. 1830년, 33세의 시인 하인리히 하이네가 그에 대해 말했다.

"음침한 형상 하나가 저승에서 솟아난 듯 무대 위에 나타났다. 검은 연미복은 마치 지옥의 여신 페르세포네의 왕궁에서 재단된 듯했다."

연주 여행길에 파가니니는 언제나 어린 아들 아킬레스를 데리고 다녔다. 마차에 실을 짐이라고는 바이올린 가방과 슈트케이스가 전부였다. 시간을 아끼기 위해 주로 밤을 이용해 이동했다. 그는 돈을 모으는 이유가 어린 아들 때문이라고 생각했다. 아들만큼은 바이올리니스트가 되지 않기를 바랐다. 자신이 그랬던 것처럼 혹독한 훈련 과정을 겪게 하고 싶지 않았던 것이다.

┋ 인생이란 참 짧기에 무엇이든 극복하리라

파가니니의 몸과 마음은 지쳐 있었다. 맛난 음식에다 와인도 곁들이며 좀 쉬고 싶었다. 그러나 멈출 수가 없었다. 파리와 런던을 거쳐 러시아까지 돌면 많은 수익이 생길 터였다.

"아무것도 두렵지 않다. 나는 인류에 도움이 되고 싶을 뿐이다."

파가니니는 자신의 연주가 구원의 소리가 되기를 바랐다. 그래서 프랑스를 짓누르는 콜레라의 공포도 잊게 해 주고 싶었다. 1832년 2월 24일, 그는 파리로 향했다. 3월 9일의 공연에는 내로라하는 인사들이 모두 참석했다. 문학인 상드와 하이네가 있었고, 음악가 로시니와 리스트가 있었으며, 화가 들라크루아도 있었다. 청중들은 심장이 뛰는 소리조차 귀에 거슬려 했다. 기절하는 여인이 있는가 하면 자신의 드레스를 찢는 여인도 있었다. '피아노의 파가니니가 되겠다'고 마음먹은 21세의 리스트는 〈파가니니의 주제에 의한 연습곡〉을 썼다. 훗날 그의 영향을 받은 슈만은 〈파가니니 카프리치오에 의한 연습곡〉을, 브람스는 〈파가니니의 주제에 의한 변주곡〉을, 라흐마니노프는 〈파가니니의 주제에 의한 랩소디〉를 작곡했다.

3개월 동안 많은 돈을 벌어들인 파가니니는 흥행사 라포르트의 제의에 따라 영국 콘서트 투어를 계획하고는 1831년 5월 13일에 런던으로 건너갔다. 공연 계약금 문제로 고소를 당하는 바람에 첫 연주회가 연기되었다. 그는 〈타임스〉 신문 편집자에게 '독자들은 내가 하는 말

고난이라는 가능성

얼마나 많은 기교를 필요로 하는가
를 보여 주는 파가니니의 악보

의 절반도 믿지 않겠지만, 나는 하고 싶은 말의 절반도 못하고 있다'는 내용의 편지를 보냈다. 해명 기사가 실리고 오해가 풀리면서 콘서트 투어가 시작되었다. 수많은 연주회가 거듭되었고, 스코틀랜드와 아일랜드 등지를 도는 3개월 동안 탈진 상태가 되었다. 그는 친구 제르미에게 '나는 이제 펜도 활도 들 수 없다네' 라고 털어놓았다.

8세의 아들 아킬레스 역시 잠을 이룰 수 없기는 마찬가지였다. 매일밤 침대에서 내려와 경련성 기침에다 가쁜 숨을 몰아쉬는 아버지를 진정시켜야만 했던 것이다.

1834년 9월 28일, 파가니니는 고향 이탈리아 제노바로 돌아갔다. 그러나 그곳에서도 마음 편히 쉴 수 없었다. 사람들은 전 유럽을 뒤흔든 장인의 연주를 원했고, 연회는 하루가 멀다 하고 새벽까지 이어지고는 했다.

그런 생의 악천후 속에서도 앞날에 대한 구상은 이어졌다. 러시아와 미국 순회공연을 계획했고, 새로운 사업도 설계했다. 그중 그는 최

1852년 7월 10일자 〈일러스트레이티드 런던 뉴스〉에 실린 '카지노 파가니니'의 연회 그림

악의 수를 두고 말았다. 카지노를 만드는 일이었다. 사촌 레비초가 파리의 카지노 사업에 투자할 것을 제의했다. 1837년 11월 25일에 자신의 이름을 딴 '카지노 파가니니'가 개장되었으나 2개월 뒤 문을 닫고 말았다. 당국으로부터 위법 조치가 내려진 것이다. 소송을 했지만 결국 패소하여 거액을 날리고 말았다.

1838년 겨울, 파가니니는 파리를 떠나 베르사유로 갔다. 그리고 이듬해 겨울, 만신창이가 된 몸을 추스르고자 이탈리아령이던 지중해 연안의 따뜻한 휴양 도시 니스를 찾았다. 친구 디치솔레 백작이 쓰라고 내준 집의 방 한쪽에 바이올린이 하나둘 쌓여갔다. 사람들이 감정해 달라며 가지고 오는 것이었다. 그러나 파가니니는 음식물을 삼키는 것조차 힘든 형편이었다. 7년 전인 1831년 1월, 그가 친구 제르미

고난이라는 가능성

바이올린을 안고 눈을 감은 파가니니의 모습을 그린 수채화

에게 띄운 편지를 보면 그가 남은 힘을 모두 소진하며 자신의 결심을
지켰다는 사실을 알 수 있다.

'인생이란 참 짧기에 나는 시간을 낭비하지 않고 최선을 다할 생각이
네.'

1840년 5월 27일 저녁, 58세의 파가니니는 조용히 눈을 감았다. 참
으로 파란만장한 생이었다. 그가 맹목적인 부성을 바친 14세의 아들
아킬레스가 무섭게 울었다.

죽은 지 55년 만에야 편히 누운 독한 일생

파가니니의 독한 일생은 죽음으로써 마감되지 않았다. 그는 죽어서 더 불행한 시간을 보내야 했던 것이다. 디치솔레 백작이 나서서 장례를 준비했지만 일이 여의찮았다. 파가니니의 생전에 사제 카파렐리가 여러 차례 찾아온 일이 있었다. 그는 파가니니를 둘러싼 악마에 관한 진상을 파헤치고 참회를 받아내기 위해 "악마의 사주를 받은 것이 사실이오?"라며 캐물었다. 어이없고 만사가 귀찮은 파가니니가 "바이올린 속에 악마가 숨어 있다오" 하고 대답했다. 사제는 이 말을 니스의 상부에 보고했다. 결국 '악마와 결탁한 자'가 교회 묘지에 묻힐 수 없다는 결론이 내려졌다.

디치솔레 백작은 의사에게 파가니니의 시신을 방부 처리하도록 지시했다. 언론의 도움을 받고 싶었으나 교회는 신성에 대한 모욕이라며 보도조차 금지시켰다. 시신은 여름 내내 지하실에 놓여 있다가 9월에 군인병원으로 옮겨졌다.

변호사인 친구 제르미의 도움으로 교회에 탄원서가 제출되어 종교재판이 열렸다. 장례를 허락할 것이냐 하는 문제가 초점이었다. 하지만 이 재판은 사태를 악화시키기만 했다. 비방자들의 원성만 더욱 부추긴 셈이었다. 원고 측 증인인 사제 카파렐리는 "죽어가는 파가니니를 스무 번 이상 찾아갔으나 그로부터 신앙적인 말은 한 번도 들은 적이 없다"고 증언했다. 교회는 파가니니가 "다른 사람 앞에서는 교묘히 악마를 숨길 수 있었겠지만 사제 앞에서는 그럴 수 없었을 것"이라며 매장을 허락하지 않았다. 파가니니는 자신의 사유지에 묻힐 수도 있

고난이라는 가능성

었으나 막강한 힘을 가진 교회는 그것조차 용납하지 않았다. 땅이 더럽혀져서는 안 된다는 것이었다.

친구들은 시신을 제노바로 가져오고자 국왕에게 탄원서를 냈다. 국왕은 호의적이었으나 교회의 승인 없이는 도와줄 수가 없었다. 마지막 남은 희망은 교황에게 직접 호소하는 일이었다. 친구들이 어린 아들을 데리고 교황청으로 간 사이, 주민들의 항의를 받던 니스 당국이어서 시신을 치우라고 명령했다. 디치솔레 백작은 올리브유를 만드는 커다란 나무통 속에 시신을 숨겨서 무인도의 동굴로 옮겼다. 그러자 '황혼녘이면 소름 끼치는 바이올린 소리가 들린다'는 소문이 어부들 사이에서 퍼져갔다. 파가니니의 몸은 다시 바닷가의 한 폐가로 가야만 했다.

니스 당국으로부터 그를 고향 제노바로 가져가도 좋다는 허락이 떨어지기까지는 4년이 걸렸다. 디치솔레 백작은 '이 사안을 기밀로 할 것'이라는 각서에 서명을 하고서야 1844년 4월 22일 관을 제노바로 옮길 수 있었다. 콜레라가 돌았기 때문에 배와 마차로 간신히 옛날의 시골집까지 올 수 있었다. 그렇지만 아직 매장 허가는 나지 않은 상태였다. 막 결혼한 아킬레스와 그의 어린 아내는 주민들로부터 집을 불태우겠다는 협박에 시달리기도 했다. 니콜로 파가니니는 저주의 이름 그 자체였다.

아들 아킬레스는 아버지가 사 두었던 파르마 인근의 별장 기요네를 떠올렸다. 그러고는 아버지의 열렬한 팬이던 마리 루이즈 대공비에게 도움을 청했다. 그녀는 파르마의 대주교를 구슬려서 거기로 옮겨도 좋다는 허락을 받아냈다. 파가니니의 시신은 1845년 5월 3일 기요네 저택으로 갔으나 땅에 묻히지 못했다. 대주교는 많은 재산을 물려받은 아킬레스에게 "예배 없이 정원에 묻는 것은 망자의 영혼을 구원하는 일이 되지 않는다"면서 "상속 받은 토지 일부를 기증한다면 안식처를 마련할 수 있을 것"이라고 했다. 아킬레스는 토지 문서를 넘겼고, 8년 뒤인 1853년 5월 2일에 새로 조성된 묘지가 교회에 양도되었다. 그러나 파가니니에게 돌아간 공간은 교구 소속 부지에서 벗어나 있는 지하 납골당이었다.

그리고 20년이 넘게 흘렀고, 아들 아킬레스는 50세가 되었다. 그는 자신이 죽기 전에 아버지를 꼭 교회 묘지에 모시고 싶었다. 아킬레스의 탄원을 받은 바티칸은 "고인의 참회에 대한 증거가 있어야 한다"면서 "사탄의 도움으로 벌어들인 재산을 교회에 헌납하는 것을 참회의 증거로 삼겠다"고 했다. 아킬레스는 망설이지 않았다.

1876년, 아들은 죽은 지 36년이나 지난 아버지를 가톨릭 절차에 따라 장례를 치러도 좋다는 통지를 받았다. 단, 신자들의 감정을 고려하여 장례는 밤에 치러야 한다는 조건이었다. 파가니니의 관은 횃불 아래에서 지하 납골당을 나와 교회 묘지로 옮겨졌다.

그로부터 또 17년의 세월이 흐른 1893년 4월, 파가니니의 관이 열렸다. 체코의 바이올리니스트 온드리체크가 연주를 위해 파르마에 왔다가 숭배하는 파가니니의 모습을 보고 싶어 했고, 아킬레스가 이를 허락했던 것이다. 온드리체크는 병석에 누워 있는 아킬레스 대신 손자 아틸라가 지켜보는 가운데 존경하는 예술가의 낡은 뼈를 친견했다.

고난이라는 가능성

온드리체크는 '악마의 형상을 하고 있을 그분'을 보며 눈물을 떨구었다. 관을 다시 수습하던 중 빠진 나사 하나를 손자 아틸라가 온드리체크에게 주었다. 그는 그 나사를 부적처럼 자신의 바이올린 케이스에 넣고 다녔다. 그러고는 세상을 떠나면서 그것을 함께 묻어 달라고 부탁했다.

아들 아킬레스가 죽은 1895년의 이듬해, 파가니니의 관은 손자 아틸라에 의해 새 묘지에 안장되었다. 기나긴 슬픔의 세월을 위로하려는 듯 커다란 대리석 유택이었다. 이번에는 대낮이었고, 성대한 의식이 치러졌다. 죽은 지 55년 만에 파가니니는 비로소 편안한 잠을 이룰 수 있었다.

여기 니콜로 파가니니 잠들다.
온 유럽에 영감을 준 바이올리니스트로서
그는 자신의 거룩한 음악과 최고의 재능으로
다시 없는 위대한 명성을 이탈리아에 가져다 주었노라.

⁑ 진흙에 빠진 사람을 꺼내려고 손에 진흙을 묻힌 사람

파가니니에게는 흔한 졸업장도 자격증도 없었다. 죽어서도 편히 잠들 수 없었던 그에게 어린 시절부터 주어졌던 것은 4개의 현뿐이었다. 그것으로 그는 사람들을 열광시켰고, 지금도 감동시키고 있으며, 앞으로도 영원히 그럴 것이다. 소원이 자기의 솜씨가 인류에 도움이 되는 것이었으니 온전히 이룬 셈이다.

남을 불행에 빠뜨리면서 돈을 버는 일은 비난받아 마땅한 죄악이다. 그러나 파가니니는 남을 행복하게 하는 일로 돈을 벌었기 때문에 절대로 악마는 아니겠다. 앤디 워홀의 말처럼 '돈을 버는 것도 예술이고 일하는 것도 예술'일 수 있는 것이다. 파가니니는 그 돈으로 가난에 시달리던 젊은 작곡가 베를리오즈를 베토벤의 후계자로 여기며 지원하기도 했다. 오로지 돈을 보고 따라붙는 인간들로부터 벗어나고자 애써 수전노 짓을 했는지도 모른다.

우리는 대개 남의 재능은 크게 보지만, 자신이 가진 재능은 초라하게 여긴다. 그럴 이유가 없다. 그것은 자신에 대한 결례다. 지금은 초라하게 보일지라도 인류에 어떤 도움을 주게 될지는 아무도 모르는 일이다. 삶의 매질도 배고픔도 손가락질도 기꺼이 참아낼 수 있다면 말이다. 파가니니는 그렇게 수많은 선율을 창조해냈다.

작은 것에 감사할 줄 모르는 사람은 어떤 것에도 만족하지 못한다. 그래서 늘 불평과 불만과 불행 속에서 지낸다. 평범한 일에 감사하라는 가르침도 그 때문이다. 감사는 소극이 아니다. 철학의 영원한 챔피언인 플라톤은 우리의 영혼이 악에 물들어 있는 한 결코 행복해질 수 없을 거라고 했다. 그리고 오늘날 행복의 경제학은 우리가 행복해지기 위해서는 많이 가지려 들기보다 불필요한 것을 먼저 내려놓으라고 말한다. 누구나 하나쯤은 반드시 가지고 있을 작은 재능을 감사히 다루며 선하게 쓴다면 행복은 결코 강 건너 불빛이 아닐 것이다.

진흙에 빠진 사람을 꺼내려면 자기 손에 진흙을 묻힐 수밖에 없다. 파가니니가 악마로 불렸던 것은 바로 그런 이유가 아닐까? 그는 불행에 빠진 사람을 꺼내기 위해 자기 손에 불행을 묻힌 사람이었다.

심장의 소리에 귀를 기울여야 한다. 그리고 그 심장이 인류를 위해 뛰게 해야 한다. 시간을 낭비하는 것은 나를 위해 잠시도 쉬지 않는 심장에게 참 미안한 일이지 않겠는가?

신성한 육체를 숨기는 것이
오히려 외설 아닌가요?

──── 대치 ────

이사도라 덩컨
(Isadora Duncan, 1877년 5월 26일~1927년 9월 14일)

미국의 무용가. 고전적인 형식의 틀을 깨고 독자적인 세계를 개척해 현대무용의 창시자로 일컬어진다. 토슈즈를 거부하고 자유롭고 개성적인 표현력을 중시해서 '맨발의 무용수'라고 불리기도 한다. 어린 시절 미국에서 무용을 시작한 뒤 유럽 일대에서 활동했다.

신라 자비왕 때, 경주 낭산 동리에 백결선생이 살았다. 아주 가난하여 옷을 백 군데나 기워 입었다 하여 백결(百結)이라는 별명이 붙은 거문고의 명인이었다. 섣달그믐, 이웃집은 떡방아 찧는 소리가 요란했으나 그의 집 바람벽에는 냉기만 감돌았다. 빈손을 매만지고 있는 아내를 위해 그는 거문고로 떡방아 찧는 소리를 들려주었다. 우리의 민요 〈방아타령〉은 그렇게 가난 속에서 창조되었다고 한다. 김부식의

《삼국사기》에 나오는 이야기다.

수치스러운 일이 아니라 불편할 따름인 가난에게도 몇 가지 매력이 있다. 무엇이든 할 수 있는 굳센 정신, 슬픔을 견디는 용기와 참을성, 작은 것에 감사하는 겸손, 비슷한 처지의 곤란한 사람을 돕고 싶은 연민 같은 것들. 이것은 가난해 본 사람만이 얻을 수 있는 고귀한 재산이다. 위대한 창조자 가운데 가난했던 사람이 많은 까닭도 그것이다. 가난의 재촉을 받아서 자신의 재능을 바삐 키울 수밖에 없었던 것이다.

"나는 어머니의 자궁 속에서부터 춤을 추기 시작했다."

이사도라 덩컨은 현대무용의 신화적인 개척자로 일컬어진다. '현대무용의 어머니'로 불리기도 하는 그녀는 평생토록 춤을 추었지만 언제나 가난했고, 가난했지만 평생토록 춤을 추었다. 가난이 춤 외에는 모든 것을 잊게 했고, 가난이 그녀를 더 큰 무대로 내몰았다. 희망과 열정, 그녀의 삶과 예술은 이 두 단어로 요약될 수 있다.

덩컨 이전까지만 해도 무용은 곧 고전 발레를 가리키는 말이었다. 그 절제된 아름다움에 덩컨은 반란을 일으켰다. 다행스럽게도 가진 것이 없었다. 잃을 것이 없으니 지킬 것도 없었다. 창조는 그렇게 꽃이 피는 법이다. 이미 이룬 것을 지키려는 순간 창조라는 씨앗은 새로운 땅을 찾아 멀찌감치 날아가 버린다. 그럴듯한 무대장치나 무용복도 없이, 토슈즈도 신지 않고 날아다니는 그녀의 모습에 사람들은 놀라움을 감추지 못했다. 그렇게 덩컨은 새로운 춤의 개척자가 되었다.

가난의 재촉을 받아서 자신의 재능을 바삐 키울
수밖에 없었던 어린 시절의 덩컨

▋ 가진 것이라고는 꿈밖에 없는 가난

　1877년 5월 26일, 덩컨은 미국 샌프란시스코의 바닷가 집에서 2남 2
녀 중 막내로 태어났다. 그해에 시를 좋아하는 아버지 조셉 찰스 덩컨
의 은행이 파산했다. 이는 '금주령을 모범적으로 잘 지킨 서민들을 주
정뱅이로 만들고, 도덕적인 시민을 반사회적 위법자로 만든 일'로 보
도된 큰 사건이었다. 바람까지 난 아버지는 가족을 버리고 집을 나갔
다. 어머니 메리 이사도라 그레이 혼자서 피아노 교습과 뜨개질로 네
아이를 키워야 했다. 그들은 무척 가난했다.

　덩컨은 5세 때 초등학교에 입학했다. 오빠와 언니들을 쫓아가라고
일찍 보낸 것이었다. 크리스마스가 가까운 어느 겨울날이었다. 선생
님은 아이들에게 산타클로스 할아버지께서 주신 것이라고 말하며 사
탕을 나누어 주었다. 그때 딱딱한 나무 의자에 얌전히 앉아 있던 아이
가 벌떡 일어나며 말했다.

　　　　　　　　　　　　　고난이라는 가능성

"산타클로스 같은 건 없어요."

당황한 선생님은 화를 참으며 "사탕은 산타클로스를 믿는 아이들에게만 주겠어요"라고 했지만, 아이는 밀리지 않고 "그렇다면 저는 선생님이 주시는 사탕 같은 건 먹지 않겠어요"라고 응수했다. 무릎을 꿇고 벌을 서면서도 덩컨은 중얼거렸다.

"나는 거짓말을 믿지 않아. 우리 엄마는 가난해서 산타클로스 노릇을 할 수 없다고 말했어. 산타클로스가 주는 것처럼 꾸며서 선물을 주는 것은 돈 많은 어머니들이나 할 수 있는 거야."

한번은 선생님이 아이들에게 자신의 생활을 글로 지으라고 했다. 6세의 덩컨은 다음과 같이 썼다.

'우리는 23번가의 작은 집에서 살았다. 집세를 내지 못했기 때문에 거기서 살 수 없어 17번가로 이사했다. 얼마 안 되어 집주인이 세를 올려 달라고 해서 우리는 22번가로 이사를 갔다. 거기서도 편하게 살 수가 없어서 우리는 10번가로 이사를 갔다.'

이사 이야기만 반복되자 선생님은 어머니를 호출했고, 딸아이의 글을 읽은 어머니는 울음을 터뜨렸다. 그리고 이 글을 장난이 아니라 사실이라고 맹세했다. 훗날 덩컨은 어린 시절의 가난에 감사한다는 말을 했다. 가난했기 때문에 주관적인 삶을 가질 수 있었다는 것이다.

덩컨이 7세 때는 중년의 남자가 꽃다발을 들고 이들의 집을 찾아와 "내가 네 아빠다"라고 말했다. 덩컨이 안쪽을 향해 "엄마, 아빠라는 분이 오셨어요"라고 소리치자 달려 나온 엄마는 꽃다발을 빼앗아 던져버리고는 문을 닫아걸었다. 그것이 아버지의 마지막 모습이었다. 시를 좋아하는 멋진 남자, 그래서 여자들로부터 인기가 많았던 아버지. 어머니는 "네 아버지는 엄마의 인생을 망친 악마다"라고 했지만, 딸에게는 연민의 대상이었다.

덩컨이 11세가 된 1889년, 어머니는 남편과 완전히 갈라선 뒤 아이들을 데리고 오클랜드로 이사했다. 어머니는 피아노와 음악을 가르치며 생활비를 벌었다. 덩컨은 14세 때 학교를 그만두었다. 학비도 없었지만 개성을 무시하는 학교가 싫었다. 어머니는 피아노 앞에 앉아서 딸에게 말했다.

"네 영혼으로 음악을 듣도록 해."

덩컨은 가난도 고독도 하얗게 잊게 하는 춤이 좋았다. 무용을 하는 언니 엘리자베스를 따라 춤을 추었다. 혼자서 숲속과 해변을 뛰어다녔다. 맨발이었다. 바람소리와 파도소리는 음악이었고, 몸짓은 곧 춤이 되었다. 자매는 함께 동네 아이들을 불러 모아 춤과 연기를 지도했다. 재미로 시작한 강습에 제법 많은 소녀들이 찾아왔고, 그 부모들은 수강료라며 약간의 돈을 건네주었다. 덩컨이 이름을 붙인 '신무용 지

가난한 소녀에게 파도소리는 음악이었고, 자유로운 몸짓은 곧 춤이 되었다

도법'은 그런 대로 인기가 좋았다. 시를 읽어 주면서 거기에 맞추어 몸을 움직여 보라는 식이었다. 짜여 있는 공식에 따르지 않고 마음 가는 대로 춤을 추는 덩컨 방식, 이른바 '덩커니즘'(Duncanism)이 그때 이미 시작되고 있었다.

덩컨의 따뜻한 친구이자 스승은 책이었다. 좋은 책이든 나쁜 책이든 가리지 않고 읽었다. 그녀가 실천한 정신적 혁명의 근거는 이 독서에서 마련되었는지도 모른다. 그중에서도 월트 휘트먼의 시집《풀잎》은 소녀의 감성에 많은 영향을 끼쳤다. 책 속의 길은 예나 지금이나 변함이 없다. 독일의 철학자 쇼펜하우어의 말처럼 '책을 읽으면 우리의 뇌는 사상의 싸움터'가 되고, 그 전리품으로 생각의 지도를 얻게 되는 것이다. 덩컨은 르네상스 미술과 그리스 신화를 보며 자기만의 춤을 구상하고는 했다.

소녀는 무용수가 되겠다고 결심했다. 꿈을 찾는 도전이 시작되었다. 덩컨은 패물 몇 개와 25달러를 쥔 어머니와 함께 미국에서 가장 진보적인 도시로 일컬어지던 시카고로 갔다. 기차는 두 순례자를 태우고 거대한 로키산맥과 대평원을 지나 동쪽으로 내달렸다. 오라는 사람도, 미래에 대한 보장도 없었다. 있는 것이라고는 반드시 이루어야 하는 꿈 하나였다.

황금 같은 재능을 가졌기에 두렵지 않다고 생각했던 덩컨은 시카고 언론인클럽을 찾아가 당당히 말했다.

"나는 인간의 진정한 몸짓을 찾아냈습니다."

그러나 진지하게 귀 기울여 주는 이는 없었다. 여러 오디션에 참가했으나 '극장에는 맞지 않는 춤', '교회에서나 어울릴 만한 춤'이라는 평을 받을 뿐이었다. 덩컨은 기죽지 않고 더 큰 무대를 꿈꾸었다. 낙심하기보다 상승의 자극제로 받아들였다. 산타클로스는 없다고 선생에게 대들며 그 달콤한 사탕도 거부한 아이였다. 토마토로 배를 채우면서도 어머니는 옛집으로 돌아가자는 말을 꺼내지 않았다.

▌ 로댕의 조각에서 춤을 끄집어내다

18세의 덩컨은 뉴욕으로 가서 어거스틴 데일리 극장에 들어갔다. 셰익스피어 원작의 〈한여름 밤의 꿈〉에 출연하기도 했으나 곧 그 전통적인 무대에 환멸을 느꼈다. 관객들은 덜 입고 나온 듯한 차림과 익숙하지 않은 동작에 고개를 돌렸다. 마침 머물고 있던 호텔에 불이 나서 가족사진까지 몽땅 타버리자 덩컨이 어머니에게 말했다.

"이건 운명이에요. 우리는 런던으로 가야 해요."

1898년 10월 14일, 아버지가 세 번째 아내 그리고 딸과 함께 세상을 떠났다. 그들이 타고 있던 영국 국적의 여객선 SS모히간 호가 침몰했던 것이다.

20세기를 눈앞에 둔 1899년 5월, 구걸하다시피 모은 300달러를 들고 덩컨 가족은 영국으로 가는 가축 수송선에 올랐다. 22세의 덩컨은 2주일 동안이나 소떼의 구슬픈 울음소리를 들어야만 했다. 이 때문에 그녀는 이후 쇠고기를 잘 먹지 않았다고 한다.

덩컨은 박물관을 돌았고, 고대 유물 속에서 춤의 원형을 찾아냈다. 니체의 사상, 베토벤의 음악, 로댕의 조각에서 무용을 끄집어냈다. 미국과는 달리 관객들은 맨발의 파격적인 춤에 열광했다. 공연이 이어졌고, 거기에서 생기는 수입으로 스튜디오를 마련할 수 있었다.

그녀는 파리로 갔다. 루브르는 춤의 보물창고 같았다. 때를 맞추어 열린 1900년의 만국박람회는 상상의 폭을 더욱 넓혀 주었다. 파리에서의 공연도 대성공이었다. 관객들은 마치 고대 그리스의 꽃병 그림 속에서 걸어 나온 것 같은 그녀의 춤에 갈채를 보냈다. 예순이 넘은 조각가 로댕이 덩컨의 춤을 보고 감동을 받아 그 자리에서 여러 장을 스

베를린 교외 그루네발트에 세
운 무용학교에서 학생들과 함
께(1908년)

케치했다.

1902년 어느 날, 현대무용가 로이 풀러가 덩컨의 스튜디오로 찾아
왔다. 무대조명에 뛰어난 감각을 가진 15세 위의 선배는 함께 공연 투
어를 하자고 제의했다. 이로써 엄격한 발레와 자연의 동작이 결합된
혁신적인 춤의 유럽 투어가 시작되었다. 헝가리에서 시작된 박수소리
는 뮌헨을 거치면서 점점 커져갔고, 마침내 베를린에서는 말 대신 수
백 명의 관객이 마차를 끌어 공연을 마친 덩컨을 호텔로 모셔 가는 소
동이 일어나기도 했다. 그녀의 명성은 이제 유럽을 넘어 떠나온 고국
아메리카 대륙까지 전해지고 있었다.

1904년, 덩컨은 독일 베를린 교외의 그루네발트에 작은 무용학교를
세웠다. 그녀에게는 오래된 꿈이 하나 있었다. 인류 유산으로 남을 만
한 무용학교를 세우겠다는 계획이었다. 수입은 늘었으나 축적에는 관
심이 없었다. 그녀는 미의 창조와 무용 교육만이 자신의 임무라고 생

고난이라는 가능성

관객들은 마치 고대 그리스의 꽃병 그림 속에서 걸어 나온 것 같은 덩컨의 춤에 갈채를 보냈다

각했던 것이다.

덩컨의 사랑은 무용만큼이나 격정적이었다. 그러나 그 사랑은 언제나 비극으로 끝나고는 했다. 그녀는 18세 때 25세나 많은 폴란드 출신의 시인 이반 미로스키를 사랑한 일이 있었다. 1906년, 29세 때는 독일의 무대미술가이자 배우인 고든 크레이그의 딸 디어드리를 낳았다. 1910년, 33세 때는 미국의 갑부 패리스 싱어의 아들 패트릭을 낳았다. 패리스 싱어는 재봉틀로 유명한 아이작 싱어의 아들이었다. 덩컨을 사랑한 남자들은 하나같이 결혼을 원했고, 덩컨은 하나같이 '예술가에게 결혼은 미친 짓'이라며 거부했다. 아버지가 다른 이 두 아이는 어머니에게 씻을 수 없는 상처를 안겨 주었다. 1913년 4월 19일, 비가 내리는 날, 두 아이와 보모가 탄 승용차가 센 강 속으로 곤두박질치고 말았던 것이다.

꽃마차가 동원된 아이들의 장례식을 치른 뒤 덩컨은 가족과 함께 지내며 마음을 추슬렀다. 화가 마티스와 피카소, 시인 장 콕토, 조각가 로댕이 파리의 같은 하늘 아래에 살던 시절이었다. 슬픈 시간 속에서 덩컨은 5세 아래의 이탈리아 출신 조각가 로마노 로마넬리의 아들을 출산했다. 그러나 아이는 이름도 갖지 못하고 몇 시간 뒤 사망했다.

제1차 세계대전이 일어났고, 제정 러시아가 붕괴되면서 '소비에트 사회주의 공화국 연방'이라는 거대한 나라가 탄생했다. 전쟁과 혁명의 소용돌이 속에서도 덩컨의 춤은 계속되었다. 파리에서 문을 연 무용학교는 전쟁 때문에 오래가지는 못했다. 그녀는 이렇게 말했다.

고난이라는 가능성

"꼭 하고 싶은 일이라면 무슨 수를 써서라도 해야 한다. 그렇다면
적어도 만족감은 얻을 수 있지 않겠는가?"

1921년, 44세의 덩컨은 소련으로 향했다. 1,000명의 학생을 무상으
로 가르칠 수 있는 무용학교를 세워 주겠다는 볼셰비키 혁명정부의
약속을 굳게 믿었던 것이다. 주위 사람들이 만류했으나 그녀는 듣지
않았다. 한 기자가 "만약 배가 많이 고프면 어떻게 하겠어요?"라고 질
문했다. 그러자 덩컨은 "그런 생각이 들지 않도록 열심히 춤을 출 거예
요"라고 대답했다.

러시아 땅을 밟는 것이 처음은 아니었다. 1905년 1월 상트페테르부
르크 오페라 극장에서 공연을 가진 적이 있었다. 공식 초청이 아니라
그저 러시아 발레와 화해하는 의미가 큰 공연이었다. 덩컨은 가식적
인 동작은 예술이 아니라고 비난해온 터라 러시아 발레의 공적이었던
것이다.

무용학교 제자 가운데 이르마 혼자 따라나섰다. 막상 모스크바에
도착했을 때 좀 이상하기는 했다. 환영 인파로 북적거릴 줄 알았는데
플랫폼은 썰렁하기만 했던 것이다. 언론도 첫 방문 때에 그랬던 것처
럼 '무용의 기초도 없이 신비주의로 일관한다', '경제적으로 어려움에
빠진 러시아에 일확천금을 노리고 왔다'는 식의 비난 일색이었다.

그러나 덩컨은 아이들을 뽑아 '자연스럽게 천천히 걷는 법, 흔들리
듯 움직이는 법'부터 가르쳤다. 레닌 앞에서도 춤을 추었지만, 격동기
의 소련은 모두 덩컨의 편이 아니었다. 그녀의 춤을 '시대착오적이고

비극으로 끝난 45세의 덩컨과 26세의 소련 혁명시인 예세닌의 결혼. 왼쪽은 제자이자 수양딸인 이르마

신비주의에 물든 것'으로 여기는 사람도 많았다. 신경제정책으로 극장은 입장료를 받기 시작했다. 무용학교에 난방 연료도 공급되지 않았으며, 전기가 끊어지면 램프를 목에 걸고 춤을 추어야 했다. 모든 것이 처음의 약속과는 다르게 흘러갔다. 술을 마시기 시작했고, 몸도 눈에 띄게 불어났다. 그때 술을 좋아하는 젊은 시인이 그녀 앞에 나타났다.

⁞ 내 몸은 내 예술의 성전

1922년 5월 2일, 45세의 덩컨은 이미 두 아이를 둔 26세의 혁명시인 예세닌과 결혼식을 올렸다. 결혼제도를 반대해 온 그녀였지만, 그와 함께 불편한 소련에서 벗어나려면 혼인신고를 할 수밖에 없었다. 러시아어를 모르는 여자와 러시아어만 아는 남자의 만남은 순탄치 못했다. 유럽을 돌아 미국 순회공연을 함께하면서 두 사람은 술과 폭력과 난동의 15개월을 보냈다.

공연 수입도 크게 늘었다. 두 사람은 값비싼 옷과 신발과 장신구들을 신나게 사들였다. 덩컨은 푸른 정장에 빨간 넥타이와 하얀 부츠를 신은 예세닌을 "이 금발의 천사가 바로 내 남편이랍니다"라며 사람들에게 자랑했다. 그에게서 세상을 떠난 아들 패트릭의 모습을 찾았던 것이다.

공연 때마다 덩컨은 자신의 무용학교를 위해 기부해달라고 호소했다. 그녀의 신들린 듯한 춤에 감동한 관중들은 지폐를 무대 위로 던지기도 했다. 그러나 덩컨의 어두운 면을 바라보는 시선도 없지 않았다. 조국 미국의 일부 언론은 그녀를 공산주의자로 매도하는가 하면, 반라의 의상을 가리켜 천박한 댄서로 비하하기도 했다.

"왜 몸의 특정 부분은 다른 부분보다 부도덕한 건가요? 인간의 신성한 육체를 숨기는 것이 오히려 외설 아닌가요? 내 몸은 내 예술의 성전(聖殿)입니다."

1923년 4월, 다시 파리를 거쳐 모스크바로 돌아왔으나 상황은 더욱 나빠졌다. 예세닌은 다른 여배우에게 가 버렸고, 비밀경찰은 그녀의 뒤를 밟고 다녔으며, 더 이상 무료 무용학교를 운영할 여력도 없었다.

"모든 돈은 불행을 안고 있다. 돈을 아무리 많이 가지고 있는 사람이라도 24시간 내내 행복할 수는 없다."

덩컨은 높은 명성을 얻었지만 늘 적자에 허덕였다. 버는 것 이상으로 썼기 때문이다. 독일을 돌아 파리에 온 중년의 덩컨은 완전 빈털터리였다. 그녀는 변두리의 싸구려 호텔에서, 허름한 아파트에서 친구가 가져다주는 빵 조각으로 살아야 했다. 모욕적인 스캔들에 시달리며 술에 취한 채 무대에 서기도 했다. 나이는 어느덧 50세를 바라보고 있었다. 후원자들도 하나둘 곁을 떠나갔다.

덩컨은 거처를 리비에라 해안 쪽으로 옮겼다. 아름다운 니스에는 유명한 예술가와 부자들이 많이 모여 살고 있었다. 작곡가 스트라빈스키, 화가 피카소, 시인 장 콕토, 배우 찰리 채플린, 작가 피츠제럴드 등이 거기에서 지내고 있었다. 덩컨은 그들을 자신의 작업실로 불러 춤을 추었다.

어둠 속에서 바흐의 소나타가 울려 퍼지고 커튼 사이로 양초를 든 덩컨이 걸어 나온다. 맨발의 그녀는 움직임이 없다. 그녀는 벽을 따라 세워둔 촛대에 하나씩 불을 붙여 나간다. 쇼팽의 마주르카가 울리면서 거의 벗다시피 한 덩컨의 춤이 시작된다. 그녀가 커튼 뒤로 사라지자 장 콕토가 입을 연다.

"덩컨이 추함을 죽여 버렸어요."

부자 예술가들의 도움으로 방세를 마련하며 지내는 것을 보고 친구가 눈물을 흘리자, 덩컨이 친구의 어깨를 만지며 위로했다.

"괜찮아. 네가 백합과 과일을 가져왔잖아. 나는 백합 앞에서 춤을 춘

고난이라는 가능성

뒤 과일을 먹으면 돼."

1925년이 저물어가던 12월 28일, 덩컨은 〈시카고 트리뷴〉의 기자로 부터 한 통의 전화를 받았다. 30세의 예세닌이 레닌그라드에서 자살 했다는 소식이었다. 소설가 톨스토이의 손녀 소피아 톨스토야와 네 번째 결혼을 한 그는 '안녕, 나의 친구여, 안녕'이라는 짧은 시를 남기 고 갔다고 했다. 아직 법적으로 이혼한 상태가 아니었기 때문에 소련 당국은 예세닌의 유산 상속자로 덩컨을 지명했다. 그의 시집이 많이 팔려 유산은 30만 프랑이었다. 그러나 덩컨은 그 돈을 거부했다.

"나는 결혼이라는 것을 하면서 스스로 통속적인 일을 저질렀습니 다. 이혼함으로써 다시 또 그런 일을 되풀이하고 싶지 않습니다. 유산 은 그의 어머니와 누이에게 주어지기를 바랍니다."

❚ 붉은 스카프를 두르고 떠난 영원한 드라이브

1926년 6월, 덩컨은 파리의 몽마르트르에서 만난 빅토르 세로프와 잠시 사랑에 빠진 일도 있었다. 자기 나이의 절반인 25세의 피아니스 트였다. 그녀는 미국인 친구 메리 데스티에게 말했다.

"이제 남은 건 술과 젊은 남자, 이 두 가지밖에 없어."

자서전 〈나의 삶〉을 쓰던 덩컨은 파티가 열리는 곳이면 어디든 찾아 갔다. 거기에는 캐비어 샌드위치와 와인이 있었던 것이다. 고향인 미국으로 돌아가고 싶었으나 돈도 비자도 없었다. 그녀는 소련 시민이 된 첫 번째 미국인이었다.

1927년 8월 말, 덩컨은 친구 메리와 함께 니스에 있었다. 어느 날 저녁 두 사람은 조그마한 레스토랑 '테위'에 들어갔다. 덩컨은 테이블 건너편에 앉은 젊은 남자에게 눈길을 주며 와인 잔을 들어올려 보였다. 밖에는 멋진 스포츠카가 서 있었다. 그녀는 친구에게 "저 남자는 변장하고 세상에 내려온 그리스 신이야"라고 속삭였다.

그 청년은 자동차 정비사 팔체토였다. 덩컨은 자기도 그 차를 사겠다고 말하며 청년의 주소를 알아냈다. 그녀는 아직 자신의 후원자들이 수표를 들고 찾아올 것을 믿었고, 다시 무용학교를 일으켜 세울 꿈을 믿었다.

1927년 9월 14일 저녁 8시. 덩컨은 친구 메리와 사진작가 니콜렌코와 함께 숙소 맞은편 레스토랑에서 저녁을 먹었다. 다음 날 그들은 사진 촬영을 약속해 둔 터였다. 그녀는 친구가 준 길이 2미터에 폭 1.5미터나 되는 빨간 실크 스카프를 두르고 있었다. 러시아 출신의 화가 로만 차토프가 그림을 그려 넣은 수제 스카프였다. 유달리 스카프를 좋아한 덩컨은 "심장에서 피가 뿜어 나오는 것 같은 이 강렬한 색깔 좀 봐!" 하며 자랑했다.

식사를 마치고 작업실로 돌아왔을 때 팔체토가 소형 스포츠카 아밀카르를 몰고 왔다. 기분이 좋지 않으니 드라이브를 미루자는 메리의

고난이라는 가능성

만류를 뿌리치고 덩컨은 지붕이 없는 자동차에 가볍게 올랐다. 그러고는 긴 스카프를 목에 감으며 소리쳤다.

"안녕, 친구야! 나는 승천할 거야! 사랑으로 떠날 거야!"

차가 출발하는 순간 덩컨의 긴 스카프 자락이 뒷바퀴에 휘감겼다. 친구 메리가 "스카프! 스카프를 끌어올려!" 하며 다급히 외쳤으나 차는 이내 속력을 올렸고, 덩컨의 목은 그만 부러지고 말았다. 9시 30분, 덩컨은 그렇게 자신의 말대로 곧장 하늘나라로 떠나버렸다.

9월 19일, 바흐의 〈G선상의 아리아〉가 울려 퍼지는 가운데 덩컨은 한줌의 재가 되었고, 파리의 페르 라셰즈 공동묘지에 묻혔다. 먼저 세상을 뜬 두 아이와 그녀의 어머니가 잠들어 있는 곳이었다.

❖ 야유와 궁핍 속에서도 떳떳이 맞섰던 이유

"가난을 벗어날 수 있는 길은 두 가지가 있다. 하나는 재산을 늘리는 것이고, 다른 하나는 욕망을 줄이는 것이다. 전자는 우리의 힘으로 쉽게 해결할 수 없으나, 후자는 우리의 마음가짐으로 가능하다."

톨스토이의 말이다. 소유 그 자체를 목표로 삼는다면 늙어 죽을 때까지 가난하게 지내야 한다. 소유는 또 다른 소유를 낳는 속성이 있으므로 언제나 궁핍한 현실 속에서 살게 되는 것이다. 가난은 적게 가진 사람이 아니라 많은 것을 바라는 사람에게 더 어울리는 말이다. 때로 가진 것이 너무 없어서 외로워질 때, 영화 〈80일간의 세계일주〉를 만든 미국의 영화 제작자 마이클 토드의 말을 곱씹어보면 힘이 좀 난다.

"나는 가난한 적이 없었다. 단지 돈이 없을 뿐이었다."

덩컨은 가난한 집에서 태어나서 가난하게 자랐으나 꿈을 향해 거침없이 걸어 나갔다. 추문과 조소에도 주눅 들지 않고 결국 그녀는 '현대 무용의 어머니'가 되었다.

덩컨은 인간정신의 혁명가였다. 무용의 개념뿐만 아니라 모순된 삶의 제도와 관습까지 바꾸려고 했다. 그녀에게 있어서 사람과 예술은 별개의 것이 아니며, 무용 또한 육체를 통한 영혼의 움직임이었다. 당당한 생각과 행동이 삶과 예술을 신화로 만든 셈이었다.

"바보 같기는! 인간으로서의 내가 예술가로서의 나야. 결코 다르지 않아!"

열정이 있었기 때문에 덩컨은 야유 속에서도 춤을 출 수 있었고, 희망이 있었기 때문에 고난 속에서도 춤을 출 수 있었다. 또 그것들이 있었기에 죽을 때까지 사랑을 버릴 수가 없었다.

지금 너무 궁핍해서 아무것도 할 수 없는가? 그렇다면 가난이 나를 분발하게 만드는 스승이라고 생각해 보자. 영국 속담에 "가난은 모든 예능과 거래의 어머니"라는 말이 있다. 모든 것이 어려울 거라고 가르치는 절망보다 모든 것이 쉬울 거라고 가르치는 희망을 믿어야 한다. 이사도라 덩컨은 그렇게 살며 사랑했다. 그리하여 그 삶과 예술은 그녀의 좌우명처럼 '무한하게' 기억될 것이다.

4장

가능성을
따르는
더 나은 삶

자기 잘못을 깨달을 때
더 좋은 인간이 된다

성찰

레프 톨스토이
(Lev Nikolaevich Tolstoi, 1828년 9월 9일~1910년 11월 20일)

러시아의 소설가·시인·사상가. 사실주의 문학의 정점이자 위대한 사상가로 불린다. 귀족 출신의 부호였으나 핍박받는 민중과 가난한 서민의 생활을 문학적 소재로 삼았으며, 교회와 정치에 대해 비판적인 지식인으로 활약했다. 삶에 대한 반성과 성찰을 담은 책도 많이 펴냈다.

한 번 청소했다고 해서 방 안이 언제나 깨끗한 채로 있는 것은 아니다. 마음도 그렇다. 한 번 반성하고 한 번 좋은 뜻을 가졌다고 해서 그것이 유지되지는 않는다. 어제 가진 좋은 뜻이라 할지라도 오늘 새롭게 하지 않으면 그 좋은 뜻은 우리를 떠나고 만다. 독일의 종교 개혁자 마틴 루터는, 그렇기 때문에 좋은 뜻을 마음에 새기며 늘 되뇌어야 한다고 충고했다.

태어나서 단 한 번도 좋은 생각을 가지지 않은 사람은 없을 것이다. 다만 그것을 오래도록 지니지 않기 때문에 뜻을 이루지 못할 뿐이다. 어제 조여 맨 끈은 오늘 느슨해지기 쉽고, 내일이면 풀어지기 쉽다. 나날이 끈을 여미어야 하듯이 사람도 결심한 일을 거듭 여미어야 변하지 않는다. 《채근담》을 지은 중국 명나라의 유학자 홍자성은, 그렇기 때문에 수시로 치솟는 노여움과 욕정을 하루하루의 반성으로 다스려야 한다고 말했다. 시인 헤르만 헤세는 시 〈밤마다〉에서 사람들이 불안해하거나 초조해하지 않고 차분하고 침착하게 살 수 있기를 기구한다.

네 사랑하는 사람의 이름을 입으로 부르라.
증오와 부정을 고요히 고백하라.
모든 악한 것을 중심에서 부끄러워하고
어떤 그늘도 침상에 가져가는 일 없이
모든 근심을 마음에서 지워버리고
영혼이 오래 편안하거라.

고독—세상에 홀로 떨어져 있는 듯이 매우 외롭고 쓸쓸함. 삶에서 가장 힘든 것은 고독을 견디는 일이다. 고통도 가난도 이마를 짚어 주고 손을 잡아 주는 이가 있으면 참을 수 있다. 고독을 아름답다고 말하는 것은 고독에 대해 무지하거나 고독이 너무 두려운 사람이나 하는 말이다. 코트 깃을 올리고 가을 길을 걷는 사람이 멋있어 보이기도 한

고난이라는 가능성

다. 내가 아니니까, 남이니까 멋있어 보일 따름이다.

고독은 멀리서 바라보기에는 아름다울지 몰라도 가까이 다가가면 마주하기 싫어지는 풍경과 같다. 오래 머물기에는 적절하지 않은 허름한 여인숙이다. 허기가 육체를 아프게 하듯이 고독은 정신을 아프게 한다.

인간에게 고독이란 견디기 어려운 형벌이다. 그러므로 고독으로 인한 인간의 몸부림은 정당하다. 고독하지 않은 세계로 나아가기 위한 부딪침인 것이다. 초기 불교의 가르침을 시로 엮은 경전 《숫타니파타》에서 '무소의 뿔처럼 혼자서 가라'고 함은, 무리 짓지 않고 떨어져 사는 코뿔소처럼 대중 가운데서도 홀로 우직하게 올곧은 수행자가 되라는 이야기지 고독하게 지내라는 뜻은 아니다.

진정한 강자는 그 고독을 이겨 낸 사람이라고 한다. 고독을 이겨 내려면 고독을 이야기할 수 있는 상대가 있어야 한다. 그러기 위해서 사람에게는 사람이 필요하며, 결코 무소의 뿔처럼 혼자서 가서는 안 된다. 함께 어울려서 위로하며 가야 한다. 시인 T. S. 엘리엇은 발끝만 내려다보며 걷는 이들에게서 황무지를 보았다. 오늘, 많은 사람들이 손바닥만 내려다보고 산다. 연인들조차 말없이 서로가 자신의 스마트폰만 내려다보는 오늘의 흔한 풍경이다. 다시 마음의 황무지로 가고 있는 것은 아닌지 생각해야 한다. 소통해야 한다. 반성하고 성찰해야 한다. 행복이 삶의 궁극적 목표라면 고독해서는 안 된다.

톨스토이가 글을 쓰던 책상이 그대로 보존되어
있는 톨스토이 박물관 내부

⚡ 쾌락의 삶에서 벗어나 양심의 삶으로

모스크바에 있는 톨스토이 박물관을 가장 많이 찾는 외국인 관광객
은 한국인이라고 한다. 여러 해 전, 1886년에 나온 톨스토이의《인생
이란 무엇인가》라는 책이 우리나라에서 화제를 모은 바 있다. 19세기
에 나와 100년도 훨씬 더 지난 책이 21세기에 새삼 베스트셀러가 되는
것을 보면 한국인은 톨스토이를 정말 많이도 좋아하는 모양이다.

뛰어난 문학 작품을 많이 써서 널리 알려진 사람을 '문호'(文豪)라고
한다. '문학의 호걸'이라는 뜻이다. 그보다 더 훌륭하다 싶은 작가에게
는 '대'(大)라는 접사를 덧붙인다. 톨스토이는 그 이름 앞에 '대문호'가
붙는 그리 흔치 않은 작가다. 그를 대문호의 자리에 오르게 한 것은 성
찰과 반성, 그리고 그 실천의 힘이었다.

톨스토이는 1828년 9월 9일, 모스크바 남쪽에 위치한 야스나야폴랴
나에서 대단한 집안의 넷째 아들로 태어났다. 아버지 니콜라이는 백작
이었고, 어머니 마리아는 부자 귀족의 외동딸이었다. 하지만 그가 2세

때 어머니가 딸을 낳다가 사망했고, 그 후 모스크바로 이사했으나 8세 때 아버지가 뇌일혈로 사망하는 불행을 겪었다. 톨스토이는 3명의 형, 그리고 여동생과 함께 숙모들의 손에서 자라야 했다. 남겨진 토지와 재산은 많았으나, 얼마나 답답했을까? 하늘을 날고 싶었던 어린 톨스토이는 2층에서 뛰어내리는 일도 있었다.

가정교사에게 교육을 받은 뒤 16세에 카잔대학 법학과에 입학한 그는 자유로운 상상을 억압하는 교육 방식을 견디지 못하고 3년 뒤 고향으로 돌아왔다. 청춘의 영역에 들어선 청년은 그 무렵에 흔히 그렇듯 쾌락을 쫓아다니며 방황했다. 가슴속에 태양을 품고 있는 사람은 한 곳에 얌전히 안주할 수 없다. 그러므로 늘 무엇인가 새로운 것을 찾아다닌다. 톨스토이는 자신의 최적지를 찾아 끊임없이 대양을 헤엄치는 참다랑어 같은 인간형이었다.

그러던 어느 날, 청년은 프랑스의 사상가 장 자크 루소의 《참회록》과 《에밀》을 읽고는 그의 열렬한 팬이 되었다. 루소의 책이라면 무엇이든 찾아 읽었으며, 초상화까지 모으는 열의를 보였다. 내향적인 성장 과정 덕분인지 그는 자신의 도덕적 잘못들을 낱낱이 일기에 기록하고는 했다. 단지 반성만 하는 것이 아니라 세상의 모순과 불합리를 자기 손으로 개선하겠다는 다짐도 했다. 자신에 대한 성찰은 그렇게 훈련되고 있었다.

향락과 죄는 이웃이어서 향락을 따라가다 보면 죄에 물들기 마련. 연애와 술과 도박이 뒤섞인 무절제한 생활에 염증이 났다. 23세의 톨스토이는 군인이던 형 니콜라이를 따라 캅카스로 갔고, 이듬해 자신

방황 끝에 세상의 모순과 불합리를 개선하겠다고 다짐
하며 군에 입대한 23세 무렵(1851년)

도 군에 입대했다. 산악 부족과의 전투에도 참여한 그는 틈만 나면 글
을 써서 잡지에 기고했다. 그동안의 체험을 바탕으로 청소년들의 도
덕적 타락을 그린 《유년시대》, 《소년시대》, 《청년시대》가 이때 쓰였
다. 그리고 〈습격〉, 〈산림 채벌〉 같은 소설도 발표했다. 러시아 문단에
톨스토이의 이름이 서서히 알려지기 시작했다.

　1853년, 크림전쟁이 일어났다. 러시아가 흑해로 진출하기 위해 영
국, 프랑스, 터키 등의 연합군과 벌인 이 전쟁에 톨스토이는 도나우 전
선으로 배속되었다. 2년 동안 계속된 전쟁은 조국 러시아의 완패로 끝
났으나 개인적으로는 전리품도 있었다. 병사와 지휘관의 관계를 대비
시킨 소설 〈세바스토폴 이야기〉를 썼던 것이다. 그리고 전장을 누비
며 맞닥뜨리게 된 수많은 죽음들은 젊은 작가의 생각을 완전히 바꾸

　　　　　　　　　　　　　　　　　　　　고난이라는 가능성

어 놓았다. 그는 교리보다 양심에 따라 행동하고 인간을 화합시키는 이념의 실현에 생애를 바치기로 작정했다.

1856년, 군에서 제대한 톨스토이는 상트페테르부르크로 갔다. 정치적 견해를 달리하는 여러 문학 단체에서 그에게 손짓을 했다. 철저한 개인주의자였던 그는 이들의 요청을 거절하고 고향으로 돌아갔다. 이듬해에 프랑스, 스위스, 독일을 여행했다. 여행에서 돌아온 톨스토이는 러시아 농민의 열악한 환경에 관심을 갖게 되어 고향 야스나야폴랴나에 농민 자녀를 위한 학교를 열었다. 진보적인 교육 방법에 흥미를 느끼게 된 그는 다시 유럽 여러 나라를 돌며 교육의 이론과 실상을 몸으로 익혔다. 그리고 교육 잡지를 발간하는가 하면 직접 교과서를 펴내기도 했다.

1861년, 투쟁과 탄압과 협상의 혼란 속에서 러시아 농노제가 폐지되었다. 34세가 되던 그 이듬해, 궁정 의사의 딸인 18세의 소피아와 결혼했다. 결혼 전날 톨스토이는 34년의 발자취라며 소피아에게 자신의 일기장을 내밀었다. 아무것도 숨기고 싶지 않다고 말했다. 거기에는 어린 시절의 흔적과 젊은 시절의 방탕했던 생활이 적나라하게 기록되어 있었다. 어린 신부로서는 감당하기 어려운 모습들이었으나 소피아는 침착하게 대응했다. 앞으로 서로의 일기를 공개하자고 약속하며 넘어가기로 한 것이다.

톨스토이는 가정생활과 창작 활동에 충실했다. 15년 동안 13명의 자녀가 태어났으며, 불후의 명작들이 연이어 탄생했다. 나폴레옹의 모스크바 침공을 배경으로 부패한 러시아 귀족 사회에 저항하는 청년 귀족의 갈등과 깨달음을 그린 대작《전쟁과 평화》가 발표되었다. 관능적 사랑과 종교적 사랑을 대비하면서 인간 심리가 치밀하게 묘사된, 예술적 완성도가 가장 뛰어난 소설로 평가받는《안나 카레니나》가 발표되었다. 유럽의 문단은 격찬을 아끼지 않았다. 아내는 아이들을 키우면서 휘갈겨 써내는 남편의 악필을 일일이 정서해 주었다. 7세 위의 도스토옙스키가《죄와 벌》,《백치》,《악령》같은 명작들을 연이어 내놓던 무렵이었다.

문학이란 어차피 사람 사는 이야기가 아니던가? 청춘일 때 싫증이 날 만큼 쾌락에 빠져 본 톨스토이는 소설을 통해 올바른 삶에 대해 끊임없이 질문하고 답변했다. 인간은 자신을 위해서 선행을 해야 하나? 타인에 대한 봉사가 궁극적인가? 원수를 갚는 것이 정의로운가? 원수를 용서하는 것이 옳은 일인가?

❚ 가장 중요한 때는 바로 지금

톨스토이는 같은 시대의 러시아 작가 도스토옙스키나 투르게네프에 비해 부유한 생활을 누린 편이었다. 집안은 평온했고, 영지는 잘 관리되고 있었으며, 작가로서의 명성에 따른 수입도 높았다.

그러나 이런 물질의 부유함은 존재에 대한 회의까지 구제하지는 못했다. 젊은 시절부터 가져왔던 삶의 목적에 대한 탐색은 급기야 그를 위기 속으로 몰아넣었다. 1879년에 이르러서는 자살까지 생각할 정도였다. 그토록 탐닉했던 철학도 신학도 과학도 '삶이란 무엇인가?'라는

1908년, 80세 때 야스나야폴라냐의 농장에서 찍은 유일한 원색 사진

물음에 뚜렷한 답을 주지 못했던 것이다.

"예술이란 인생의 거울인데, 인생이 이토록 비참하다면 거울이 무
슨 가치가 있겠는가?"

한동안 말을 않고 울기만 하는 작가에게 친구들은 다시 문학으로 돌
아오라고 애원했다. 그러나 50대의 톨스토이는 농민에게 관심을 가졌
던 20대 청년 시절로 되돌아갔다.

"특권을 가진 성직자처럼 자칭 지도층 인사들에게 포섭된 학자나
예술가를 예술의 신전에서 쫓아내고 싶다. 그들이 쳐놓은 거대한
속임수와 미신에서 해방되어야만 한다."

톨스토이는 뿌리고 가꾼 만큼 거두어들이는 농부의 삶에서 '무엇으
로 살 것인가?'에 대한 해답을 찾기로 했다. 그리고 인간을 향한 삶에
서 신을 향한 삶으로 또 한 번 생의 방향을 바꾸었다. 삶에 대한 탐구
는 그로 하여금 《참회록》을 쓰게 했다. 거기에다 자신의 정신적 고통
과 도덕적 갈증을 일일이 털어놓았다. 모든 인간은 선악을 가릴 수 있
는 힘이 있고, 이성과 양심은 그 힘에서 나오며, 삶의 목적은 그 의지
를 실천하는 일이 되어야 한다고 적었다.

그는 성서를 나름대로 정리하면서 허례허식으로 가득한 교회를 부
정하고, 강압으로 체제를 유지하는 정부 형태에 반대했으며, 소유는

　　　　　　　　　　　　　고난이라는 가능성

힘에 의해 확보된 것이라며 사유재산제도를 비판했다. 과거의 삶을 돌이키면서 지주 청산을 선언하고는 모스크바 빈민굴로 들어갔으며, 굶주림에 시달리는 농부들의 손을 잡았다. '역사를 움직이는 것은 영웅이 아니라 민중'이라는 것이 그의 신념이었다.

이즈음 많은 인사들이 톨스토이를 만나기 위해 야스나야폴랴나의 농장으로 찾아왔다. 1900년 5월, 독일의 젊은 시인 릴케가 연상의 연인 루 살로메의 손을 잡고 함께 그곳을 방문했다.

1901년, 교회는 그를 파문했다. 가족들은 재산마저 포기하려는 그를 외면했다. 70세가 넘은 톨스토이는 영지를 모두 가족들에게 넘겨버리고 글 쓰는 일에만 매달렸다. 그가 말년에 쓴 책의 제목들은 대개 의문형들이다. 빈곤의 원인을 분석한 〈그러면 우리는 무엇을 할 것인가?〉, 술과 담배에 대한 〈왜 인간은 자신을 바보로 만드는가?〉, 자신의 세계관을 미학 체계로 정리한 〈예술이란 무엇인가?〉를 비롯해 《사람은 무엇으로 사는가?》, 〈인간에게는 많은 땅이 필요한가?〉 같은 제목들이 그러하다. 그만큼 옳은 삶을 찾기 위해 고뇌했다는 증거로 보인다. 톨스토이는 그 하나의 실마리처럼 《세 가지 질문》에서 이렇게 묻고 대답한다.

"세상에서 가장 중요한 때는 언제이고, 가장 필요한 사람은 누구이며, 가장 중요한 일은 무엇인가? 세상에서 가장 중요한 때는 지금 이 순간이고, 가장 필요한 사람은 지금 너와 함께 있는 사람이며,

가장 중요한 일은 지금 네 곁에 있는 사람을 위해 좋은 일을 하는 것이다."

그리고 71세에는 소녀 카추샤를 유린한 귀족이 도덕적으로 다시 태어나는 이야기의 장편소설 《부활》을 내놓았다. '부활'이란 인간의 정신적 재생이자 새로운 러시아의 재생을 뜻했다.

"자기 자신의 잘못을 제때에 깨달을 수만 있다면 우리는 더 좋은 인간이 될 수 있을 것이다."

┇ 신념과 생활의 불일치로 받았던 고통

그 누구도 타인의 노동에 의지해서는 안 된다고 말한 톨스토이는 자신의 신념을 실천하기 위해 술과 담배를 끊었다. 농부처럼 옷을 입고 밭일을 했으며, 청소도 직접 하고 신발도 손수 만들어 신었다. 이는 훗날 간디의 행동 강령이 되기도 한다. 그의 생각을 지지하는 사람들은 함께 생활할 수 있도록 집단 거주지를 만들자고 했으나 톨스토이는 싫다고 했다. 행복을 가져다주는 진리란 오직 자신의 내면을 정직하게 들여다보는 인간에 의해서만이 도달되는 것이기 때문이었다.

"내가 노력을 기울이지 않아도 날마다 재산이 늘어나는 이 큰 농장. 그런데도 모르는 사람들로부터 존경과 칭송을 받는다는 것이

일리야 에피모비치 레핀의 〈쟁기질하는 남자, 경작지의 레프 니콜라예비치 톨스토이〉(1887년)

얼마나 괴로운 노릇이냐!"

복지 세계를 만들고 싶었던 톨스토이의 생각은 평범한 생활을 원하던 가족들과의 사이를 멀어지게 했다. 막내딸 알렉산드라를 제외한 모든 가족은 아버지의 방식을 이해하지 못했다. 아내는 재산을 포기하려 들지 않았고, 금욕적인 생활도 거부했다. 젊은 음악가 사이에서 일어난 소문은 톨스토이의 의심을 사기에 충분했다. 그런 아내를 악처라고 손가락질하는 사람도 있었고, 가족을 지키기 위한 내조자라고 두둔하는 사람도 있었다.

삶과 문학의 동반자임을 자처하던 아내 소피아는 불안했다. 전 재산을 사회에 내놓는다는 돌발 행동이 언제 나올지 몰랐다. 무정부도 좋고 무저항도 좋으나 무산만큼은 참을 수가 없었다. 아무리 청빈낙

세상을 떠나기 두 달 전 48번째 결혼 기념일의 톨스토이와 아내 소피아(오른쪽 끝)

도여도 수많은 자식과 손주들의 삶을 생각하지 않을 수 없었을 것이다. 마침내 이혼이라는 말까지 나오자 톨스토이는 토지와 저작권을 모두 맡기는 것으로 일단락 지었다. 미봉책이었다. 톨스토이는 서류상 그렇게 바라던 무산자가 되기는 했다.

소유로부터 해방되어 봉사하는 삶을 살고 싶었던 이상주의자 남편 톨스토이와 세속적인 편안함을 바랐던 현실주의자 아내 소피아 사이의 골은 메워지지 않았다. 그 거리감은 노인 톨스토이를 무척 고통스럽게 했다. 파계한 수도자 라스푸틴의 예언에 휘둘리던 황제 니콜라이 2세는 러시아 민중의 삶을 극한으로 몰아가고 있었다. 그는 황실을 향해 "왜 나는 감옥에 넣지 않는 거요? 더럽고 춥고 배고픈 진짜 감옥에 갇혀 살게 하는 것이 나를 기쁘게 하는 일이오"라고 소리쳤다. 결국 톨스토이의 독한 반성과 성찰은 결국 82세의 늙은 몸을 가출하게 만

　　　　　　　　　　　　　　　　　　고난이라는 가능성

든다. 아내에게 마지막 글을 썼다.

> 사랑하는 소피아, 떠나게 되어 미안하오. 신념과 생활의 불일치가
> 너무나 괴롭구려. 나는 더 이상 지금처럼 호화롭게 살 수 없을 것
> 같소. 당신에게 불만이 있어서 떠나는 것은 아니오. 내 남은 세월
> 을 고독과 침묵 속에 보내고만 싶소. 당신이 나와 같지 않다고 하
> 여 나무라지 않으리다. 내게 준 당신의 모든 것을 늘 고마운 마음
> 으로 추억하겠소. 잘 있으시오.

찬바람이 불어오는 1910년의 늦가을, 그는 친구이자 의사인 도산과
함께 자신만의 낙원을 찾아 집을 떠났다. 수도원에 있는 누이동생이
보고 싶기도 했다. 상트페테르부르크 역으로 가서 열차에 올랐다. 오
랜만에 시원한 자유를 느꼈다.

행복했으나 추웠다. 82세의 노인이 견디기에는 너무 심한 추위였
다. 결국 랴잔 역과 우랄 역 사이에 있는 아스타포보 역에서 내릴 수밖
에 없었다. 지금은 톨스토이 역이 된 조그만 간이역이었다. 역장이 방
을 내주어 하룻밤을 보냈다. 날이 밝으면 누이가 원장으로 있는 수도
원으로 갈 작정이었다. 이튿날 아침, 도산이 그를 흔들어 깨웠지만, 그
는 눈을 뜨지 않았다.

망자의 뜻에 따라 장례는 소박하게 치러졌다. 소식을 들은 수많은
농민, 학생, 노동자들이 몰려와 그의 관을 메고 고향 야스나야폴랴나
까지 행진했다. 44세의 프랑스 작가 롤랑은 그를 가리켜 '세계의 아버

생전의 뜻에 따라 아무런 장신도 없이 소박한 톨
스토이의 무덤

지'라고 했고, 41세의 인도 지도자 간디는 '나의 생을 이끌어 준 훌륭한
교사'라고 했으며, 40세의 러시아 혁명가 레닌은 '만국 노동자의 친구'
라고 칭송했다.

🎵 영혼을 위하는 일에는 많은 돈이 들지 않는다

어떻게 살 것인가? 이에 대한 확실한 정답은 없다. 어떻게 살더라도
결국은 후회하게 된다는 말도 있다. 그러나 한 가지 분명한 사실이 있
다. 죽음을 눈앞에 두고서 '조금 더 열심히 일할 걸', '조금 더 돈을 많이
벌 걸'이라고 후회하는 사람은 아무도 없다는 것이다. 그런데도 사실
많은 사람들이 보다 큰돈을 얻기 위해 갖은 노력을 다 기울이며 늙어
간다. 왜 그럴까? 재화에 대해 잠시 생각을 돌려보면 삶의 문제를 푸
는 어떤 실마리를 얻게 될 것도 같다.

돈은 어쩌면 목숨 다음으로 소중한 것인지도 모른다. 왜냐하면 어
떤 죽음에 대한 최소한의 보상으로 주어지는 것이 바로 그것이기 때

고난이라는 가능성

문이다. 돈이 불행과 죄악의 원인이 된다는 말은 남의 경우를 두고 하는 소리다. 돌고 도는 것이 돈이라는데, 왜 나만 빼고 도느냐고 자신은 투덜거린다. "돈은 무엇보다 천하나 그리워하는 이유는 그것이 인간에게 재능까지 부여하기 때문"이라고 도스토옙스키가 소설 《백치》에서 이야기했다.

돈이라면 신도 웃는다고, 종교마저 자신의 절대자에게 그것을 바치라고 요구한다. 평등과 불평등의 뒤에도 그것이 도사리고 있다. 그토록 큰 힘을 가진 존재를 소유하려 드는 것은 당연한 일인지 모른다. 돈을 위해 열심히 일하는 것이 잘못일 수는 없다. 그러나 문제는 어떻게 가져서 어떻게 쓰느냐 하는 데 있다. 비로소 반성과 성찰의 문제가 뒤따른다.

행복을 사는 데는 사실 그리 많은 돈이 필요하지 않다. 많은 돈은 대부분 그저 없어도 그만인 것들을 사들이는 데 쓰인다. 영혼을 위하는 일에는 별로 돈이 들지 않는다. 그저 우월하고 싶은 허영이 큰돈을 얻으려는 목적이 된다. 반성과 성찰 없이는 그 허무한 달음박질을 멈출 수 없다. 자기의 마음을 돌이켜 살피는 일 없이 흘러가서는 절대로 행복을 가져다주는 진리에 이르지 못하는 것이다.

톨스토이는 우리들에게 지금보다 더 행복해질 수 있는 방법에 대해 이렇게 귀띔한다.

"흘러간 시간을 되돌릴 수 없고, 실수를 다시 바로잡을 수 없다는 사실을 자주 기억한다면 지금 이 순간 더 큰 행복을 느낄 수 있을 것이다."

그리고 그는 나쁜 습관과 싸워 이겨서 몸에 밴 익숙한 행동들을 버리라고 가르친다. 그러면 육체가 너의 주인이 아니라 네가 육체의 주인임을 깨닫게 될 것이라고, 자신에게 너그럽고 관대한 우리를 무섭게 타이른다.

반성과 성찰은 자신을 정직하게 들여다볼 때 이루어진다. 나보다 남을 더 열심히 바라보는 사람은 아무것도 성취할 수가 없다. 자신을 바라보는 시간이 그만큼 줄어들 것이고, 반성과 성찰의 기회는 그만큼 멀어질 것이기 때문이다. 나는 무엇 때문에 지금 이 일을 하고 있는가? 자기 자신과의 대면, 이것이 사람을 지성 쪽에 더 가깝게 할 뿐만 아니라 행복에 더 가깝게 가도록 한다.

인생이란 무엇이며, 사람은 무엇으로 살아야 하는가?

대문호 톨스토이가 그랬듯이 무시로 진지하게 생각해야 할 주제는 이것이다. 살아야 하고, 행복해야 하기에 그렇다. 그러면 마음이 맑음을 유지할 것이며, 그 맑은 마음속에서 평화를 발견할 수 있을 것이다. 실수는 부끄러운 일이나 반성은 부끄러운 일이 아니라고 했다. 따뜻하고 포근한 삶을 위해 과연 우리는 반성에 얼마나 열심이었던가?

어리석은 짓을 할 수 없다면
이미 노인이다

─── 탐구 ───

폴 고갱
(Paul Gauguin, 1848년 6월 7일~1903년 5월 8일)

프랑스의 화가. 증권회사에 다니다가 30세가 넘어 그림을 시작했다. 문명사회를 거부
하고 남태평양 타히티 섬으로 들어가 원주민들과 함께 생활하며 강렬한 선과 색채의
작품들을 남겼다. 사물을 개념적 형태로 표현한 특유의 기법은 야수파와 입체파 회화
에 큰 영향을 끼쳤다.

열정은 돛을 부풀게 하는 바람과 같다고 했다. 바람은 때로 배를 침
몰시키지만, 바람이 없으면 배는 바다로 나아가지 못한다고 했다. 침
몰이 두려운 사람은 항해할 수 없고, 항해하지 않는 사람은 새로운 땅
에 발을 디딜 수 없다고 했다.

누구나 가끔은 지금과 좀 다른 세계를 마주하고 싶다는 충동을 느낀
다. 하지만 충동만으로는 그 뜻을 이루지 못한다. 욕망이 마음의 창고

를 채워 주지는 않는다. 지금과 다른 세계에 서기 위해서는 돛을 부풀리는 열정과 바람에 맞서는 용기가 필요하다. 새로운 땅에 닿기 위해서는 침몰조차 각오하지 않으면 안 된다.

미적 안목을 오래 닦지 않은 사람이라 하더라도 짙은 원시의 서정을 느끼게 하는 화가 폴 고갱. 그는 그저 그런 일상을, 날마다 반복되는 생활을 과감히 내던지고 가장 가치 있을 거라고 판단한 일에 생애를 바친 열정적 삶의 상징이다. 굵은 선, 강렬한 색채, 싱싱한 사람들, 그리고 원시의 풍경. 바라보는 것만으로도 지금 당장 자리를 박차고 일어서서 남태평양 어디쯤으로 달려가고 싶게 하는 그림들. 그것은 나이가 30세도 훨씬 지났을 때, 자기 안에 숨은 열정을 용감하게 꺼내어 빚어 낸 찬란한 창조물들이다.

고갱은 청춘이 다 가도록 그림과는 아무런 연관도 없이 지냈다. 유년기는 남미 페루의 부잣집에서 보냈고, 소년기는 프랑스에서 평범한 학생으로 지냈으며, 선원이 되어 청년기를 맞았다. 그가 맨 처음 그림에 눈길을 보낸 것은 27세 무렵이었다.

하고 싶고 해야만 할 일을 하는 데 있어서 나이란 그리 중요하지 않다. 이런 말을 들으면 어떤 사람들은 흔히 "그때와 지금은 다르지 않느냐?"고 반문할지도 모른다. 그러나 그렇지 않다. 삶의 그 본질은 달라지는 것이 아니다. 그때도 그렇게 생각했을 수많은 사람들은 끝내 하고 싶고 해야만 하는 일들을 하지 못하고 죽었다.

고갱이 그림에 관심을 둔 무렵에도 파리의 미술학원은 어린 지망생들로 북적였다. 100여 년 전 파리의 미술학원을 가득 메우던 학생들이

고난이라는 가능성

그랬듯이 요즈음 홍대 앞 미술학원을 가득 메우는 학생들도 모두 고흐나 고갱이 되지는 않을 것이다. '언제' 하느냐가 아니라 '어떻게' 하느냐가 더 중요하다.

혼란한 현실을 피해 바다로 간 청년

고갱은 1848년 6월 7일 파리의 몽마르트르 노트르담 부근에서 남매 중 막내로 태어났다. 아버지 클로비스 고갱은 프랑스 중부 오를레앙 출신이었고, 급진적인 여성 사회운동가 플로라 트리스탕의 딸인 어머니 알린 샤잘은 스페인계 페루인이었다. 어머니가 4세 때 사망한 고갱의 외할아버지 마리아노는 대단한 재력을 가진 페루인이었다. 고갱은 프랑스와 스페인과 페루의 피를 골고루 물려받은 셈이다.

그즈음 프랑스 사회는 반란, 체포, 구금, 망명, 선거 따위가 뒤섞인 매우 어수선한 분위기였다. 빅토르 위고의 소설 《레미제라블》의 무대가 된 1830년의 7월혁명에 이은 2월혁명이 일어난 직후였다. 당시 프랑스는 시민의 힘을 등에 업고 집권한 정권이 다시 기득권 세력과 손을 잡고 독재를 하는 일이 거듭되는 형편이었다. 고갱의 가족은 그 정치적 소용돌이의 한 희생자였다. 옛 황제의 영광을 내세우며 재기를 노리던 조카 루이 나폴레옹이 4년 단임제의 공화정 대통령에 당선된 뒤 스스로 쿠데타를 일으켜 황제의 자리에 오른 1851년, 고갱의 일가족은 어머니의 친정이 있는 먼 페루로 가는 배에 올라야 했다.

자유와 평등의 신념을 가진 신문기자였던 아버지는 긴 항해에서 심장마비로 숨을 거두고 말았다. 어머니는 어린 딸과 아들을 데리고 할아버지의 형제인 피오의 집에서 지냈다. 300년에 걸친 스페인 통치로부터 독립한 페루의 리마에서 지낸 생활은 풍족한 편이었다. 잉카 문명의 화려한 전통이 조그만 고갱의 머릿속에 고스란히 새겨졌다. 4년 뒤, 어머니는 아이들을 데리고 프랑스로 돌아왔다. 시아버지 기욤이 오를레앙에서 같이 살자고 불렀던 것이다. 1855년, 고갱이 7세 되던 해였다. 손주들이 너무 보고 싶고, 너무 그리워서 그랬을까? 할아버지 기욤에 이어서 외할아버지의 형제 피오도 세상을 떠났다.

스페인어 대신 프랑스어를 익힌 소년은 3년 동안 가톨릭 기숙학교에 다녔다. 1860년, 어머니는 두 아이를 데리고 파리로 이사했다. 재봉사였던 어머니가 의상실을 열고 싶었던 것이다. 어머니의 남자 친구인 유대인 기업가 귀스타브 아로사가 가족을 보살펴 주었다. 5년 뒤, 이들은 다시 파리 서쪽 외곽의 생클루로 옮겼다. 고갱의 소년 시절은 혼란스럽게 흘러갔다.

1865년 12월 7일, 17세가 된 고갱은 선원이 되었다. 어린 시절에 겪은 긴 항해 때문인지, 복잡한 현실로부터 떠나고 싶었던 때문인지 청년의 향기를 풍기는 건장한 소년은 바다를 동경했다. 고갱은 프랑스 르아브르와 브라질 리우데자네이루를 오가는 배를 탔다. 그런데 1867년 7월 27일, 어머니가 42세의 나이에 눈을 감고 말았다. 19세의 고갱은 12월 14일, 르아브르 항에 상륙한 뒤에야 그 소식을 전해 들었다. 어머니는 아로사에게 두 자녀의 보호자가 되어달라는 유언을 남겼다고 했다.

이듬해 1월 22일, 청년은 수병이 되어 셰르부르 항에서 제롬나폴레옹 호에 올랐다. 프랑스-프로이센 전쟁에 참전한 고갱은 1871년 4월에 제대를 하고 생클루로 돌아왔다. 그러나 집은 2년 동안의 전쟁으로 불타 사라지고 없었다.

아로사는 고갱을 파리의 자기 집 근처 아파트에 살게 하면서 증권회사에 취직시켰다. 안정되고 보수도 좋은 직장이었다. 1873년 11월 22일, 25세의 고갱은 22세의 덴마크 아가씨 메테소피 가트와 결혼식을 올렸다. 그녀는 이 건장하고 잘생긴 사내가 훌쩍 그림 속으로 떠날 줄은 꿈에도 생각하지 못했다. 두 사람 사이에서 4명의 아들과 1명의 딸이 연이어 태어났다. 이제 이들 가족은 파리의 넉넉한 중산층으로 살아가기에 부족함이 없을 듯했다.

▌ 35세의 증권회사 직원이 잃은 것과 찾은 것

고갱이 미술을 만나게 된 것은 아로사 때문이었다. 그는 미술품 수집가이기도 했으므로 고갱은 자연스럽게 들라크루아, 쿠르베, 밀레 등의 작품을 접하게 되었다. 미술관을 드나들면서 젊은 화가들의 그림에서 강한 매력을 느꼈다. 이상스럽게도 그림을 그리고 싶은 욕구가 가슴 밑바닥에서 일렁거렸다. 페루의 풍경과 어린 시절의 도화지가 자꾸 겹쳐졌다.

고갱은 화가인 증권회사 동료 쉬프네케르를 따라 그림을 그리기 시작했다. 아로사의 딸 마르게리트도 거들었다. 1874년, 첫 번째 인상주의 전시회가 열렸다. 마네, 모네, 세잔, 르누아르, 드가, 피사로 등 프랑스 아카데미의 공식 살롱전으로부터 왕따 당한 화가들의 모임이었다. 아버지나 다름없는 아로사는 44세의 카미유 피사로에게 고갱을 소개했다. 청년은 곧 광채가 나는 듯한 피사로의 그림에 빠졌고, 피사로는 이 직장인의 취미 생활을 친절하게 도와주었다.

고갱은 파리 최고의 번화가 샹젤리제 근처로 이사했다. 콜롬비아 출신의 사업가와 결혼한 누나, 노르웨이 출신의 화가와 결혼한 처제, 그리고 고갱의 가족이 자주 어울렸다.

1876년, 28세의 아마추어 화가 고갱은 작품 〈비로플레 풍경〉을 살롱전에 출품했고, 뜻밖에도 이것이 입선되었다. 이 작가가 현대 회화의 대단한 획을 그으리라 눈치 채는 사람은 아무도 없었다. 아내 역시 남편이 그저 그러다가 말겠거니 생각했다. 신이 난 고갱은 회사 일을 마친 뒤 아카데미 콜라로시에 나갔고, 멘토가 된 피사로로부터 열심히 그림을 배웠다. 가난한 피사로의 조언에 따라 고갱은 세잔의 그림을 사기도 했다.

고갱은 집을 옮겼다. 파리 외곽의 보지라르 지역이었고, 거기에는 조각가들이 모여 살고 있었다. 고갱은 조각을 배웠다. 유년 시절에 만났던 잉카의 영상들. 아내와 아들의 모습이 대리석에 새겨졌다.

1879년, 피사로와 드가의 추천으로 고갱의 조각 1점이 4회 인상주의 전시회에 선보였다. 그는 '앞으로 살롱전에 출품하지 않겠다'는 서약을 해야 했다. 좋아서 하는 일이었으므로 고갱의 솜씨는 하루가 다르게 늘어갔다. 이듬해부터 고갱은 인상주의 전시회의 단골이 되었

       고난이라는 가능성

증권회사에 다니던 시절 그린 〈누드 습작, 바느질 하는 쉬잔〉

다. 5회 때는 7점의 회화와 1점의 조각을 내놓았다. 가장 눈길을 끈 것은 6회 때 출품한 〈누드 습작, 바느질하는 쉬잔〉이었다. 평론가 칼 위스망스는 "우리 시대의 어떤 화가도 이만큼 현실적인 누드화를 그리지 못했다"는 찬사를 보냈다. 피사로와 세잔을 따라 1881년 여름휴가를 파리 북서쪽 우아즈 강변의 퐁투아즈에서 그림을 그리며 보냈다. 그때 그린 12점을 7회 인상주의 전시회에 제출했다.

1882년, 어느 시대든지 심심하면 찾아오는 경제 위기가 프랑스를 뒤흔들었다. 주식시장이 무너지면서 고갱은 잘 다니던 직장에서 물러나야 했다. 일자리를 잃었으나 오히려 마음이 홀가분했다. 구속과 의무에서 해방되는 느낌이었다. 1883년 10월이었고, 35세였다.

▌ 과거는 사명을 다한 폐기물일 뿐

파리 생활에 만족하던 아내는 반대했지만, 고갱은 아예 전업 화가가

생활이 초라할수록 열정은 뜨거워지던 시절, 아내 메테 소피와 장남 에밀과 함께

되기로 결심했다. 어머니의 말조차 듣지 않고 선원이 되었던 그였다. 1884년 1월, 고갱은 줄줄이 사탕 같은 아이들을 데리고 생활비가 덜 들고 그림도 많이 팔 수 있을 것 같은 노르망디 해안의 루앙으로 옮겼다. 영국과 맞붙은 백년전쟁의 영웅 잔 다르크가 화형당한 유서 깊은 항구도시였다.

생활은 빠르게 궁핍해졌다. 8개월이 지나도록 그림은 팔리지 않았다. 소장품을 처분하고, 아내가 덴마크 사람들에게 프랑스어를 가르쳤다. 둘 사이에 다툼도 잦아졌다. 11월, 아내가 아이들을 데리고 친정이 있는 덴마크의 코펜하겐으로 갔다. 몇 주 뒤에 고갱도 합류했으나 직업도 없이 그림 같지도 않은 그림만 끼고 돌고, 말도 통하지 않는 사내를 처가 식구들이 좋아할 리 없었다. 코펜하겐 미술협회의 도움을 받아 개인전을 열었으나 비난만 받고 작품은 5일 만에 철거되었다.

차라리 파리가 나을 것 같았다. 자신의 가련한 처지를 편지에 담아 파리의 친구들에게 보냈다. 결국 고갱은 학교에 들어갈 때가 된 6세의 둘째 아들 클로비스만 데리고 1885년 6월에 파리로 되돌아왔다.

　화가로 산다는 것은 참 어려운 일이었다. 천연두에 걸린 아들의 치료비를 벌기 위해 벽보를 붙여야 했던 38세. 생활이 초라해질수록 그림을 향한 가슴속의 열정은 분노처럼 뜨거워지고 있었다. 그는 19점의 작품을 마지막이 되는 8회 인상주의 전시회에 보냈다. 아내와의 약속도 있어서 아들을 기숙학교에 입학시켰다. 고갱은 아들을 누나 마리에게 맡기고는 화구를 챙겨 들었다. 경쟁해야만 살아갈 수 있는 대도시가 더럽고 치사했다.

　"나 같은 가난뱅이 화가에게 파리는 사막이나 다름없어."

　드디어 인간이 만든 도시의 문명이 아니라 신이 만든 자연의 원시를 찾는 순례가 시작되었다. 1886년 여름, 고갱은 브르타뉴의 퐁타방으로 갔다. 거기에는 아직 야생이 살아 있었다. 그는 먼저 와 있던 젊은 화가들과 어울리면서 브르타뉴의 순박한 풍경들을 그려 나갔다. 함께 하숙 생활을 하는 젊은 화가 샤를 라발과 에밀 베르나르가 고갱을 따랐다. '몽상을 하듯이 자연에서 추상적인 것을 끌어내야 한다'고 생각한 그는 자신을 좋아하는 후배들에게 자신 있게 말했다.

　"저 나무가 무슨 색깔로 보이니? 저건 녹색이잖아. 그러면 녹색으로 칠해. 저 그림자는 파란색 같지 않나? 그러면 주저하지 말고 파랗게 칠해."

　고갱에게 과거는 사명을 다한 폐기물일 따름이었다. 아직 찾지 못하고 보지 못해서 그려지지 않은 사물이 얼마나 많은데, 이미 사명을 다한 과거에 매달릴 이유가 없었다. 그는 세상의 새로운 풍경을 자기만의 새로운 방법으로 그려 내고 싶었다. 도예도 배웠다. 아내에게 '이곳 퐁타방에서 가장 존경받는 화가가 되었다'고 편지를 보냈다. 미안하기는 했으나 자존심은 지키고 싶었다.

▌ 내 안을 탐구하고 원하는 것을 행동할 것

　고갱은 꼭 한 번은 야생의 삶을 살아 보고 싶었다. 더 이상 잃을 것도 없었던 39세의 고갱은 1887년 4월 10일에 퐁타방에서 알게 된 25세의 화가 라발과 함께 파나마로 가는 배에 올랐다. 그 근처에 카보가라는 원시의 섬이 있다는 말을 들었던 것이다. 그러나 막상 도착하고 보니 소문과는 달랐다. 그곳은 운하 건설을 둘러싼 유럽 사람들의 난장판이나 다름없었고, 거기에서 가게를 하는 처남과는 다투기만 했다.

　라발이 백인들의 초상화를 그려 주는 모습을 못마땅하게 여기던 고갱은 공사장에서 일하며 돈을 만들었다. 두 사람은 프랑스령 마르티니크 섬으로 갔다. 그곳은 좋았다. 온갖 종류의 열매와 나무들, 하루 종일 노래를 흥얼거리는 태양 아래의 흑인들……. 그 자체가 행복한

　　　　　　　　　　　　　　　　　　　　　고난이라는 가능성

좌 화가 라발, 베르나르 등과 함께 브르타뉴에서
우 1886년에 그린 〈라발의 옆모습이 있는 정물〉

그림이었다. 신나는 붓놀림은 '고갱 스타일'을 탄생시켰다. 그러나 우
기가 닥치면서 라발은 말라리아에 걸렸고, 고갱은 이질에 걸렸다. 빈
털터리 두 남자는 12점의 그림을 들고 선원 노릇을 하며 힘겹게 프랑
스로 돌아왔다.

그해 11월, 파리로 돌아온 고갱에게 증권회사 동료였던 쉬프네케르
가 거처를 마련해 주었다. 그리고 극적인 만남이 이루어졌다. 몽마르
트르에서 작은 화랑을 운영하고 있던 테오가 같이 지내고 있던 형 고
흐를 소개한 것이었다. 5세 아래의 고흐는 퐁타방에서 그린 고갱의 그
림을 보고 감탄했다. 테오는 고갱의 그림과 조각을 자기 화랑에서 전
시하면서 팔아 주겠다고 했다. 누가 보아도 갖고 싶을 법한 작품 〈과
일 수확〉과 몇몇 소품들을 사들였다.

파리가 주는 고립감은 자꾸 초라한 중년의 등을 떠밀었다. 다시 만
만한 퐁타방으로 가서 그곳 화가들과 어울리고 있을 때, 프로방스의
아를에 가 있던 고흐로부터 연락이 왔다. 함께 공동 작업을 하자는 것

1888년 고흐가 그린 〈폴 고갱, 빨간 베레모를 쓴 남
자〉. 같이 지내면서 서로의 초상을 그려 주었으나 서
로 마음에 들어하지 않았다

이었다. 1888년 10월 22일, 고갱은 아를의 '노란 집'으로 갔다. 테오가
경비를 대 주었다. '남부 인상파 화가들의 공동체'를 세우고 싶다던 고
흐가 집을 온통 노랗게 꾸민 뒤 고갱을 기다리고 있었다.

　처음에는 서로 모델도 서 주고, 같은 대상을 함께 그리고, 그림도 교
환하면서 사이좋게 지냈다. 그러나 둘째가라면 서러운 막강한 개성들
은 그림을 두고 사사건건 다투었다. 같은 의자, 같은 여자, 같은 풍경
을 그렸는데 서로 달랐다. 닮았다, 닮지 않았다, 이상하다, 이상하지
않다……. 한 명은 끓어오르는 화산이었고, 한 명은 내리꽂히는 폭포
였다. 결국 고흐가 자신의 귓불을 자르는 대형 사고를 치자 고갱은 12
월 24일에 아를을 떠났다. 그 63일 동안 두 사람은 각각 20여 점의 그
림을 그렸다. 이후 그들은 편지는 주고받았지만 만나지는 않았다.

　"내가 강한 이유는 결코 남들에 의해 흔들리지 않고 내 안에 있는

거룩한 예수를 마치 농부처럼 그렸다는 논란을 불러일
으킨 〈황색의 그리스도〉(1889년)

것을 행동하기 때문이다."

1889년, 프랑스혁명 100주년을 기념한 만국박람회에 맞추어 파리
에 에펠탑이 우뚝 섰다. 점령지로부터 온 낯선 문화는 원시에 대한 갈
증을 더욱 부추겼다. 만국박람회의 공식 미전에서 배제된 고갱과 그
의 친구들이 카페에서 전시회를 열었다. 고갱에게 구원이 절실했을
까? 그림 속에 예수가 등장했다. 〈황색의 그리스도〉는 거룩한 예수를
마치 농부처럼 그렸다는 논란을 불러일으키기도 했다. 그는 테오에게
그림을 팔아달라고 부탁했으나 거절당했다.

1890년 5월, 멀리 떠나고 싶은 고갱이 고흐에게 편지를 썼다.

'아를에 있을 때 열대 지방에 작업실을 마련하자던 대화를 기억하

는지. 약간의 돈만 생기면 그 계획을 실행하려고 해. 가서 착한 원
주민들과 함께 지낼 거야.'

그런데 7월 29일, 37세의 고흐가 자살했다. 고갱은 테오에게 '그는
이 시대의 보기 드문 예술가이며 사람들은 그림 속에서 그의 눈과 마
음을 볼 것'이라는 위로의 편지를 띄웠다. 6개월 뒤 테오가 죽었다는
소식을 들었다. 절대적인 수입원마저 사라져 버렸다.

더 이상 프랑스 땅에 있을 이유가 없었다. 떠나기로 작정했다. 이듬
해 2월, 고갱은 열대로 가는 비용을 마련하기 위해 드루오 호텔에서
작품 경매전을 열었다. 결과는 기대 이상이었다. 30점이나 팔렸던 것
이다. 경비가 마련되었다. 3월 23일, 타히티의 그림을 좋아한 49세의
시인 말라르메가 환송회를 열어 주었다.

❙ 모든 것을 바친 파리와의 작별

코펜하겐에 들러 가족들을 만난 고갱은 1891년 4월 4일에 마르세유
항에서 타히티 섬으로 가는 배를 탔다.

"내 그림은 씨앗에 불과하지만, 나를 위해 원시와 야생에서 그 씨
앗을 가꿀 것이다."

기관지염을 앓으며 꼬박 2개월을 항해했다. 6월 8일, 파페에테에 도

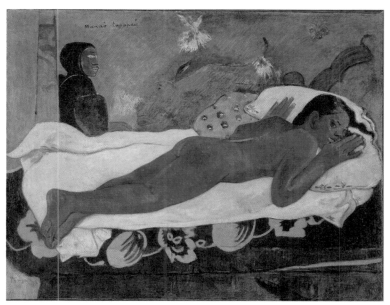
원주민 소녀 테후라를 모델로 그린 〈죽음이 지켜보고 있다〉(1892년)

착했으나 별로였다. 10년 전 프랑스의 식민지가 된 그곳에 속물적인 유럽이 들어앉아 있을 따름이었다. 고갱은 더 깊숙이 마타이에아로 들어갔다.

마타이에아는 원시 공동체가 이어지고 있었다. 그는 대나무로 오두막을 짓고 마오리의 언어를 배우며 원시의 경이로운 풍경과 전설 속으로 빠져들었다. 원주민 소녀 테후라가 모델 겸 애인이 되었다. 고갱은 그토록 간절히 꿈꾸던 원시의 맑은 모습들을 그림으로 옮겼다.

찬란하고 관능적인 자연의 색채는 빛나는 영감을 퍼부었다. 지금까지 걸었던 수많은 길들이 하나로 합쳐지면서 큰길을 열고 있었다. 그는 밤낮을 가리지 않고 정신없이 그림에 몰두했다. 투박하고 거친 질감의 기막힌 명작들이 쏟아져 나왔다. 8점을 코펜하겐에서 고생하고 있을 아내에게 보냈다.

그러나 또 돈이 문제였다. 돈으로 예술을 하는 것은 아니지만, 돈이 너무 없으면 예술을 하기가 어렵다. 아무리 초연한 예술가라도 밥도 먹고 재료도 구입해야 하기 때문이다. 가져갔던 경비는 2년 만에 바닥이 났고, 물감도 캔버스도 떨어졌다. 넉넉할 것 같았으나 필요한 용품들이 모두 프랑스로부터 들여오는 수입품이어서 엄청나게 비쌌다. 고갱은 보따리를 싸서 배에 오르는 수밖에 없었다. 1893년 8월 30일, 가난하고 지친 중년은 캔버스를 들고 다시 마르세유 항에 발을 내려놓았다. 희망을 갖기로 했다. 그림이 코펜하겐에서 독일인들에게 인기가 좋다는 것이었다. 파리에서 성공하리라, 그렇지 않으면 그림을 때려치우리라 다짐했다.

파리에 온 고갱은 작은 작업실을 마련하고는 그동안 쌓였던 문제들을 풀기 위해 애썼다. 그러나 제대로 되는 일이 없었다. 가족과는 결합할 수 없었고, 타히티에서 그린 40여 점의 파격적인 그림은 돈 많은 수집가들의 관심을 끌지 못했다. 드가와 퐁타방에서 고갱을 따르던 젊은 화가들이 중심이 된 나비파(Nabis)만이 그 신비로운 빛에 감탄할 뿐이었다. '나비'(Navi)란 '예언가'라는 뜻을 지닌 히브리어로, 그들은 스스로 '새로운 회화의 예언가'라 여기는 화가들이었다.

고갱은 파리에서는 빛을 볼 수 없을 것 같아 낙심했다. 1894년 5월에 자바 출신의 모델 안나와 함께 브르타뉴로 갔다. 그러나 그곳도 예전 같지 않았다. 젊은 화가들도 이제 저마다 자신의 길을 가고 있었다. 안나를 희롱하는 선원들과 맞붙어 싸우는 바람에 발목을 삐었다. 그는 술과 마약에 빠졌고, 안나는 몰래 파리로 가서는 작업실에 있던 고갱의 물건들을 챙겨 사라졌다. 바보같이 그림들은 그대로 두고서.

가련한 48세의 화가에게 남은 것은 타히티뿐이었다. 1895년 2월 18일, 그는 다시 드루오 호텔에서 경매전을 열기로 하고 자신의 작업실에 자주 놀러 왔던 극작가 스트린드베리에게 팸플릿의 서문을 써 달라고 했다. 그러나 그가 거절해서 스스로 이렇게 적어 넣었다.

"나는 반항의 예감을 느낀다. 당신의 문명과 나의 야만 사이에는 오직 충돌만이 있다. 당신은 문명 속에서 고통 받는다. 나는 야만 속에서 활력을 얻는다."

그의 신작들은 인기가 없었다. 전시된 49점 가운데 팔린 것은 10점뿐이었다. 그나마 드가가 도와주어 팔린 셈이었다. 고갱은 남은 그림을 친구에게 맡기고는 파리와 작별하기로 했다. 모든 것을 바쳤는데 남은 것은 상실감뿐이었다. 아무래도 파리는 아니었다.

고갱은 다시 마르세유로 가서 배를 탔다. 아물지 않은 발목과 이상하게 뛰는 심장과 몽마르트르 사창가에서 얻은 성병이 그를 괴롭혔다.

"육체의 안식이 정신의 양식을 손상시키지 않도록 화가는 고독하지 않으면 안 된다. 만약 네가 혼자 있다면, 너는 완전히 너의 것이 된다."

르네상스의 화가 다빈치의 말처럼 고갱은 혼자였다. 고독한 고갱은 뉴질랜드를 거쳐 그해 9월 타히티에 도착했다. 그 사이 타히티마저 타락한 식민의 문명에 물들어 있었고, 테후라도 가 버리고 없었다. 그는 섬의 동쪽 푸나아우이아로 들어가 바닷가에 작업실을 겸한 집을 짓고 그림을 그렸다. 이번에는 소녀 파후라가 그의 곁에 있었다. 시련은 사람을 사색적으로 만드는 것일까? 다소 시적인 분위기를 풍기는 제목의 〈왜 화가 났니?〉, 〈즐거운 나날〉, 〈그들은 아무 일도 하지 않는다〉, 〈다시는 안 돼〉 등의 그림이 탄생했다. 이들 중 단 한 점만이라도 오늘과 같은 값에 팔 수 있었다면 평생토록 돈 때문에 고통 받는 일은 없었을 텐데…….

망가지는 몸을 일으켜 세우며 고갱은 공사장 사무실에서 일했다. 병원비를 지불하고 얼마간의 빚을 갚게 되자 다시 그림에 대한 희망이 솟았다. 〈하얀 말〉, 〈달콤한 물〉 등이 그려졌다.

1897년 4월, 코펜하겐에 있는 외동딸 알린이 20세의 나이에 폐렴으로 죽었다는 소식을 들었다. 5월에는 빌려 쓰고 있던 땅이 팔려서 거처를 다른 곳으로 옮겨야 했다. 죽고 싶은 심정에 독약인 비소를 삼켰으나 신은 그에게 더 많은 그림을 그리라고만 했다.

▮ 우리는 어디에서 와서 어디로 가는가

고갱은 최후의 작품을 남기겠노라고 작정했다. 가로 4.5미터, 세로 1.7미터의 기다란 대형 캔버스에 인간의 탄생과 삶과 죽음을 담았다.

고난이라는 가능성

마지막 거처가 되는 '쾌락의 집'. 문 양쪽에 '신비해져라', '사랑하라, 그러면 행복해질 것이다'라는 글을 써 붙였다

파랑과 초록과 주황이 어우러진 대작 〈우리는 어디에서 왔는가? 우리는 무엇인가? 우리는 어디로 가는가?〉가 완성되었다. 죽어도 좋았다. 그는 스스로 '이보다 나은 작품, 이와 비슷한 작품조차 그릴 수 없을 것'이라고 생각했다.

타히티 사람이 다 된 고갱은 식민 당국과 잦은 충돌을 빚었다. 그는 원주민에 대한 정부와 선교회의 부당한 처우를 비판하다가, 혼자서 기자 겸 삽화가 겸 편집인이 되어 전단지를 발행하기도 했다. 그는 신문기자의 아들이었고, 사회운동가의 외손자였다.

코펜하겐에 있던 22세의 둘째 아들 클로비스가 폐혈증으로 사망했다는 소식이 날아왔다. 1901년 8월, 감정마저 말라가고 있음을 느낀 고갱은 1,600킬로미터나 떨어진 마르키즈제도의 화산섬 히바오아로 가는 배를 탔다. 관능의 미와 식인의 전설을 가진 곳이었다. 파후라와 아이는 남겨둔 채였다.

고갱은 다시 거처를 만들고 '쾌락의 집'이라는 이름을 붙였다. 마음이 좀 안정되는 것 같았다. 가족에 대해서, 그리고 명성에 대해서 생각

고난이라는 가능성

최후의 작품이라 작정하고 그린 〈우리는 어디에서 왔는가? 우리는 무엇인가? 우리는 어디로 가는가?〉. 가로 4.5미터, 세로 1.7미터의 캔버스에 인간의 탄생과 삶과 죽음을 담았다

하지 않기로 했다. 이것은 오직 작업에 몰두하겠다는 것을 의미했다. 다시 그림과 조각에 열중했다. 추억들을 불러 모아 에세이 〈이전 그리고 이후〉를 썼다. 아직 소녀티가 나는 바에호가 곁에 있었고, 1902년 9월에 딸을 낳았다. 그림 속 인물들이 마치 미지의 세계로 향하는 듯한 〈여울〉과 〈바닷가 기수들〉, 우수에 젖은 〈원시 이야기〉와 〈부채를 든 아가씨〉 등이 그려졌다.

　문명의 이름을 한 파괴를 경계한 고갱은 원주민의 편에 서고는 했다. 그들에게는 그들만의 삶과 꿈이 있었다. 1903년 2월, 고갱은 한 원주민을 변호하기 위해 법정에 섰다가 '주민을 자극하여 정부에 대항하게 했다'는 죄목으로 기소되어 벌금 500프랑과 구금 3개월 형을 선고받았다. 화가 난 그는 항소하기로 했다. 이도 빠지고 간도 망가졌다. 바에호도 곁을 떠나버렸다. 습진, 매독, 심장질환, 말라리아가 카리브의 고갱을 끝으로 몰아갔다.

　5월 8일 오전 11시, 만신창이 고갱은 '쾌락의 집'에서 아무도 모르게 숨을 거두었다. 심장마비 같았다. 작업대에 놓인 미완의 〈눈 덮인 브르타뉴 마을〉이 슬픈 화가의 마지막을 지켜 주었다. 5월 9일 오후 2시, 신을 믿지 않았으나 개신교 목사 베르니에와 마오리족 주술사 키오카가 55세를 산 그의 몸을 갈보리 공동묘지에 묻었다. 그의 죽음은 8월이 올 때까지 파리와 코펜하겐에 전해지지 않았다.

　　　　　　　　　　　　　　　고난이라는 가능성

❖ 내일은 오늘보다는 나으리라는 희망

고갱이 떠나고 16년 뒤, 45세의 프랑스 작가 서머싯 몸이 그의 삶을 소설《달과 6펜스》에 담아냈다. 오늘, 그의 그림은 어마어마한 가격으로 거래되고 있다. 그리고 우리는 가끔씩 그의 그림으로 문명이 주는 상처를 치유한다. 그림처럼, 그 색깔이 너무 짙고 강렬해서 감히 그의 삶에 알량한 세속의 잣대를 들이댈 수는 없겠다. 영원히 우리를 위로할 그의 영혼을 위해서 한번 온전한 이름을 불러 보기로 하자. 외젠 앙리 폴 고갱……

오늘에 기대는 것이 옳은가, 내일에 기대는 것이 옳은가? 작은 것에 만족하라는 말도 있고, 만족한 돼지보다 불만족한 인간이 낫다는 말도 있다. 모두가 맞다. 삶은 그렇듯 궁지요 모순투성이다. 한 가지 분명한 점은 오늘보다는 나으리라는 내일에 대한 희망이 우리를 살아가게 한다는 것이다. 오늘에 충실하지 않는 자에게 더 나은 내일은 주어지지 않는다는 것이다. 자기 묘비명을 '우물쭈물하다가 내 이렇게 될 줄 알았다'고 지은 아일랜드의 작가 버나드 쇼의 말이다.

> "참된 예술가는 아내를 굶기고, 아이들을 맨발로 다니게 하고, 노
> 모에게 손을 벌리면서 자기 예술 외에 아무것도 하지 않는 사람이
> 다."

재치 넘치는 작가의 우스갯소리로 들리기도 하지만 아주 틀린 말은 아닌 것 같다. 예술가는 자신이 느낀 아름다움을 남에게 나누어 주

는 사람이다. 혼자만 가질 수 없을 때, 누군가에게 보여 주고 싶을 때 예술가가 된다. 자꾸 나누어 주려다 보니 자신의 것은 자꾸 줄어든다. 그러므로 예술가는 가장 종교적인 인간일 수 있다.

"어리석은 짓을 할 수 없는 청년은 이미 노인이다."

고갱의 말처럼 그에게 어제는 없었다. 그는 늘 내일을 위해 오늘을 바쳤다. 더 나은 그림을 찾아 기꺼이 더 먼 곳도 달려갔다. 창조의 아름다움이 행복하게 쓰다듬어줄 것이므로 고통도 즐겁게 끌어안았다. 그렇게 그는 보석보다 찬란한 명작들을 우리에게 남겼다.

남이 한 것을 따라 해서는 절대로 으뜸이 되지 못한다. 창조란 전에 없던 것을 처음으로 만들어 낸다는 말이다. 그러기 위해서는 도전해야 한다. 아무것도 모르는 무지렁이의 눈에 그런 도전은 우둔한 짓으로 보일 것이다. 그렇게 무지렁이로 살다가 죽기에는 우리 생에게 너무 미안할 것 같다.

고난이라는 가능성

우리가 두려워할 것은
진정 무엇인가

─── 결연 ───

표도르 도스토옙스키
(Fyodor Mikhailovich Dostoevskii, 1821년 11월 11일~1881년 2월 9일)

러시아의 소설가. 파란만장한 삶을 살면서 인간의 본성에 대한 탐구와 시대 상황의 근본적인 문제를 작품 속에 담아낸 리얼리즘 문학의 대표 작가로 꼽힌다. '인간이라는 비밀'의 해명을 과제로 삼았으며 문학뿐만 아니라 예술·철학·사회과학 전반에 많은 영향을 끼쳤다.

40세쯤 터울의 소크라테스, 플라톤, 아리스토텔레스는 고대 그리스를 대표하는 철학자 3인방이다. 이 가운데에서 소크라테스가 첫째로 꼽히는 이유는 고참 선배이기 때문만은 아니다. 철학을 하늘에서 땅으로 끌어내렸다는 점이 그를 두드러지게 한다. 모두가 우주와 자연을 이야기할 때, 그는 '너 자신을 알라'며 사고의 초점을 삶에 맞추었다. 한 줄의 글도 남기지 않은 그는 오로지 사람들의 '좋은 친구'가 되는 것이 자신에게 주어진 사명이라고 생각했다. 뚱뚱하고 키가 작고 눈은 튀어나왔으며 들창코에다 커다란 입을 가졌다는 그는 늘 허름한 차림으로 사람들 속을 누볐다.

축제의 행렬을 구경하고 싶었던 미모의 아내 크산티페가 남편 소크라테스에게 옷 투정을 했다. 그러자 그가 이렇게 말했다.

"당신은 보러 가는 것이 아니라 보이러 가고 싶은 모양이군."

사람들은 대개 자기 삶이 누구 못지않게 극적(劇的)이라고 여긴다. 자신의 연애 또한 한 편의 소설이나 영화가 되기에 충분하다고 생각한다. 그처럼 누구의 것도 누구의 것 못지않게 소중한 것이 삶이다. 스스로를 돌아보는 일은 그토록 소중한 삶을 위한 큰 배려가 될 것이다. 그렇지 않으면 나의 주인은 내가 아니라 남이 된다. 나를 위해 옷을 입을 것인가, 남을 위해 옷을 입을 것인가? 보는 사람이 될 것인가, 보이는 사람이 될 것인가? 때때로 그런 생각을 할 수 있으면 삶의 헛수고는 훨씬 줄어들 터이다.

"신과 악마가 싸우고 있다. 그 전쟁터가 바로 인간의 마음이다."

인간의 참모습을 보여 주기 위해 생애를 다 바친 소설가 표도르 도스토옙스키. 그의 삶은 지독한 시련의 연속이었다. 그러나 그 시련 속에서도 무너지지 않고 빛나는 금자탑을 이룰 수 있었던 것은 한 번도 스스로 삶의 주인이기를 포기하지 않았기 때문이다. 그의 문학은 고난의 한복판에서 부르는 처절한 노래였다. 그 노래 속에는 시련을 뛰어넘는 초월의 꿈이 담겨 있어서, 오늘도 우리는 그 목소리에 귀를 기울이게 된다.

> "모든 것은 인간의 손안에 들어 있는데 단지 두려움 때문에 스쳐 보낸다. 도대체 사람은 무엇을 가장 두려워하는 것일까? 새롭게 내딛는 한 걸음, 처음으로 내뱉는 한 마디, 사람들은 이것을 가장 두려워하고 있다."

궁핍과 불운, 사형과 유형, 간질과 도박……. 감당하기 힘든 삶의 무거운 짐들을 혼자서 짊어져야 했던 그가 꿈꾼 것은 초인(超人)이었다. 도스토옙스키는 보통 사람으로는 생각할 수 없을 만큼 뛰어난 능력을 가진 인물을 자신의 소설 속으로 데려왔다. 고통에 무릎 꿇지 않고 생의 진선미를 찾아내는 주인공들. 실제로 그는 극한까지 내몰렸다가 다시 올라서는 삶을 거듭했다. 그 문학적 성취의 초점은 고난 자체가 아니라 끊임없는 극복의 의지에 맞춰진다.

﹗ 주어진 재능을 소중히 하면 위대해질 것이다

도스토옙스키는 1821년 늦가을, 러시아 모스크바의 마린스키 빈민 구제 병원에서 태어났다. 아버지 마하일 안드레예비치는 사회적 지위가 그리 높지 않은 그 병원의 의사였다. 7남매 중 둘째 아들인 도스토옙스키가 10세 되던 무렵, 엄격하고 인색하며 과격한 성격의 아버지는 모스크바 남쪽의 툴라 현에 농지를 사들여 소지주가 되었다. 도시 빈민과 시골 농노들의 비참한 삶까지 지켜보던 어린 시절이었다. 같은 시대를 살았던 러시아 작가인 7세 아래의 톨스토이나 3세 위의 투르게네프가 부자 귀족 출신인 것과는 전혀 다른 환경이었다.

도스토옙스키가 16세 되던 해, 남편의 의처중에 시달리던 자상한 어머니 마리아가 폐결핵으로 37세에 세상을 떠났다. 아버지는 아들을 상트페테르부르크에 있는 육군공병기술학교에 보냈다. 무료 기숙학교였을 뿐만 아니라 군인이 되면 먹고 살 걱정은 덜 수 있었기 때문이었다. 그러나 도스토옙스키는 군사학보다 문학이 더 좋았다. 외로움을 달래기 위해 푸시킨과 실러의 시, 발자크와 상드의 소설을 읽던 18세 소년에게 충격적인 일이 일어났다. 아버지가 자신의 농노들에게 살해당한 것이었다.

도스토옙스키는 23세에 중위로 진급한 뒤 제대했다. 러시아 전체에 개혁의 바람이 불면서 오랜 농노제가 흔들리고 있었다. 지키려는 이들과 바꾸려는 이들의 싸움이 곳곳에서 이어졌다. 청년 도스토옙스키는 그 부글부글 끓어오르는 도가니의 한가운데에 놓여 있었다.

쌓인 것이 많으면 덜어내야 한다. 그래야 숨을 쉬고 살 수가 있다. 글쟁이와 수다쟁이의 차이는 단순하다. 글과 말의 차이일 뿐이다. 가슴에 쌓인 것을 한 사람은 종이에 기록하고, 한 사람은 허공에 내뱉는

고난이라는 가능성

다. 도스토옙스키는 글을 쓰고 싶었다. 가슴속 응어리를 풀어내야 했다. 조그마한 키에 금발과 작은 회색 눈, 신경질적으로 실룩거리는 입술, 병색마저 감도는 얼굴, 그리고 남들과 잘 어울리지 못하던 가난한 청년은 소설을 쓰기 시작했다.

24세의 도스토옙스키는 불행한 소녀 바르바라의 비극적 사랑과 소외된 이웃의 이야기를 편지글 형식으로 꾸몄다. 부조리한 세상에 대한 자신의 생각을 고스란히 담은 작품이었다. 처음 쓴 소설 〈가난한 사람들〉을 진보적 문학평론가 벨린스키에게 보냈다. 소설을 다 읽은 벨린스키가 청년을 만난 자리에서 말했다.

"자네에게 주어진 천부적인 재능을 소중히 여기게. 거기에 충실하면 자네는 위대한 작가가 될 것이야!"

슬픈 현실의 뒷골목에 놓인 사람들, 그들의 꿈이 삶에 아무런 변화도 이끌어내지 못하는 비극적 상황에 독자는 공감했던 것이다. 10세 위의 이 문학평론가는 청년을 러시아 문단 속으로 이끌었다.

펜은 멈출 줄 몰랐다. 〈분신〉, 〈이중인격〉, 〈백야〉 등의 소설들이 연이어 발표되었다. 글 속에 과도기의 젊은 지식인이 그리는 이상적 인간과 사회가 강렬한 색채로 스며들어 있었다. 고마운 은인 벨린스키가 1848년 6월, 폐병으로 37세의 젊은 나이에 세상을 떠났다. 문학이 해야 할 과제는 "아직도 태아기에 있는 러시아가 성숙한 문명국으로 발전하도록 돕는 것"이라고 소리치던 강직한 지식인이었다. 거칠게 자랐던 탓인지 도스토옙스키에게 신경쇠약 증세가 비쳤다.

❙ 낙담하고 타락하지 않는 것이 인생의 목적

황제 니콜라이 1세의 공포정치가 인민의 숨통을 조이고 있었다. 도스토옙스키는 같은 나이의 유토피아적 사회주의자 페트라솁스키의 집에서 금요일마다 열리는 독서회에 참석했다. 책을 읽고 토론하는 그 모임에서 개혁에 대한 이야기가 오갔다. 왕조를 무너뜨리고 사회 구조를 뒤바꾼 프랑스의 시민혁명도 논의되었다.

서유럽을 휩쓴 혁명의 여파를 우려한 당국은 이 모임을 반체제 집단으로 규정하고 체포령을 내렸다. 1849년 4월 23일 새벽, 도스토옙스키는 가택수색에서 체포되어 감옥에 수감되었다. 9월 30일에 시작된 공판은 11월 16일에 끝이 났다. 그에게는 '반정부 문서를 유포한 죄'가 적용되어 8년의 유형이 선고되었다. 그러나 12월 22일, 선고는 번복되어 총살형이 내려졌다. 도스토옙스키는 그날을 이렇게 기록했다.

"우리는 모두 세묘노프 광장으로 끌려갔다. 십자가에 입을 맞추었다. 그런 다음 일행 중 3명이 처형장의 기둥에 묶였다. 나는 앞에서 여섯 번째였다. 이제는 정말이지 1분의 여유도 없었다."

28년의 새파란 삶이 끝나려는 순간이었다. 억울한 시간들이 파노라마처럼 스쳐갔다. 먼저 끌려나간 사람 가운데는 반쯤 미쳐버린 이도

고난이라는 가능성

도스토옙스키가 사형에 처해지기 직전의 장면을 담은 포트롭스키의 그림(1849년)

있었다. 그런데 갑자기 나팔 소리와 함께 한 장교가 흰 손수건을 흔들며 달려왔다. 곧 사형 집행 정지를 알리는 황제의 칙령이 낭독되었다.

이 드라마틱한 장면은 젊은 정치범들에게 겁을 주기 위해 연출된 것임이 밝혀졌으나 도스토옙스키로서는 두 번 다시 생각하기조차 싫은 끔찍한 체험이었다. 그는 "그것은 인간에 대한 모독 그 이상은 아무것도 아니었다"라고 당시를 술회했다.

도스토옙스키에게 4년 유형에다 4년 사병 근무가 확정되었다. 청년은 시베리아의 옴스크 감옥에서 4년 동안 쇠사슬을 차고서 온갖 흉악범들과 함께 가혹한 강제노동에 시달려야 했다. 삶도 문학도 모두 정지되었다. 허용된 책은 감옥까지 오는 길에 한 여인이 건네준 〈신약성서〉뿐이었다. 그는 죄인의 손을 잡고 새로운 삶을 약속하는 예수를 보았고, 인간의 미약한 한계를 뛰어넘는 초인의 능력을 가슴속에 담았다. 그는 형 미하일에게 보내는 편지에 "어디를 가도 생활은 생활입니다. 어떠한 불행 속에 있어도 낙담하지 않고 타락하지 않는 것, 이것이야말로 인생의 목적이 아니겠습니까?"라고 고백한 일이 있다.

인간 치부의 끄트머리까지 들여다보게 된 그로서는 더 이상 선천적 도덕성이나 합리성 따위를 믿을 수가 없었다. 이 안타까운 청춘은 50년 뒤에야 프로이트에 의해 정립되는 비이성적 자아 속에서 개선의 실마리를 찾았다. 내면의 질적 혁명만이 사회를 변화시킬 수 있다고 생각한 것이다.

"새 생활이란 결코 무상으로 손에 들어오는 것이 아니다. 그것을 위해서는 크나큰 고행을 지불해야만 한다."

형기를 마친 1854년, 33세의 도스토옙스키는 4년 동안 사병으로 시베리아의 세미팔라틴스크 국경수비대에 배치되어 군복무를 치러야 했다. 참담한 생활은 그의 문학적 재능을 감지한 브랑겔 남작이 부임해옴으로써 좀 나아지게 되었다. 병영 밖에서 지낼 수 있었고, 지역 유지들의 모임에 초대되기도 했다. 그제야 형이 보내 주는 잡지들을 읽을 수 있었다.

이듬해에 '독재란 이런 것이다' 하며 공포정치의 전형을 보이던 니콜라이 1세가 죽었다. 근무 성적이 좋아 하사관으로 진급한 도스토옙스키는 세관 관리의 아내였던 과부 마리아를 사랑했다. 36세의 도스토

고난이라는 가능성

엡스키는 11세 아들을 둔 그녀와 결혼했다. 그는 황제 앞으로 사면 탄원서를 제출했고, 소위로 임관된 이후 제대할 수 있었다.

드디어 도스토옙스키에게 자유가 주어졌다. 이주 허가를 받은 그는 시베리아를 떠나 트베리를 거쳐 꿈에 그리던 상트페테르부르크로 돌아왔다. 1859년 12월, 알렉산드르 2세 치하의 상트페테르부르크는 개혁의 분위기로 술렁거렸다. 감옥과 군대에서 청춘을 다 보내 버린 도스토옙스키는 어느새 마흔을 바라보는 중년이 되어 있었다. 구속도 억압도 문학을 향한 그의 의지를 꺾을 수 없었다. 극한의 체험이 소설의 착한 재료로 살아나기 시작했다.

예술이란 궁극적으로 사람 사는 이야기의 각기 다른 표현이다. 백조가 호수 위에 떠 있는 풍경을 묘사한 작품이 있다고 하자. 그 역시 그런 장면을 본 이에 의한 표현이므로 결국은 사람의 이야기가 된다. 왜 깊은 자취를 남긴 예술가의 생은 파란만장할까 하는 궁금증에 대한 답이 여기에 있다. 사람 사는 극적인 모습을 더 많이 본 작가가 더 뛰어난 작품을 만들어 내게 되는 것이다. 밋밋한 삶 속에서는 밋밋한 작품이 나올 수밖에 없다. 체험이 독할수록 독한 작품이 나오게 마련이다. 그러므로 창작자에게 밑바닥은 도약의 든든한 구름판이 된다.

졸지에 딸린 식구가 둘이나 된 도스토옙스키는 돈을 벌어야 했다. 그동안 《작은 영웅》,《아저씨의 꿈》 등의 소설을 발표한 그는 형 미하일과 함께 시사 문제를 다루는 잡지 〈시대〉를 창간했다.

⁞ 머리가 아닌 심장을 따라가는 여정

도스토옙스키는 어떠한 불행 속에 있어도 낙담하지 않겠다는 결의를 잊지 않았다. 생활의 고통은 거대한 문학의 심장이 되었다. 유형지에서 겪은 처절한 삶이 고스란히 소설 속으로 들어왔던 것이다.

"꿈을 밀고 나가는 힘은 머리가 아니라 심장인 것 같다."

1861년, 아내를 죽인 혐의로 강제노동형을 선고받은 한 남자가 회고하는 형식의 소설 《죽음의 집의 기록》이 발표되었다. 그리고 낡은 관습을 깨고 사랑을 바치는 여자의 이야기 《학대받은 사람들》을 잡지 〈시대〉에 연재했다. 작가 투르게네프와 톨스토이도 그 강렬한 인간상들에 박수를 보냈다. 그해, 지주들의 강한 반대를 뒤로하고 농노 해방령이 선포되었다. 움직이는 재산으로 여겨지던 농노들이 인간으로서의 자유를 되찾게 되는 커다란 변화였다.

혼란의 러시아를 구하기 위해서는 지성인들이 나서야 한다는 논조의 잡지 〈시대〉는 반응이 좋았다. 돈을 좀 모은 도스토옙스키는 1862년에 유럽 여행을 다녀올 수 있었다. 그 느낌을 담은 〈겨울에 쓴 유럽의 여름 인상기〉가 호평을 받았다. 그의 앞에 여성 해방을 주장하는 신세대 아가씨가 나타났다. 잡지에 글을 발표한 적이 있는 16세 아래의 폴리나 수슬로바였다. 이듬해 그는 서둘러 두 번째 유럽 여행을 계획했다. 먼저 파리에 가 있는 수슬로바와 밀회를 즐기기 위해서였다. 그러나 이 여행은 그에게 아픔만 안겨 주었다. 수슬로바는 스페인 출

1863년, 42세에 파리에서. 유럽 여행의 느낌을 쓴 〈겨울에 쓴 유럽의 여름 인상기〉가 호평을 받았다

신의 의대생에 빠져 있었고, 도스토옙스키는 도박에 빠지게 되었던 것이다. 수슬로바를 만나러 가던 도중 독일 비스바덴의 카지노에서 룰렛으로 돈을 따게 되었는데, 이것이 곧 중독으로 이어질 줄은 자신도 몰랐다. 두 사람의 어정쩡한 여행은 2개월 동안 이어졌다. 바덴바덴의 카지노에서 모든 돈을 다 잃었을 때 여행도 함께 끝났다.

황제를 비방하는 글을 실었다는 이유로 〈시대〉가 강제 폐간되었다. 그러나 10개월 뒤 형과 함께 제호를 바꾼 잡지 〈세기〉를 창간했고, 거기에다 소설 《지하 생활자의 수기》를 발표했다. 도스토옙스키가 시사 잡지에 매달린 이력과 관련하여 역사학자 E.H. 카는 "곧 쓰레기가 될 것이 뻔한 정치 평론에 열정을 낭비한 것은 애석한 일"이라고 지적한 바 있다.

1864년은 그에게 슬픔이었다. 4월에 폐병을 앓던 아내가 죽었고, 6

월에 가장 친했던 형이 병으로 죽었다. 잡지사는 문을 닫았고, 그는 빚만 떠안게 되었다. 이제 삶도 문학도 고삐가 끊어진 마차처럼 날뛰기 시작했다. 간질병 발작 증세를 보이는 43세의 소설가는 쫓기듯이 도박 속으로 빠져들었다.

도스토옙스키는 다시 유럽으로 건너갔다. 채권자들로부터의 도피와 수슬로바와의 재회라는 두 가지 목적이 있었다. 도피처는 독일의 카지노였다. 출판업자 스텔로프스키에게 모든 원고의 저작권을 넘기고 받은 돈은 도박 자금이 되었다. 결국 그마저 다 날려 버리자 수슬로바는 그의 청혼을 뒤로 한 채 다시는 돌아오지 않았다.

빈털터리가 된 도스토옙스키는 출판사와 잡지사는 물론 알 만한 사람들에게 돈을 빌려달라고 애원했다. 소설가 투르게네프에게까지 돈을 빌렸다가 사이가 멀어지기도 했다.

'내 명예를 걸고 약속합니다. 쓰고자 하는 소설은 아마 좋은 작품이 될 것입니다. 돈을 좀 보내 주십시오.'

'간절히 부탁드립니다. 당신의 손에 키스합니다. 신속한 선처를 당부합니다. 인생의 일들은 다양하게 일어날 수 있는 법입니다. 아마 그런 것들이 없다면 인생이 지루할 테니까요.'

'지금 돈을 부쳐주지 않으면 큰일납니다. 그리스도와 신의 이름으로 부탁드리는데, 당신이 전에 주었던 도움을 또 한 번 주었으면

고난이라는 가능성

합니다. 나는 프롤레타리아 문학가이고, 그래서 내 작품을 원하는 사람은 나를 먼저 먹여 살려야만 합니다. 이럴 수밖에 없는 현실이 저주스럽습니다.'

좋은 소설을 구상하고 있으니 선금을 좀 달라는 식이었다. 돈이 오면 그 돈으로 다시 도박을 했다. 실제로 도스토옙스키는 비스바덴에 머물면서 《죄와 벌》에 착수했다. 빚은 점점 늘어만 갔고, 마침내 시계며 옷이며 몽땅 저당 잡히는 신세가 되었다. 밀린 숙박비도 문제였지만, 집으로 되돌아갈 차비조차 없었다. 코펜하겐에 파견 나와 있던 브랑겔 남작의 도움으로 간신히 상트페테르부르크로 돌아오게 된 것은 1865년 10월이었다.

"돈은 절대적인 위력이다. 평등의 극치이다. 돈은 모든 불평등을 평등하게 한다."

⦚ 인간의 모든 심연을 묘사한 사실주의자

도스토옙스키에게 남겨진 숙제는 빚을 원고로 갚는 일이었다. 약속한 대로 원고를 넘기지 않을 경우 위약금까지 물어야 하는 형편이므로 소설을 쓰지 않을 수 없었다. 그는 속기사 안나 스니트키나를 소개받아 자신의 경험을 바탕으로 소설 〈도박사〉를 25일 만에 써냈다.

20세의 착한 속기사 안나는 발작을 일으키면서도 펜을 놓지 못하는

러시아 화가 바실리 페로프가 그린 1872년에 그린 도스토옙스키의 초상

고난이라는 가능성

속기사 안나 스니트키나. 도스토옙스키가 《백치》와 《악령》을 완성할
수 있었던 것도 안나 덕분이었다

45세의 소설가를 떠나지 않았다. 1867년 2월 15일, 두 사람은 결혼했
다. 그 이듬해 세기의 명작 《죄와 벌》이 탄생했다. 《죄와 벌》은 큰 반
향을 불러일으켰다. 살인을 다룬 추리소설적 구성 속에 강렬한 문체
로 펼쳐지는 사회와 철학과 종교와 실존에 관한 이야기는 독자들을
사로잡기에 충분했다.

4월 14일, 도스토옙스키는 안나를 데리고 유럽으로 갔다. 도피성 외
유였다. 독일 땅을 밟자 룰렛의 유혹이 되살아났다. 또다시 빈손이 된
이듬해 2월 12일, 딸 소피아가 태어났으나 3개월을 살지 못하고 죽었
다. 젊은 아내의 헌신은 흔들리지 않았다. 빚쟁이로부터의 시달림, 남
편의 도박 중독과 간질병 발작, 첫 아이의 죽음까지 꿋꿋이 견뎠다. 그
녀는 남편의 천재성을 믿었다. 안나와의 만남은 도스토옙스키의 일생
에서 가장 큰 행운이었다. 그 와중에도 명작 《백치》와 《악령》을 완성
할 수 있었던 것도 안나 덕분이었다. 드디어 아내의 존재를 인식하게
된 도스토옙스키는 씁쓸한 4년을 정리하고 1871년 7월 8일 상트페테

르부르크로 돌아갔다.

상황은 여전히 극한 속이었다. 쉴 틈이 없었다. 돈을 벌기 위해 서둘러 글을 써야 했다. 마치 전쟁터 같은 생활이었고, 그 전쟁터 같은 인간 내부를 파헤치는 도스토옙스키를 가리켜 사람들은 '심리학자'라 부르기도 했다. 그러나 그는 손을 저었다.

"사람들은 나를 심리학자라고 부르지만, 사실은 그렇지 않다. 나는
단지 인간 영혼의 모든 심연을 묘사하는 사실주의자일 뿐이다."

51세가 된 도스토옙스키는 친구가 운영하는 보수 성향의 주간 잡지 〈시민〉의 편집 책임자로 일하면서 〈작가 일기〉를 연재했다. 그러나 검열법 위반에 걸려 벌금과 48시간 구류 처분을 받은 뒤 잡지 일을 그만두었다. 현명한 아내가 불운한 남편의 글들을 모아 직접 출판하면서 형편이 조금씩 풀리기 시작했다. 그는 상트페테르부르크에서 멀지 않은 광천수가 솟는 온천 도시 스타라야루사로 가서 지친 몸을 쉬게 했다. 극한의 공기 속을 떠돌았기 때문인지 폐에 이상이 생긴 것이다.

1875년, 사색의 집대성이라고 하는 장편소설 《미성년》이 완성되었다. 그리고 2년에 걸쳐 불후의 명작 《카라마조프의 형제들》을 썼다. 작가의 문학과 사상이 하나로 모인 걸작이자 마지막 장편소설이었다. 톨스토이가 《전쟁과 평화》에 이어 《안나 카레니나》를 내놓던 무렵이었다.

이제 도스토옙스키의 이름은 널리 알려져 있었다. 유명 인사들이

아내가 된 속기사 안나의 도움을 받으며 완성한 소설《악령》의 작가 노트

그를 방문했고, 과학아카데미는 그를 문학부 준회원으로 선출했다. 59세의 도스토옙스키는 1880년 6월 8일에 열린 시인 푸시킨 탄생 80주년 기념 동상 제막식에 참석, 러시아의 세계적 소명과 민족 간의 화해를 촉구하는 명연설로 청중들을 감동시켰다.

한 인간으로서 너무 많은 것을 겪고 너무 많은 글들을 쏟아냈던 것일까? 둘째 아들 알료샤마저 잃어야 했던 도스토옙스키는 아내 안나와 두 아이 류보피와 표도르를 데리고 조용히 지내고 싶었다. 그러나 1881년 1월 26일, 폐동맥이 터져 목에서 심한 출혈이 일어났다. 죽음이 임박한 이에 대한 병자성사가 내려졌다.

도스토옙스키는 꺼져가는 목소리로 "내 불쌍하고 소중한 사람, 당신을 이렇게 남겨두고 가다니……"라고 말했고, 안나는 "당신을 위해 아주 멋진 장례식을 치를 거예요"라고 답했다. 그는 두 아이를 곁으로 오게 했다.

"얘들아, 살다가 혹시 죄를 짓는다 해도 주님에 대한 희망을 버려서는 안 된단다. 용서를 구하면 그분이 돌아온 탕자를 보고 기뻐한 것처럼 너희들을 기뻐하실 거야."

1월 28일 저녁 8시 30분, 안나가 읽는 마태복음 3장 13절을 들으며 도스토옙스키는 눈을 감았다. 파란만장한 추억과 수많은 명작들을 남겨두고 60세의 소설가는 조용히 전쟁터 같은 인간의 세상을 떠났다. 3만 명의 조문객이 그의 관을 따랐고, 72개 단체가 헌화했으며, 15개 합창단이 노래를 바쳤다. 그의 영원한 쉼터는 알렉산드로 네프스키 사원이었다.

"마음속에 아름다운 추억 하나라도 가진 사람은 악에 빠지지 않을
수 있다. 아름다운 추억을 많이 가진 사람은 삶이 끝나는 날까지
안전할 것이다."

한 달 뒤, 황제 알렉산드르 2세가 '인민의 의지'에 의해 암살당했다. 농촌에는 땅이 없는 해방된 농민들이 비참한 목숨을 이어가고 있었고, 도시에는 굶주린 빈민들이 가쁜 숨을 몰아쉬고 있었다. 그 어디쯤, 처형당한 형을 대신해 훗날 러시아혁명을 이끌게 되는 11세 소년 레닌이 무럭무럭 커 나가고 있었다.

도스토옙스키의 커다란 초상화가 그
려져 있는 모스크바의 지하철역

🎵 고통 없는 인생에는 아무런 쾌락도 없다

시련은 마치 바람과 같아서 언제든지 누구에게든지 불어닥칠 수가
있다. 어린 독수리가 창공으로 날아오르기 위해서는 강풍에 맞서지
않으면 안 된다. 처마 끝에 매달린 조그만 풍경도 바람이 불어야 제구
실을 한다. 바람을 이긴 나무가 땅속 깊이 뿌리를 내리듯이 시련은 인
간을 깊고 크게 만든다. 그것이 '너 자신을 알게' 하는 까닭에 스스로를
삶의 주인이게 한다.

상처에는 고통이 따르게 마련이다. 상처가 고통을 주지 않는다면
그것을 고치려 들지 않을 것이며, 덧나고 썩어서 죽음에 이를 수도 있
다. 그 많은 시련과 맞서 마침내 큰사람이 된 도스토옙스키는《카라마
조프의 형제들》에서 이렇게 이야기했다.

"고통은 곧 생활이니까 고통이 없는 인생에는 아무런 쾌락도 있을
수 없다."

우리가 사는 동안 시시때때로 맞닥뜨리는 삶의 괴로움들을 기꺼이 받아들이라는 충고다.

아름다운 소리를 내는 모든 악기도 처음에는 나무토막과 돌멩이에 지나지 않는다. 그것이 오랜 시간 동안 두드려지고 다듬어져야 하나의 악기로 탄생한다. 그 모든 고난의 시간이 멈추어졌을 때, 사람들은 그 소리에 박수를 보낸다.

"비참해졌을 때, 고통의 한계에 이르렀을 때, 생의 모든 것이 타는 듯한 하나의 상처로 느껴질 때, 희망이 사라지고 절망을 호흡할 때, 우리는 도스토옙스키를 읽지 않으면 안 된다. 삶으로부터 아무것도 가지려 들지 않을 때, 우리는 이 끔찍이도 훌륭한 작가의 작품을 제대로 감상할 수 있다. 그때 우리는 더 이상 삶의 방관자가 아니게 된다."

시인 헤르만 헤세의 말이다. 수많은 문인과 사상가들이 도스토옙스키의 소설로부터 영감을 얻었다고 고백했다. 철학자 니체는 도스토옙스키를 일컬어 "나에게 무언가를 가르쳐준 단 한 사람의 심리학자"라 했고, 소설가 헨리 밀러는 "사실상 신을 창조한 작가"라고 칭송했다. 일생을 시련과 맞짱 떠서 이겨낸 사람, 그는 고통을 창조와 맞바꾼 삶의 위대한 승부사였다.

"나 스스로 나의 멸망을 찬양하지 않는 한 그 누가 나를 삼킬 수 있단 말인가?"

가끔은 도스토옙스키의 신념을 되새겨볼 일이다.

지금, 바람 속에 서 있는가? 고통의 한계에 이르렀다고 생각되는가? 생이 타는 듯한 상처로 느껴지는가? 그렇다면 스스로 큰 그릇을 예비하는 시간이라 믿어라. 슬픔에 무릎 꿇지 말아라. 언제 눈물이 마르지 않았던 적이 있더냐? 나무토막과 돌멩이에서 벗어나는 눈부신 오늘이다.

나는 오로지
나 자신만을 닮아간다

―――――― 존엄 ――――――

프란츠 카프카
(Franz Kafka, 1883년 7월 3일~1924년 6월 3일)

체코 출신의 독일 소설가. 법학을 전공한 뒤 보험회사에 다니면서 소설을 썼다. 인간
존재의 부조리성을 초현실주의 기법으로 그려내 실존주의 문학의 대표 작가가 되었
다. 불안과 소외를 환상적인 상상력으로 재구성해 '20세기를 가장 순수하게 표현한 작
가'로 평가받는다.

"생의 괴로움은 삶의 소산이 아니라 그 불안에서 오는 우리들의
자학이다."

그리 길지 않은 일생을 불안과 함께 뒹굴었던 작가 프란츠 카프카가
얻어 낸 결론이다. 정도의 차이는 있겠지만, 사람은 누구나 불안을 안
고 살아간다. 약간의 불안감은 삶을 긴장하게 하여 권태로부터 멀어

고난이라는 가능성

지게 한다. 그러나 그것은 어디까지나 작은 것일 때의 이야기다. 그렇지 않은 대부분의 불안은 어서 벗어나고 싶은 불편한 상대일 뿐이다.

불안이란 '마음이 편하지 않고 조마조마한 상태'를 말한다. 심리학에서는 '특정한 대상 없이 막연히 나타나는 불쾌한 정서적 상태, 또는 안도감이나 확신이 상실된 심리 상태'라고 정의한다. 의학에서는 이 불안에서 여러 가지 공포증과 신체적 질병이 생겨날 수 있다고 본다.

사람은 왜 불안을 안고 살아갈까? 오늘 너머에 내일이라는 미지의 시간이 놓여 있다는 것을 알기 때문이다. 불안의 근원지는 무한과 영원이다. 무한과 영원을 생각할 수 있는 것은 천사도 짐승도 아닌 바로 인간이다. 그 끝없는 내일 앞에서 인간은 불안해지는 것이다. 평생 동안 인간에 대해 사고한 철학자 파스칼과 키르케고르가 그렇게 생각했다. 아직 오지도 않은 내일 때문에 지금 곁에 와 있는 오늘을 망치는 것이 인간이다.

인간이 가진 원초적 불안과 공포와 죄책감과 소외를 소설의 주제로 삼았던 작가 카프카. 그의 삶에서 가장 많은 부분을 차지하는 단어는 '불행'이었다.

그는 우울한 유년을 보냈고, 절망스러운 청춘을 지냈으며, 아픈 사랑을 하다가 폐결핵으로 세상을 떠났다. 힘겨운 시간 속에서 그를 살게 한 것은 문학이었다. 소설을 쓰는 일은 그에게 있어 삶 그 자체였다. 그러므로 우리는 그의 문학에 매료되는지 모른다. 할 수 있는 모든 것을 바칠 때 비로소 진정한 감동을 주게 된다는 진리가 카프카의 문학이 또 한 번 증명하는 셈이다.

"육체와 영혼이 완전히 개방될 때만 글을 쓸 수가 있다."

카프카는 불안과 불행에 물러서지 않고 맞섬으로써 자신의 존엄성을 지키고 하고 싶은 일들을 당당히 해냈다. 그곳을 빠져나가는 최선의 방법은 그곳을 거쳐가는 것이라는 말을 실감나게 하는 삶이었다.

⁑ 생활을 버리지 않으면서 가고 싶은 길로

커다란 귀와 눈, 마치 칼날처럼 날카로운 인상을 가진 카프카는 1883년 7월 3일, 오스트리아-헝가리 제국에 속한 프라하에서 태어났다. 아버지 헤르만 카프카는 유대인 상인이었고, 어머니 율리에 뢰비는 그의 충실한 아내였다. 두 남동생은 아기 때 죽어서 아래에 세 여동생이 있었다. 떠돌이 외판원이었던 아버지는 프라하에 들어와 양품점을 차린 자수성가형 인물이었다. 어머니는 위압적인 남편에게 복종하면서 하루 12시간씩 고된 일도 마다하지 않았다. 부모가 하루 종일 일에 매달렸으므로 어린 카프카는 주로 유모의 손에 자라야 했다.

"나는 가족들과 낯선 타인들보다 더 낯설게 살았습니다."

카프카의 삶에 가장 큰 영향을 끼친 사람은 아버지였다. 가부장적인 아버지가 아들을 대하는 태도는 '나는 어려운 환경 속에서도 이만큼 해냈는데 너는 부족한 게 없는데도 왜 그것밖에 못하느냐?'는 식이

고난이라는 가능성

아버지 헤르만 카프카와 어머니 율리에 뢰비.
가부장적인 아버지는 카프카의 삶에 가장 큰
영향을 끼쳤다

었다. 아들이 더 강해지기를 바라는 아버지의 소망일 수 있으나 어린 아들에게는 독선으로만 비쳤다. 아버지는 과장된 행동으로 바르게 걷는 법, 인사하는 법, 식사하는 법, 노래 부르는 법 따위를 가르쳤다. 자신감을 심겠다는 엄격한 규범은 예민한 소년을 더욱 주눅들게 했다. 훗날 카프카는 아버지에게 쓰는 편지 형식의 글에 이렇게 적었다.

'중요한 일은 빵을 똑바로 자르는 것이었어요. 우리는 빵 부스러기가 바닥에 떨어지지 않게 조심해야 했는데, 결국 당신의 자리에 가장 많은 빵 부스러기가 남아 있었지요. 식탁에서 우리는 아무것도 할 수 없었지만, 당신은 손톱을 자르고 연필을 깎고 이쑤시개로 귀를 후볐어요. 아버지, 제 말을 정확히 이해하세요. 그 자체로는 아주 사소할 수 있는 일들이 나를 괴롭힌 것은, 내게는 우뚝 솟은 권위자였던 당신이 내게 내린 명령을 스스로는 지키지 않았기 때문이었습니다.'

프라하의 집 근처 초등학교를 다닌 소년은 엄격하기로 소문난 독일

좌 5세 때의 모습
우 엄격하기로 소문난 김나지움에 다니던 소년 시절의 카프카

인 김나지움에 진학했다. 유대인이면서 독일인 학교에 입학시킨 것은
앞으로 출세하는 데 유리하다는 아버지의 계산 때문이었다. 당시 프
라하는 체코·독일·유대 세 민족으로 구성되어 있었는데, 절대 다수는
체코인이었으나 상류층은 독일인이 장악하고 있었던 것이다. 9년제
중등학교 과정을 마친 카프카는 18세에 프라하의 카렐 대학교에 들어
가 법학을 전공했다. 직업을 위한 선택이었으므로 공부는 애정 없이
치를 뿐이었다. 도스토옙스키를 읽은 것도, 소설을 쓰기 시작한 것도,
평생의 친구이자 훗날 모든 작품의 편집자가 되는 막스 브로트를 만
난 것도 이 대학에서였다.

　흔히 그렇듯이, 카프카 역시 대학 시절에 많은 갈등을 겪었다. 작가
가 되고 싶다는 생각과 좋은 직업을 가져야 된다는 생각이 자주 충돌

을 일으켰다. 싫기는 하지만 아버지에게 인정을 받고 자랑스러운 아들이 되어야 한다는 관념은 청년을 몹시 힘들게 했다. 이상과 현실의 거리감은 사색적인 청년에게 감당하기 어려운 난제였다.

지금도 그렇지만 100년 전에도 그랬다. 정신의 갈등과 분열을 느끼지 않는 젊음은 젊음이 아니다. 그래서 때로 길을 잃는다. 언제나 가고 싶고 가야 할 길이 많기 때문이다. 하고 싶은 것은 많으나 할 수 없는 현실이 마음을 잃게 하여, 가끔은 '나는 왜 이 모양이야?' 하고 자책을 하게 된다. 언제든 누구든 그런 생각이 들 때, 한 가지 새겨두면 좋을 말이 있다. 반성과 책망은 다르다는 것이다. 반성은 잘못에 대해 부족함이 없는지 돌이켜보는 일이고, 책망은 잘못에 대해 나무라며 못마땅하게 여기는 일이다. 반성은 희망을 더해 주지만 책망은 절망을 더해 준다. 자신을 너무 심각하게 다룰 이유는 없다. 아무도 그렇게 생각하지 않는데 자기만 그렇게 생각하기 쉽다.

카프카는 생활을 버리지 않으면서 자신이 가고 싶은 길을 가기로 마음 먹었다.

> "신은 내가 글을 쓰는 것을 원하지 않는다. 하지만 나는, 나는 써야
> 만 한다."

일과 창작 그리고 약혼과 파혼 사이

법학박사 학위를 받은 23세의 카프카는 6개월 동안 외삼촌의 변호

법학박사 학위를 받고 변호사 사무실에서 일하던 1906년 23세 때의 카프카

고난이라는 가능성

사 사무실에서 일하다가 10월부터 이듬해 9월까지 법관 실습을 마쳤다. 그러고는 이탈리아계 보험회사 아시쿠라치오니 게네랄리에 임시직으로 들어갔다. 오전 8시에 시작되는 일은 오후 8시가 되어도 끝나지 않았다.

1908년 3월에 처음으로 단편소설 〈관찰〉을 잡지에 발표한 25세의 카프카는 그해 7월에 좀 더 안정적인 보헤미아 왕국의 노동자상해보험회사로 직장을 옮겼다. 오후 2시까지만 일해도 되었으므로 글을 쓸 시간을 가질 수 있을 듯했다. 건강 문제로 퇴직할 때까지 14년 동안 열심히 일하며 승진도 거듭했다. 곁에서 지켜보았던 노동자에 대한 가혹한 처우가 문학 속으로 들어왔다. 그러니까 그의 작품들은 보험회사 책상 위에서 탄생하게 된 셈이다.

낮에는 회사 일, 밤에는 글쓰기의 힘겨운 이중생활이 이어졌다. 오전 8시에서 오후 2시까지 근무, 3시부터 7시 30분까지 취침, 혼자 또는 친구와 1시간 정도 산책, 저녁 식사 후 11시부터 밤 3시까지 창작.

부모는 전혀 이해하지 못했으나 청년은 자신의 실존 전체가 문학에 달려 있다고 굳게 믿었다. 존경할 수 없는 아버지는 훌륭한 소재가 되었다. 아버지의 어둡고 무거운 그림자를 자신의 작품 속에 투영시켰다. 물질적 성공과 사회적 출세 외에는 관심이 없는 거칠고 오만한 아버지는 소설 속에서 거인족으로, 무섭고 혐오스러운 폭군으로 등장했다. 카프카에게 있어 아버지가 그렇듯이 어쩌면 우리들의 아버지는 아들에게 '강하고, 먹성 좋고, 목소리 크고, 끈기 있고, 자기 만족의 우월한 사람'인지도 모른다. 아마도 자신의 유전자가 굳건하게 살아남기를 바라는 압박감에서 오는 불편한 사랑 방식이 아닐까?

카프카는 외로웠다. 환영받지 못하는 유대인이었기에 다수의 체코 사람과 상류의 독일 사람으로부터 소외되고, 미온적이었기에 유대의 시오니즘으로부터도 소외되었다. 자신이 중간자적인 외톨이라고 여겼다. 친구 브로트와 더욱 가까워지면서 함께 프랑스와 이탈리아와 스위스 등지를 여행하기도 했다.

29세가 되던 1912년 8월 13일 늦은 저녁, 카프카는 첫 번째 여자 펠리체 바우어를 만났다. 친구 브로트의 집에서 모임이 있었는데, 거기에 베를린에서 온 친척이라는 25세의 속기사 아가씨가 있었던 것이다. 어딘가 공허해 보이는 눈빛이었다. 브로트의 어머니가 식사를 하라고 이들을 불렀다. 펠리체는 "쉴 새 없이 먹을 것만 생각하는 사람처럼 역겨운 것은 없어요" 하고 말했다.

먹는 것에 대해 이상한 반감을 가지고 있던 카프카는 그녀의 말에 살짝 놀랐다. 동질감을 느낀 두 사람은 팔레스타인으로 여행을 가자는 이야기까지 나누게 되었다. 한 달 뒤, 카프카는 펠리체에게 편지를 보냈다.

'지금 타자기를 두드리고 있는 이 손으로 너의 손을 잡았어. 너는 그때 자신이 변덕스럽지 않다고 말했지. 나도 네가 그럴 거라고 생각해. 우리는 꼭 팔레스타인을 여행해야 해. 왜냐하면 우리에게는 아주 짧은 시간밖에 없기 때문이지.'

둘은 빠른 속도로 가까워졌다. 카프카는 베를린에 있는 펠리체에게 날마다 편지를 썼고, 틈만 나면 만나고 싶어했다. 그녀는 창작의 펜을 이끄는 따뜻한 힘이 되었다. 소설 《선고》와 《아메리카》와 《변신》이 쓰이기 시작했다. 1913년 1월, 첫 번째 책이 되는 〈관찰〉이 출판되었다. 책이 나오자마자 카프카는 펠리체에게 보냈다.

'내 책이 너의 사랑스러운 손 안에 있다고 생각하니 무척 행복해.'

이들의 사랑은 극단적인 떠오름과 가라앉음을 거듭했다. 1914년 6월에 두 사람은 약혼했으나 7월에 파혼했다. 방을 얻어 가족으로부터 독립한 카프카는 이듬해 1월에 다시 펠리체를 만나 1917년 7월에 두 번째 약혼을 했으나 12월에 또 파혼했다. 카프카에게 결혼이란 새와 새장이었다. 밖에 있자니 안으로 들어가고 싶고, 안에 있자니 밖으로 나가고 싶은 새와 새장. 글을 쓰기 위해서는 죽음처럼 깊은 격리가 필요하다고 생각하는 사람이었으므로 결혼은 어쩌면 그에게 어울리지 않는 관습인지도 몰랐다.

어느 날 아침 갑자기 거대한 갑충으로 변한 그레고르의 이야기 《변신》, 괴물 같은 아버지로부터 익사를 명령받는 게오르크의 이야기 《선고》를 펴낸 카프카는 정치적으로는 방관자적인 자세를 취했다. 제1차 세계대전이 일어났을 때, 신체 허약으로 징집을 면제받은 그는 잠시 무정부주의자 회합에 참석할 정도였다.

불면증과 두통에 시달리던 카프카는 절망의 나락으로 떨어졌다. 당

카프카의 소설 〈관찰〉, 《변신》, 《성》, 《심판》의 초간본 표지.

시로서는 불치에 가까운 폐결핵 진단을 받았던 것이다. 나쁜 공기는 위험하다면서 한겨울에도 창문을 열어 놓고 자던 그였다. 난방은 신선한 공기를 소모시키므로 냉방에서 글을 쓰던 그였다. 맨손체조를 하고 무해한 음식을 가려 먹었지만, 불안은 마치 악령처럼 그의 뒤를 따라다녔다.

객혈이 일어났다. 3개월 정도 시골에 가서 쉬는 것이 좋겠다는 의사의 권유에 따라 카프카는 막내 누이 오트라가 사는 취라우의 농장으로 갔다. 회사는 그에게 휴가를 주었고, 부모에게는 모든 사실을 비밀에 부쳤다. 삶이 일과 사랑과 병과 벌이는 한판의 혈투였다.

"어째서 내가 울타리를 치는지 묻지 말아라. 그처럼 나에게 굴욕을 주지는 말아라."

카프카는 고난 앞에서 입을 꽉 다문 채 버티기로 했다. 자신은 불행하지 않다고 암시하면서 아직 이루지 못한 꿈을 되새겼다.

고난이라는 가능성

"지금까지 나는 결정적인 것을 기록하지 않았다. 나는 아직도 두 팔에 안겨서 떠내려가고 있기 때문이다. 대기하고 있는 작업은 엄청날 것이다."

🎗 '특별한 마지막'을 맞고 싶었던 작가

1918년 4월, 프라하로 돌아온 카프카는 모자가게를 운영하는 30세의 유대인 여성 율리에 보리체크를 만났다. 이듬해에 그녀와 약혼했으나 역시 결혼은 이루어지지 않았다. 여자 집안이 하층이라는 아버지의 반대도 없지 않았으나 무엇보다 카프카의 결혼에 대한 의지가약했던 것이 큰 이유였다. 그에게 있어 사랑은 늘 미완성 교향곡 같은것이었다. 그해 11월, 동맹국이 연합국에 패함으로써 체코슬로바키아가 독립을 이루었다. 1919년에는 시인 릴케가 칭찬한《유형지에서》와《시골 의사》가 연이어 출판되었다.

"한 권의 책은 우리 안의 얼어붙은 바다를 부수는 도끼여야 한다."

자신의 이야기를 담은《아버지에게 보내는 편지》를 끝마쳤다. 실제로 부친 편지가 아니라 위압적인 아버지의 끈을 자르고 스스로 한 아버지가 되는 평범한 삶에 실패했다는 자전적인 글이었다.

병가와 복직을 거듭하던 그즈음, 37세의 카프카 앞에 또 다른 여자가 나타났다. 24세의 체코인 유부녀 밀레나 예젠스카였다. 두 사람은

카프카는 밀레나를 '지금까지 한 번도 보지 못했던 타오르는 불꽃'이라고 생각했다

문학 모임에서 만났는데, 독일어로 쓰인 소설을 체코어로 번역하기로 하면서 가까워졌다. 밀레나는 카프카의 '거짓 없고 태연한 얼굴'과 '꿰뚫어보는 듯한 조용한 눈빛'에 끌렸다. 그녀는 마치 바다가 깊은 바닥의 돌멩이 하나를 어루만지듯이 그를 사랑했다. 어린 시절에 어머니를 여읜 뒤 의사인 아버지와 사이가 좋지 않아 정신병원에 감금된 적이 있는 급진적 성향의 여자였다. 밀레나는 아버지의 반대에도 불구하고 유대인 은행원 에른스트 폴라크와 결혼한 뒤 빈으로 도망가서 잡지에 글을 쓰거나 번역 일을 하며 지내는 형편이었다.

 밀레나는 천재성과 연약함을 지닌 카프카를 보호해 주고 싶었다. 그녀는 그를 '지금까지 알지 못했던 가장 훌륭한 인간'이라고 생각했고, 그는 그녀를 '지금까지 한 번도 보지 못했던 타오르는 불꽃'으로 생각했다. 카프카는 펠리체에게 그랬던 것처럼 밀레나에게 수많은 편지를 날렸다. 카프카는 빈 우체국 사서함으로 편지를 보냈고, 밀레나는 2년 동안 매일같이 우체국으로 갔다.

'세상이 지나치게 좁든지, 아니면 우리들이 엄청나게 크든지, 어쨌
든 우리는 이 세상을 가득 채우고 있어요.'

1920년 6월 29일부터 7월 4일까지 두 사람은 빈에서 함께 지냈다.
카프카로서는 가장 포근한 시간이었다. 그들은 언덕에 올라 햇빛을
받고 휴식을 취했다. 그때 카프카는 기침을 하지 않았으며 많이 먹고
깊이 잠들 수 있었다. 함께 있는 동안만큼은 모든 불안과 두려움에서
벗어나는 듯했다. 건강이 다소 좋아진 것 같아 다시 노동재해보험국
에 나가 일했으나 결핵균은 그의 폐를 더욱 깊이 잠식해 가고 있었다.

카프카는 12월에 타트라 고원의 마틀리아리요양원에 입원했다. 그
는 자신의 일기장을 밀레나에게 주고는 편지도 하지 말고 만나지도
말자고 했다. 불안한 관계를 지속하기가 어렵다는 판단에 따른 결정
이었다. 밀레나의 넘치는 생명력이 오히려 그를 고통스럽게 만들었던
것이다.

1922년, 몸과 마음은 점점 만신창이가 되고 있었지만 펜은 멈추지
않았다. 또 하나의 대표작이 되는 《성》이 만들어졌다. 이곳저곳 요양
원을 옮겨다니던 그는 어쩔 수 없는 '밥벌이'로 여기던 회사를 7월 1일
자로 퇴직했다. 글을 쓰면서 '특별한 마지막'을 맞고 싶었다. 《단식 광
대》와 《어느 개의 연구》를 쓸 무렵 그는 목이 타는 듯한 느낌을 받았
다. 결핵이 후두까지 침투해 있었던 것이다.

카프카의 마지막 연인이었던 도라 디아만트. 그녀는 감염의 위험도 마다 않고 헌신적으로 간호했다

᠄ 글 속에 모두 담은 존엄성

1923년, 발트 해 연안의 온천 지역인 미리츠에서 요양을 하고 있을 때, 40세의 카프카는 마지막 연인이 되는 도라 디아만트를 만났다. 유대인 어린이요양소에서 자원봉사 일을 하던 15세 연하의 아가씨였다. 꺼져가던 생이 다시 타올랐다. 둘은 베를린 교외에서 함께 살았다. 밤새도록 쓴 원고를 읽어 주고 듣는 것만으로도 행복했다. 그러나 세상은 카프카를 가만히 내버려 두지 않았다. 전쟁 뒤에 무섭게 치솟는 인플레이션은 그의 연금을 아무 쓸모 없게 만들었고, 그해 겨울은 무척이나 추웠다.

1924년 3월, 외삼촌 지크프리트와 친구 브로트가 찾아와서 그들을 프라하로 데려갔다. 건강이 아주 나빠졌던 것이다. 카프카는 4월 초에 빈 발트 요양원에 들어갔다가 오스트리아 빈의 대학병원으로 옮겨졌고, 4월 말에 호프만 박사의 키얼링 요양원으로 옮겨졌다. 젊은 의사 로베르트가 극진히 치료했고, 디아만트가 감염의 위험도 마다 않고 헌신적으로 간호했다.

　카프카는 더 이상 줄어들 곳이 없을 정도로 말라 있었다. 그는 자신이 그렇게 마른 이유가 삶의 욕구를 모두 글 속에 집어넣어 버렸기 때문이라고 생각했다. 카프카는 아들을 데려오겠다는 부모에게 편지를 썼다.

　'저를 도와주는 사람이 있어도, 좋은 공기와 훌륭한 식사가 있어도 제대로 회복되지 않아요. 속삭이듯이 말해야 하는데, 그것도 자주 하면 안 된대요. 사랑하는 부모님, 우리의 만남은 잠시 미루어야겠어요.'

　카프카는 평생의 친구 브로트에게 "만약 고통이 심하지 않다면 죽기 직전에 매우 행복할 거야"라고 말했다.

　1924년 6월 3일, 41세의 카프카는 병상에서 디아만트가 지켜보는 가운데 조용히 눈을 감았다. 그리고 8일 뒤인 11일에 프라하의 시트라슈니츠 유대인 묘지에 안장되었다. 조사를 낭독한 친구 브로트가 마치 주인을 잃은 개처럼 묘지 주위를 맴돌 뿐 세상은 카프카의 죽음에 대해 아무런 반응도 없었다.

　7년간의 불행한 결혼 생활을 이혼으로 끝내고 프라하의 한 신문사 여성부에서 일하던 밀레나가 〈프란츠 카프카〉라는 제목의 조사를 기사로 썼다.

'그는 혜안을 가진 인간이었고, 삶을 꾸려가기에는 너무나 현명한 인간이었으며, 이 세상을 헤쳐가기에는 너무나 연약한 인간이었습니다. 공포와 오해와 사랑의 부재와 지적인 사기, 이 모든 것들과 싸워나가기에는 부적합한, 고귀하고 아름다운 나약함을 가진 인간이었습니다.'

그리고 밀레나는 그의 문학에 대해서 이렇게 언급했다.

'그의 소설은 어떠한 정치적 입장을 취하지 않았음에도 이 시대의 갈등을 구체화했습니다. 그의 소설들은 아이러니의 절정이며, 너무도 비범해서 그 자신이 지탱할 수 없었던 인간의 예리한 통찰력과 재능을 지니고 있습니다. 그리하여 그는 양보하려 들지 않았으며, 다른 인간들처럼 지적인 과외 속에서 구세주를 찾기를 바라지 않았던 더없이 고귀한 인간이었습니다. 그는 너무나 양심적이어서 다른 인간들이, 귀머거리들이 이미 확실하다고 여기고 있는 것조차 여전히 경계를 늦추지 않았던, 양식을 부여받은 한 인간이었으며, 예술가였습니다.'

며칠 뒤, 카프카의 책상을 뒤지던 친구 브로트는 서랍 속에서 자기 앞으로 쓴 쪽지를 발견했다. 반으로 접혀 있는 쪽지에는 자신이 남긴 모든 흔적을 불태워 버리라는 부탁이 적혀 있었다. 사랑한 여자 펠리체와 밀레나에게 보낸 편지도 모두 돌려받아서 없애달라고 했다.

정체불명의 거대한 힘에 지배받고 농락당하는 인간의 비극을 표출
한 소설 《심판》의 원고

'사랑하는 막스, 내 마지막 부탁이네. 내가 남겨 놓은 것, 즉 일기, 원
고 편지, 스케치 등 하나도 빠트리지 말고, 그리고 읽어 보지도 말고
불태워 주게. 또 자네가 갖고 있거나 자네가 남들로부터 돌려받을 수
있는 것도 모두 불태워 주게.'

막스 브로트는 혼자 중얼거렸다.

"미안하네 프란츠! 자네와의 약속은 지킬 수가 없겠네."

브로트는 곧 카프카가 남긴 원고들을 모아 책으로 펴내는 일에 착수
했다. 정체 불명의 거대한 힘에 지배받고 농락당하는 인간의 비극을
표출한 소설 《심판》은 1925년에, 측량기사 K가 성에 들어가려고 무던
히 노력하지만 그 통로는 끝내 차단되어 있는 소설 《성》은 1926년에,
미국으로 건너간 칼이 이곳저곳을 방랑하는 소설 《아메리카》는 1927

년에 각각 출판되었다. 펠리체와 밀레나도 간직하고 있던 편지들을 기꺼이 브로트에게 내주었고, 그는 이것들을 책으로 엮었다. 팔기 위한 일이 아니었다. 아주 적은 부수를 찍었던 생전의 책조차 아직 그 초판이 서점에 꽂혀 있는 형편이었다. 만약 브로트가 카프카의 유언을 따랐더라면 우리는 그 불멸의 작품들을 만나지 못했을 것이다.

그의 작품이 불어와 영어로 번역되어 '카프카'라는 이름이 서서히 알려지기 시작할 무렵, 히틀러의 광기가 극으로 치닫고 있었다. 사랑했던 세 누이가 유대인 강제수용소에서 처절하게 숨을 거두었다. 그리고 그를 사랑했던 밀레나가 연합군의 노르망디 상륙작전 디데이 직전인 1944년 5월 17일, 강제수용소에서 눈을 감았다. 체코가 나치에 점령당하자 비밀 조직에 들어가 저항하다가 1939년 11월에 체포되어 유대인이 아니었음에도 가슴에 노란 별을 달고 지낸 여자였다.

▐ 몸이 휘어져 있으면 그림자도 휘어질 수밖에

스스로 불행해지기를 바라는 사람은 없다. 누구나 자신의 불행에서 벗어나기를 간절히 바란다. 물론 카프카보다 더 불행하다고 느끼는 사람도 있을 것이다. 그러나 냉장고에 먹을 음식이 있고 머리 위에 지붕이 덮인 잠잘 장소가 있다면 지구 위의 75퍼센트보다 부유하며, 통장이나 지갑에 얼마간의 돈이 있다면 지구 위의 8퍼센트에 해당하는 부자이며, 체포·학대·고문의 두려움 없이 지낼 수 있다면 이 세상 30억 명보다 행복하며, 이 글을 읽을 수 있다면 이 세상 20억 명보다 축복받

고난이라는 가능성

은 사람이라는 사실을 한 번쯤 생각해 보는 것도 좋겠다.

카프카의 삶은 우리에게 불행과의 싸움에서 물러서지 말라고 타이른다. 그는 불안의 공포와 시련의 고통 속에서도 자신의 목표를 놓치지 않고 글을 썼다. 자아가 자아이기 위해 자아와 벌이는 싸움은 마침내 명작을 낳게 했다. 자신의 꿈에 대해서 '2시간의 삶이 2쪽의 글보다 더 중요하다고는 말하지 말라'고 경고하던 작가였다.

불행의 진짜 원인은 나 자신에게 있는지 모른다. 내 몸이 휘어져 있으니 그림자도 휘어져 있을 수밖에 없다. 카프카는 '나는 오로지 나 자신만을 닮아간다'고 했다. 그러므로 자기 자신을 분명히 들여다보아야 치유의 길을 찾을 수 있다. 불행하다고 믿어버리는 사람들에게는 그런 준비의 기회가 주어지지 않는다. 그림자를 원망할 것이 아니라 휘어진 내 몸을 펴야만 한다. 마음속에 평화를 심으면 얼굴부터 평화로워질 것이다.

"인간은 행복보다 불행 쪽이 두 배나 많다."

고대 그리스의 시인 호메로스는 《오디세이아》에서 그렇게 말했다. 온실 속에서는 결코 큰 나무가 자랄 수 없고, 무거운 짐을 진 소가 깊은 발자국을 남기는 법이다. 지금 불행하다고 느끼는가? 그렇다면 그것과 맞서거라. 그놈도 언젠가 지칠 때가 올 것이다. 바람이 언제나 같은 강도로 불지는 않는 것처럼.

극복하지 못할 고난은 없다

가끔 종로2가 탑골공원 옆의 낙원상가를 찾고는 한다. 오래된 육중한 콘크리트 건물은 각종 악기 상점들로 빼곡하다. 온갖 종류의 악기를 수리해 주는 가게도 군데군데 박혀 있다. 거기에서 나는 오래전의 나와 만난다. 아르바이트를 해서 오디오를 조립하고, 상금으로 기타를 샀다. 국문학과지만 부전공으로 택한 회화과 실기실이 더 푸근했다.

가파른 계단을 올라 안으로 들어서면 마치 무대 위 교향악단의 조율 시간처럼 악기들을 테스트하는 소리가 뒤섞여 날아온다. 불협화음이지만 거슬리지 않는다. 예전과는 달리 깔끔하게 정돈되어 있고 거칠게 호객하는 이도 없다. 안으로 좀 더 들어가면 구수한 커피향이 코를 자극한다. 안단테와 아다지오의 걸음으로 한 바퀴 둘러본다. 아무것

고난이라는 가능성

도 사들이지 않아도 마음은 감성의 세례를 받은 듯 축축해진다.

젊은 뮤지션들의 사랑방이자 가난한 '오부리' 밴드들의 대기실이면서 대중음악의 산실 역할을 했던 곳이 낙원상가다. 그런데 요즈음 이곳에는 중장년들의 발길이 끊이지 않는다고 한다. 한 상점 주인이 "40~50대 손님들 덕에 먹고산다"고 귀띔을 했다. 그리고 어린 지망생이나 찾던 기악 강습소의 문을 두드리는 어른들의 수가 눈에 띄게 늘고 있단다. 볼거리의 대세가 된 유튜브에는 그들을 위한 강의 영상이 속속 업로드되고 있다. 색색의 물감과 크고 작은 붓들이 가지런한 화방에 들러도 가슴 설레는 예술 애호가의 한 사람으로서 참 반가운 소식이다. 마음의 빈자리를 예술로 메우겠다니 다행스러운 일이다.

일기를 쓰기 시작한 어린 시절부터 한참 동안 도무지 답을 알 수 없는 의문이 하나 있었다. 어떻게 살아야 하나? 이러는 것이 맞는지, 아니라면 어떻게 해야 하는지 답답했다. 그런 의문은 감기처럼 잊을 만하면 되찾아와서 머리를 아프게 했다. 문학을 하면서 스승으로 여긴 몇 분께 물어보고 싶었으나 쑥스러워 입이 떨어지지 않았다. 이때까지 한 번도 그런 질문을 내뱉은 적이 없다. 그래서 지금도 너무 벅차게 살고 있는지 모르겠다.

그러나 한편으로는 묻지 않기를 잘했다는 생각도 든다. 어떻게 살아야 하는가를 배우는 데는 전 생애가 필요하기에 그분 역시 정답을 알려 주지는 못했을 것이기 때문이다. 하루하루는 모든 사람에게 첫날이고, 누구나 초보로서 그 하루하루를 보낼 수밖에 없다. 가련한 청년 월의 재능을 알아본 수학과 교수 램보나 "네 잘못이 아니야"라며 눈물로 그를 이끌어가는 심리학과 교수 숀 같은, 영화 〈굿 월 헌팅〉 속의 길잡이를 현실에서 만나기란 쉽지 않을 것이다.

꼭 이 책을 쓰고 싶었다. 숨 막힐 듯 갑갑하고, 어디로 어떻게 가야 할지 몰라 힘들어하는, 누구에게 속 시원히 털어놓고 싶지만 뚜렷한 해답을 얻을 수 없을 거라며 고개를 떨구는 이들을 생각하며 글을 썼다. 나와 같은 사람, 나의 그 동류를 위하여.

오랫동안 많은 자료를 뒤적거렸다. 먼지를 뒤집어쓰고 낡아가던 서가의 책들이 큰 도움이 되었다. 언젠가 이 같은 글을 쓰리라 작정이라도 한 듯 예술가에 관한 책들은 버리지 않고 챙겨둔 것이 다행이었다. 손목이 벌겋게 부풀 정도로 마우스를 돌리며 세계의 포털 사이트들을 드나들었다. 흥미 위주로 윤색되어 단편적으로 전해지는 에피소드의 차원이 아니라 그렇게 할 수밖에 없었던 삶들의 진솔한 이야기를 전하기 위해 애썼다. 그것이 즐거움이었기 때문에 그럴 수 있었다.

문학인을 꿈꾸던 시절, 나는 만년필과 원고지에게도 고마움을 표하는 소년이었다. 그리고 등단을 하고 세속에 나와 너무 많은 글을 써댔다. 잘살아 보겠다고 그랬다. 신문, 잡지, 방송 같은 직업적 글쓰기에 바친 문자들을 한자리에 모은다면 엄청날 것이다. 박경리 선생이 대하소설 《토지》를 쓸 때 그랬다는 것처럼, 이튿날 아침 종이 위에 엎드린 채 주검으로 발견될지도 모른다는 생각이 들 때도 있었다. 그렇게 '잡문' 쓰는 일에 지쳐 글로부터 떨어져 지내다가 이 책으로 컴백한 셈

고난이라는 가능성

이 된다. 행복했다. 내가 사랑하는 이들의 절박한 이야기에 더러 눈물을 훔치기도 했다. 글을 만지는 일이 내가 가진 조그만 재능이라면 그것을 필요로 하는 이들과 기꺼이 나누고 싶었다.

모두가 예술가가 되어야 한다는 뜻은 아니다. 그들의 튼튼한 의지와 신념에서 희망의 어떤 낌새라도 찾게 된다면 더 바랄 것이 없겠다. 무시로 발목을 잡는 생의 덫을 걷어차고 당당히 가슴을 따라 나아가기를 바라는 마음이다. 자기 앞의 생을 아끼는 독자들께 사랑받게 되기를 희망한다.

어디쯤에 와 있든지 너무 늦었다는 것은 없다. 언제 무엇을 하느냐가 아니라 어떻게 하느냐가 중요하다. 모든 생에서 가장 젊은 순간은 지금이며, 가장 중요한 순간도 지금이다. 마주쳐야 하는 일이라면 부딪쳐야 한다. 뒤돌아서지 않는다면 언젠가는 반드시 거기에 이를 것이다.

얼마 전 가요 한 곡으로 졸지에 '형'이 되어 우리와 더 가까워진 철학의 원조이자 최초의 순교자 소크라테스의 한마디가 나 자신을 돌아보게 한다.

"음미되지 않는 삶은 가치가 없다."

주요 참고 문헌

파블로 피카소

· 마틸데 바티스티니, 피카소, 박나래 역, 마로니에북스, 2009
· 프란체스코 갈루치, 피카소: 무한한 창조의 샘, 김소라 역, 마로니에북스, 2007
· 인고 발터, 파블로 피카소, 정재곤 역, 마로니에북스, 2005
· 하워드 가드너, 열정과 기질, 임재서 역, 북스넛, 2004
· 김원일, 김원일의 피카소, 이룸, 2004
· 마리 로르 베르나다크·폴 뒤 부셰, 피카소: 성스러운 어릿광대, 최경란 역, 시공사, 1999
· 존 베르거, 피카소의 성공과 실패, 김윤수 역, 미진사, 1984
· http://en.wikipedia.org/wiki/Pablo_Picasso
· http://www.biography.com/people/pablo-picasso-9440021
· http://www.picasso.com/http://www.pablopicasso.org/
· http://www.picasso.fr/us/picasso_page_index.php
· http://www.artchive.com/artchive/P/picasso.html
· 카터 래트클리프, 앤디 워홀, 신지영 역, 눈빛, 1995

앤디 워홀

· 엘리자베스 런데이, 미술시간에 가르쳐주지 않는 예술가들의 사생활, 최재경 역, 에버리치홀
  딩스, 2010
· 앤디 워홀, 앤디 워홀의 철학, 김정신 역, 미메시스, 2007
· 클라우스 호네프, 앤디 워홀, 최성욱 역, 마로니에북스, 2006
· 제프 니콜슨, 30분에 읽는 앤디 워홀, 권경희 역, 랜덤하우스중앙, 2005
· 카터 래트클리프, 앤디 워홀, 신지영 역, 눈빛, 1995
· http://en.wikipedia.org/wiki/Andy_Warhol
· http://www.warholfoundation.org/
· http://www.warhol.org/
· http://www.biography.com/people/andy-warhol-9523875

고난이라는 가능성

아르튀르 랭보

· 클로드 장콜라, 랭보 1·2: 바람구두를 신은 천재 시인, 정남모 역, 책세상, 2007
· 삐에르 쁘띠피스, 랭보: 지옥으로부터의 자유, 장정애 역, 홍익출판사, 2001
· 랭보, 지옥에서 보낸 한 철, 김현 역, 민음사, 2000
· 아르튀르 랭보, 랭보 시선, 김현 역, 민음사, 1994
· http://en.wikipedia.org/wiki/Arthur_Rimbaud
· http://www.poets.org/poet.php/prmPID/1268
· http://www.mag4.net/Rimbaud/index-en.php
· http://www.poemhunter.com/arthur-rimbaud/

라이너 마리아 릴케

· 라이너 마리아 릴케, 말테의 수기, 문현미 역, 민음사, 2001
· 라이너 마리아 릴케, 두이노의 비가, 안문영 역, 문학과지성사, 1991
· 김주연 편, 릴케, 문학과지성사, 1981
· H. E. 홀트후젠, 릴케, 강두식 역, 홍성사, 1979
· 라이너 마리아 릴케, 젊은 시인에게 보내는 편지, 홍경호·신일철 역, 범조사, 1977
· http://en.wikipedia.org/wiki/Rainer_Maria_Rilke
· http://www.poets.org/poet.php/prmPID/295
· http://www.poetryfoundation.org/bio/rainer-maria-rilke
· http://www.picture-poem.com/rilke/rilkebio.html
· http://poemhunter.com/rainer-maria-rilke/

미켈란젤로 부오나로티

· 모니카 지라르디, 미켈란젤로: 영혼을 조각한 열정, 임동헌 역, 마로니에북스, 2008
· 클라우디오 메를로, 르네상스의 세 거장, 노성두 역, 사계절, 2003
· 하인리히 코흐, 미켈란젤로, 안규철 역, 한길사, 2000
· 어빙 스톤, 르네상스인 미켈란젤로, 성로 역, 까치, 1997
· http://en.wikipedia.org/wiki/Michelangelo
· http://www.biography.com/people/michelangelo-9407628
· http://www.newworldencyclopedia.org/entry/Michelangelo
· http://www.michelangelo.com/buon/bio-index2.html

· http://www.michelangelo-gallery.org

버지니아 울프

· 버지니아 울프, 자기만의 방, 이미애 역, 민음사, 2009
· 나이젤 니콜슨, 버지니아 울프, 안인희 역, 푸른숲, 2006
· 베르너 발트만, 버지니아 울프, 이온화 역, 한길사, 2000
· 버지니아 울프, 젊은 시인에게 보내는 편지, 이탄 역, 문학세계사, 1991
· 버지니아 울프, 델러웨이 부인 외, 이종호 역, 학원사, 1985
· http://en.wikipedia.org/wiki/Virginia_Woolf
· http://www.biography.com/people/virginia-woolf-9536773
· http://www.newworldencyclopedia.org/entry/Virginia_Woolf

비틀스

· 헤리 벤슨, 비틀즈, 젊음, 그 영원한 기록들, 서강석 역, 마로니에북스, 2005
· 헌터 데이비스, 비틀즈, 이형주 역, 베텔스만, 2003
· http://en.wikipedia.org/wiki/The_Beatles
· http://www.thebeatles.com/
· http://www.dmbeatles.com/picture.php?picture=92
· http://www.picsearch.com/The-Beatles-pictures.html

앙리 마티스

· 폴크마 에서스, 앙리 마티스, 김병화 역, 마로니에북스, 2006
· 그자비에 지라르, 마티스: 원색의 마술사, 이희재 역, 시공사, 1996
· 자끄 라센느, 앙리 마티스, 이희숙 역, 열화당, 1996
· http://en.wikipedia.org/wiki/Henri_Matisse
· http://www.biography.com/people/henri-matisse-9402564
· http://www.newworldencyclopedia.org/entry/Henri_Matisse
· http://www.henri-matisse.net/

빈센트 반 고흐

· 안나 토르테롤로, 반 고흐: 빛을 담은 영혼의 화가, 하지은 역, 마로니에북스, 2008

- 엔리카 크리스피노, 반 고흐: 고독 속에 피워낸 노란 해바라기, 정지윤 역, 마로니에북스, 2007 인고 발터, 빈센트 반 고흐, 유치정 역, 마로니에북스, 2005
- 브래들리 콜린스, 반 고흐 VS 폴 고갱, 이은희 역, 다빈치, 2005
- 브루스 베르나르, 고흐, 김택 역, 디자인하우스, 1997
- 파스칼 보나푸, 반 고흐, 송숙자 역, 시공사, 1995
- http://en.wikipedia.org/wiki/Vincent_van_Gogh
- http://www.biography.com/people/vincent-van-gogh-9515695
- http://www.vincent-van-gogh.org/
- http://www.vincentvangoghart.net/
- http://www.vincent-van-gogh-gallery.org/

에디트 피아프

- 실뱅 레네, 에디트 피아프, 신이현 역, 이마고, 2002
- 오귀스트 르브르통 , 빠담 빠담 빠담: 불멸의 샹송 가수 에디트 피아프, 이은국 역, 지구촌, 2002 시몬느 베르토, 불새야 불새야: 나의 언니 에디뜨 삐아프, 이문환 역, 평민사, 1978
- 올리비에 다한 감독, 라비앙 로즈(La môme), 프라임엔터테인먼트, 2008
- http://en.wikipedia.org/wiki/%C3%89dith_Piaf
- http://www.biography.com/people/edith-piaf-9439893
- http://www.little-sparrow.co.uk/http://www.edithpiaf.com/index.php

툴루즈 로트레크

- 엔리카 크리스피노, 로트레크: 몽마르트르의 밤을 사랑한 화가, 김효정 역, 마로니에북스, 2009 앙리 페뤼쇼, 로트렉: 몽마르트르의 빨간 풍차, 강경 역, 다빈치, 2009
- 마티아스 아놀드, 앙리 드 툴루즈 로트레크, 박현정 역, 마로니에북스, 2005
- 다니엘르 드뱅크, 앙리 드 툴루즈 로트렉, 이은진 역, 열화당, 1994
- http://en.wikipedia.org/wiki/Henri_de_Toulouse-Lautrec
- http://www.toulouse-lautrec-foundation.org/
- http://www.lautrec.info/

니콜로 파가니니

- 베르너 폴트, 악마의 바이올리니스트: 파가니니, 김지선 역, 시공사, 2003

· 프란츠 파르가, 사랑과 선율의 분화산 파가니니, 박민종 역, 을지출판사, 1979
· http://en.wikipedia.org/wiki/Niccol%C3%B2_Paganini
· http://www.biography.com/people/niccol%C3%B2-paganini--21196451
· http://www.paganini.com/nicolo/nicindex.htm
· http://www.lifeinitaly.com/music/niccolo-paganini.asp
· http://apollo.ram.ac.uk/http://gallica.bnf.fr/

이사도라 덩컨

· 피터커스, 이사도라 던컨: 매혹적인 삶 1·2, 이나경 역, 홍익출판사, 2003
· 이사도라 던컨, 이사도라 던컨: 나의 예술과 사랑, 구희서 역, 민음사, 1994
· 이사도라 덩컨, 이사도라 덩컨의 무용 에세이, 최혁순 역, 범우사, 1982
· http://en.wikipedia.org/wiki/Isadora_Duncan
· http://www.biography.com/people/isadora-duncan-9281125
· http://www.isadoraduncan.org/
· http://www.isadoraduncan.org/the-foundation/about-isadora-duncan

레프 톨스토이

· 로맹 롤랑, 톨스토이의 생애, 이정림 역, 범우사, 2008
· 똘스또이, 인생이란 무엇인가, 채수동 역, 동서문화사, 2007
· 톨스토이, 톨스토이 단편선집, 강주헌 역, 오늘의책, 2003
· 톨스토이, 사람은 무엇으로 사는가, 나송주 역, 오늘의책, 2003
· 레프 톨스토이, 안나 카레니나, 이철 역, 학원사, 1985
· 레프 톨스토이, 부활, 이대우 역, 학원사, 1985
· http://en.wikipedia.org/wiki/Leo_Tolstoy
· http://www.newworldencyclopedia.org/entry/Leo_Tolstoy
· http://www.biography.com/people/leo-tolstoy-9508518

폴 고갱

· 가브리엘레 크레팔디, 고갱, 하지은 역, 마로니에북스, 2009
· 인고 발터, 폴 고갱, 김주원 역, 마로니에북스, 2007
· 피오렐라 니코시아, 고갱: 원시를 갈망한 파리의 부르주아, 유치정 역, 마로니에북스, 2007

- 브래들리 콜린스, 반 고흐 VS 폴 고갱, 이은희 역, 다빈치, 2005
- 폴 고갱, 폴 고갱: 슬픈 열대, 박찬규 역, 예담, 2000
- 프랑수아즈 카생, 고갱, 이희재 역, 시공사, 1996
- http://en.wikipedia.org/wiki/Paul_Gauguin
- http://www.biography.com/people/paul-gauguin-9307741
- http://www.paul-gauguin.net/http://www.gauguingallery.com/
- http://www.abcgallery.com/G/gauguin/gauguin.html

표도르 도스토옙스키
- 도스토옙스키, 도스토예프스키의 유럽 인상기, 이길주 역, 푸른숲, 1999
- 도스토옙스키, 카라마조프 씨네 형제들, 박형규 역, 학원사, 1985
- 도스토옙스키, 죄와 벌, 장실 역, 학원사, 1985
- E. H.카, 도스토예프스키, 김병익·권영빈 역, 홍성사, 1979
- http://en.wikipedia.org/wiki/Fyodor_Dostoyevskyen.wikiquote.org/wiki/Fyodor_Dostoyevsky
- http://www.newworldencyclopedia.org/entry/Fyodor_Dostoevsky
- http://dostoyevsky.thefreelibrary.com/http://fyodordostoyevsky.com/biography.php

프란츠 카프카
- 프란츠 카프카, 아버지에게 드리는 편지, 이재황 역, 문학과지성사, 1999
- 홍영철, 카프카 엿보기, 선일문화사, 1997
- B. N. 마가레트, 카프카의 연인 밀레나, 장홍 역, 범조사, 1987
- 프란츠 카프카, 심판 외, 한일섭 역, 학원사, 1985
- 엘리아스 카네티, 카프카의 고독한 방황, 허창운 역, 홍성사, 1984
- 김광규 편, 카프카, 문학과지성사, 1978
- http://en.wikipedia.org/wiki/Franz_Kafka
- http://www.newworldencyclopedia.org/entry/Franz_Kafka
- http://www.biography.com/people/franz-kafka-9359401
- http://www.kafka.org/

역경을 예술로 승화시킨 거장들의 인생 수업

고난이라는 가능성

© 홍영철 2022

인쇄일 2022년 6월 29일
발행일 2022년 7월 6일

지은이 홍영철
펴낸이 유경민 노종한
책임편집 장보연
기획편집 유노라이프 박지혜 장보연 **유노북스** 이현정 임지연 류다경
기획마케팅 1팀 우현권 **2팀** 정세림 금슬기 유현재
디자인 남다희 홍진기
기획관리 차은영
펴낸곳 유노콘텐츠그룹 주식회사
법인등록번호 110111-8138128
주소 서울시 마포구 월드컵로20길 5, 4층
전화 02-323-7763 **팩스** 02-323-7764 **이메일** info@uknowbooks.com

ISBN 979-11-91104-42-4(03190)